Flensburger Hefte

W0394447

Lebenskrisen

Lizenzangaben für die Bilder in diesem Buch

FH: Flensburger Hefte Verlag
CC: Creative Commons Attribution ShareAlike 1.2 License oder höher
gemeinfrei: Rechte abgelaufen
GNU: GNU Free Documentation License
PD: public domain: Rechte vom Autor/Fotograf/Zeichner freigegeben
YORK: The Yorck Project: 10.000 Meisterwerke der Malerei und 5.000 Zeichnungen

Die Quelle der Bilder ist www.wikipedia.de mit Ausnahme der Bilder mit Angabe YORK oder eigener Quellenangabe!

Zu den Steiner-Zitatangaben in den Flensburger Heften: Die GA-Nummern beziehen sich auf die jeweilige Bibliographie-Nummer der Rudolf Steiner Gesamtausgabe im Rudolf Steiner Verlag, Dornach/Schweiz. Danach sind in der Regel das Erscheinungsjahr der benutzten Ausgabe, das Vortragsdatum bzw. Kapitel und die Seitenzahl angegeben, von der Autor-, Titel- und Ortsnennung wird abgesehen. Nach Bibliographie-Nummern geordnet ist die Rudolf Steiner Gesamtausgabe im Katalog des Rudolf Steiner Verlags aufgeführt. Der Katalog ist durch den Buchhandel erhältlich.

Aus dem Inhalt

Liebe Leserinnen und Leser!

Wenn man in die Welt schaut und dabei nicht die Augen verschließt, erkennt man in weiten Teilen unserer Erde ein unvorstellbares Elend: Grausamkeiten, Hunger, Terror, Verschuldung, Versklavung und Krieg zerstören das Leben von Millionen Menschen. Die Menschheit – und mit ihr die Erde – befindet sich in einer akuten Lebenskrise.

Wendet man den Blick und schaut in die eigene Seele oder die Seelen anderer Menschen bzw. in ihr Schicksal, so entdeckt man auch hier Krise um Krise. Für immer mehr Menschen ist fast ihr ganzes Dasein eine einzige Lebenskrise. Ob das nun eine zerrüttete Partnerschaft, eine schwere Krankheit, der Tod von Angehörigen, eine Sucht, sexueller Mißbrauch, Arbeitslosigkeit oder eine ausweglose Überschuldung ist – irgendwann durchlebt fast jeder eine Lebenskrise.

Eine Lebenskrise ist meist tragisch und schmerzhaft; man wehrt sich gegen sie, man verzweifelt, sucht nach Auswegen – aber sie ist doch Teil des eigenen Schicksals. Soweit es eine persönliche Lebenskrise ist, liegt in jeder Krise aber auch eine Chance – die Chance der Überwindung, der mögliche Neubeginn von etwas Zukünftigem.

Wir möchten mit diesem Buch gemeinsam mit Ihnen den Blick auf verschiedene Lebenskrisen lenken. Konkret beschäftigen wir uns mit Schuldnerberatung, Krankheit, Partnerverlust, mit einem Weg aus den Drogen und mit dem immer noch herrschenden Tabu des sexuellen Mißbrauchs und der dahinterstehenden Täterstrategie. Wir schauen zu den Armen in Peru und zu den im Irak verstümmelten US-Soldaten und zeigen Ihnen, wie man in der Seelsorge und der Psychotherapie bei vielen dieser Probleme helfen kann.

Darunter finden Sie viele persönliche Schicksale, durch die wir Ihnen zeigen möchten, wie andere Menschen mit ihren Krisen umgehen, wie sie Wege gefunden haben, ihre Krise zu bewältigen, und wie sie den Blick auf eine neue Zukunft gerichtet haben. – Auch möchten wir Ihnen zeigen, daß Sie mit Ihrer Krise nicht allein sind. Denn selbst in der dunkelsten Situation des Lebens kann man noch einen neuen Pfad finden – man muß ihn nur finden wollen.

Es grüßt Sie
Ihre
Flensburger Hefte-Redaktion

Der Mut zu leben

Von Anna Prouse

Wer spielte noch nie mit dem Gedanken, lieber tot zu sein als zu leben? Als ob man im Leben immer die Möglichkeit hätte zu wählen ... und im Zweifel? Der Film „Geboren am 4. Juli“ von Oliver Stone könnte uns Anlaß dazu geben. Die Bilder des Films zeigen uns den jungen Marine Ron Kovic, der seit dem Vietnamkrieg gelähmt ist, und diese Bilder sind oft so hart, daß der Zuschauer kaum Zweifel über das Schicksal hat, das er für sich selbst wählen würde.

Ich selbst habe fast zwei Jahre im Irak gelebt; und ob ich es wollte oder nicht: Ständig stand ich vor der Frage, tot oder ohne Gliedmaßen zu leben – und das fast jeden Tag. Und wofür habe ich mich entschieden? Lieber ein Ticket in die andere Welt als ein halbes Leben. Wie oft bin ich durch die Tore gegangen, die die Grüne Zone, die geschützte Zone Bagdads, mit der Roten Zone, in der Autobomben und Attentate üblich sind, verbinden. Wie oft habe ich gebetet, als ich vor dem Assassinen-Tor stand, das so oft Schauplatz von blutigen Attentaten war. Ich habe so oft gebetet, daß, falls mir was passieren sollte, es nur ein harter Schlag sein solle.

©FH Foto: Anna Prouse

Panorama von Bagdad

Ich sitze im Wartesaal des „Walter Reed Army Medical Center“, dem Militärhospital von Washington DC, in dem die im Irak verletzten Soldaten behandelt werden – eine Fachklinik für Amputation. Ich glaube nicht, daß ich bereit bin. Vor meinen Augen stehen alle Kollegen,

Freunde, jungen Burschen und Frauen, die als Verletzte mit der C130 Richtung Landstuhl in Deutschland verschwunden sind. Ich erinnere mich an die verlorenen Blicke Jons, während er die Hand unseres gemeinsamen Freundes Elias hält. Dieser war gelähmt, nachdem mehrere Raketen unser Hotel Al Rashid in Bagdad getroffen hatten.

©FH Foto: Anna Prouse

Hotelschild

Mir ist bewußt, daß auch ich selbst auf der Trage hätte liegen können, wenn ich nicht auf die Stimme gehört hätte, die mir sagte, daß ich gerade in jener Nacht wegmüsse. Jetzt habe ich die Gelegenheit zu sehen, was der Irak für all diejenigen bedeutet, die sich im falschen Moment am falschen Ort befanden – für alle die, die nicht eine Intuition wie ich hatten oder ihr nicht gefolgt sind.

Auf einer Wand im Wartesaal hängen acht große Plakate von Personen höheren Dienstgrades. Ich lese die Namen nicht. Sie interessieren mich nicht. Ich bin nicht für diese Generäle hier. Ich bin hier für alle diese Soldaten, für alle Opfer irgendeines Traumas, das jetzt ihr Leben ruiniert hat. „Besser ist es zu sterben" – ich sage mir das immer wieder, fast auf quälende Weise.

Mein Blick wandert zu den 28 Fahnen, die auf beiden Seiten des Saals stehen. Eine schmale Gestalt kommt entschlossenen Schrittes herein. Dieser Mann spricht mit einem Mädchen. Er ist ungefähr 30 Jahre alt, hat einen athletischen Körper, ein freundliches Lächeln und zwei künstliche Beine. Ich will ihn nicht anschauen, aber ich schaffe es nicht. Er lächelt. Wie ist das bloß möglich?

„Kein Mitleid", hatten mir meine ehemaligen amerikanischen Kollegen geraten. „Stelle alle Fragen, die Du hast, aber habe bloß kein Mitleid."

© PD U.S. Army Institute Of Heraldry
Emblem des „Walter Reed Army Medical Center"

Ich brauche mich nicht einmal anzustrengen, denn Mitleid kommt gar nicht auf angesichts dieses Mannes, der so freundlich in Richtung Lift geht. Einige Stunden später sehe ich ihn in der Turnhalle trainieren. Er will nicht fotografiert werden. „Ich mache eine Arbeit, bei der ich nicht fotografiert werden darf", sagt er mir.

Dann sehe ich einen anderen Soldaten – er trägt Prothesen, Tennisschuhe und hat eine Krücke. Sein Gang wirkt nicht so leicht. Aber auch auf seinem Gesicht sehe ich keine Zeichen von Verzweiflung.

„Monster, es sind alles Monster", sage ich mir beim Anschauen eines weiteren Patienten. Auch er sitzt in einem Rollstuhl.

„Hallo, wie geht es Dir?" fragt er mich freundlich.

„Gut, danke ..." Ich bleibe still und will gerade fragen – wie normalerweise – „und Dir?"; aber das scheint mir hier nicht angebracht. Was denkst du denn, wie es ihm mit zwei amputierten Beinen und einem amputierten Arm geht? Ich schaue mir eines der Bilder an der Wand an. Wenn ich vorher von der Vorstellung gejagt wurde, was mir hier alles entgegenkommen könnte – jetzt habe ich es eilig, den Lift zu erreichen.

Und jetzt kommt Bill. Es ist das erste Mal, daß ich ihn sehe. Es hat monatelang Emails und Empfehlungen gebraucht, um ihn dazu zu bringen, mich in sein Reich hineinzulassen. Er wird mich den ganzen Tag begleiten, wie ein Schatten kontrollieren. „Big brother is watching you", sage ich mir, wenn ich merke, wie nervös er wird, als ich ihm Fragen stelle. Nervös schaut er immer wieder auf seine Uhr und macht mich darauf aufmerksam, daß wir laut Zeitplan verspätet sind. Aber welcher Zeitplan?

Bill macht nur seine Arbeit und ich die meine. Niemand kann mir verbieten, daß ich mich umschaue. Jeder wird dann seine Schlüsse ziehen.

„Es sind einige Patienten aus Italien, die ich Dir gerne vorstellen würde", sagt er zu mir. „Ich habe gedacht, das könnte für Dich von Interesse sein."

Und während er spricht, geht er mir bis zur Turnhalle voraus, in der eine Gruppe junger Männer trainiert. Sie sind alle beinamputiert. Sie schwitzen, und die Anstrengung steht in ihren Gesichtszügen.

„Dies ist der Saal für die Physiotherapie. Das ist etwas anderes als Beschäftigungstherapie", sagt Bill. „In den Saal gehen wir später. Ich habe hier noch eine Verabredung mit Jon Verdoni, der die Patienten bei ihren täglichen Aktivitäten begleitet: duschen, Zähneputzen, Küche machen, Wäsche waschen, sich hinlegen, wieder aufstehen, in öffentliche Verkehrsmittel steigen, fahren und all die Bewegungen, die im Alltag normal sind. In dieser Turnhalle dagegen beschäftigen sich die Therapeuten umfassend mit der Regeneration des Leibes. Hier werden die gesunden Glieder wieder gekräftigt, und man bereitet die amputierten Glieder auf die Prothese vor. Hier lernen die Jungs wieder das Laufen und gewöhnen sich an ihre neuen Arme."

Eine Mutter hilft ihrem Sohn, der keine Arme mehr hat, beim Einnehmen seiner Tabletten. Hier leben nicht nur die verletzten Soldaten, sondern sämtliche Familienmitglieder – Eltern, Ehefrauen oder Ehemänner, Kinder; sie bereiten sich alle auf das veränderte Leben vor.

Die Blicke der Mutter gehen ins Leere.

„Ich stelle dir nun Denis vor", sagt Bill zu mir. Aber Denis hat keine italienischen Züge – er ist blond, hat blaue Augen, ist groß ... aber wer weiß das? Rumpf und Arme sind nicht die eines großen Mannes.

„Ich war weniger als drei Monate im Irak. Wenn ich am 8. Dezember nicht in die Luft geflogen wäre, würde ich mich jetzt auf die Rückkehr vorbereiten", sagt er mir und trocknet sich den Schweiß ab.

Ich setze mich auf einen Hocker vor die Matte, auf der Denis seine Übungen macht, als etwa zehn Männer mit Anzügen und Krawatten in die Turnhalle hineinschauen. Einer bewegt sich in unsere Richtung.

„Willst Du ein Erinnerungsfoto mit Kongreßabgeordneten machen?" fragt er. Aber Denis lehnt ab.

„Es kommen täglich Leute, die uns besuchen wollen", sagt er mir, als wir wieder allein sind. Dann schweigt er. Auch der „große Bruder" nimmt sich jetzt einen Hocker und setzt sich neben uns. Es ist nicht nötig, daß Denis mir irgend etwas erklärt. Sein Blick spricht Bände. Wer außer mir könnte das besser verstehen?

Meine Gedanken wandern schnell an den Ort, an dem Denis fast sein Leben verloren hätte – aber es ging noch gut, weil er nur seine unteren Gliedmaßen verlor.

Diese vornehmen Herren hier in den USA erinnern mich z.B. an meine Begegnungen mit amerikanischen Kongreßdelegationen, die Bagdad besuchten. Es war verlorene Zeit – von meiner Seite aus gesehen. Ich erinnere mich vor allem an das eine Mal, als ich eine Kongreßdelegation aus etwa 20 Frauen führte. Nie werde ich vergessen, wie frustriert ich wegen dieser Frauen war – alle etwa Mitte 50, braungebrannt, sie trugen gebügelte Jeans und Tennisschuhe, eine Baseballkappe auf dem Kopf, und sie lächelten mich mit ihrem Zahnpastalächeln an. Ihre erste Frage war die nach einer Toilette. Schließlich könne man ja den armen Kindern in der Klinik, die wir besuchen wollten, nicht ohne ein gutes Make-up gegenübertreten.

Viele Gedanken gingen mir damals durch den Kopf, während ich sie beobachtete, wie sie Karamelbonbons und Lutscher verteilten und sich mit irgendeinem armen Kind fotografieren ließen. Sie lächelten für die Kameras und äußerten sich mit Ausdrücken des Horrors, des Grauens und der Pietät.

Und am Ende der Runde? Alle weg! So schnell wie möglich nach Amman. „Wir sehen uns morgen", riefen sie mir schon im Autobus sitzend zu, „wir schlafen in Jordanien, hier ist es uns zu gefährlich." Am Tag darauf ließ ich mich krankschreiben.

Ich kann mir gut vorstellen, wie sich Denis jetzt fühlt. „Ich war fast zwei Jahre im Irak", erzähle ich ihm. Schließlich möchte ich nicht von ihm in dieselbe Kategorie gesteckt werden wie diese Damen und Herren, die hier mit der Kamera herumlaufen.

Er schaut mich an, erhebt sich mit Mühe: „Du verstehst", sagt er und schaut mich dauernd an. Jetzt bin ich für ihn keine neugierige Reporterin oder Fotografin mehr.

„Dir geht es wirklich schlecht, Denis", sage ich zu ihm, ohne mit den Worten herumzuspielen. „Ich wäre lieber tot, als so wie Du leben zu müssen. Entschuldige, daß ich so direkt bin."

Denis reagiert nicht.

„Würdest Du wieder in den Irak fahren, wenn es möglich wäre?" frage ich ihn. Doch ich lasse ihm keine Zeit zum Antworten. „Ich ahne Deine Antwort, aber sie reicht mir nicht. Du mußt mir helfen, es für die zu verstehen, die noch nie im Irak gewesen sind. Ich kann es vielleicht verstehen, aber nicht erklären. Hilf mir dabei."

Die Antwort war vorauszusehen: Denis würde natürlich wieder in den Irak zurückfahren und auch die gleichen Entscheidungen treffen. Er würde sich von der amerikanischen Armee anwerben lassen und wieder nach Mosul fahren – auch dann, wenn er genau wüßte, was ihm passieren würde.

„Warum?"

„Es ist meine Aufgabe", antwortet er mir, als ob das ganz normal wäre, „und wegen der Liebe zu meinem Land."

Eine kurze Stille. Er scheint irgendwie bestürzt zu sein.

„Dies war mein erster Antrieb, aber dann kam noch etwas anderes hinzu: die Gewißheit, daß die Iraker uns brauchen. Wir haben sie von einem Diktator befreit, und jetzt verhelfen wir ihnen zur Demokratie."

Er überlegt.

©FH Foto: Anna Prouse

In der „Grünen Zone" von Bagdad

„Hast du gesehen, wie viele gewählt haben, ohne Angst vor dem Sterben zu haben?"

Ich bin nicht hier, um zu diskutieren oder über Politik zu sprechen oder seine Ansichten zu erschüttern. Ich bin hier, um zu verstehen. Und um zu verstehen, muß ich zuhören. – Ich unterbreche Denis nicht. Er ist 39 Jahre alt, hat eine Frau und zwei kleine Kinder. Ich unterbreche ihn nicht, während er mir erzählt, wie sein Fahrzeug vor einer Polizeistation von einer Granate getroffen wurde.

Vorher war er in Saudi-Arabien, Kuwait, Ägypten und Südkorea stationiert; jetzt hat er seine Arbeit im Büro der Nationalgarde aufgenommen. Ich frage ihn, wie er reagieren würde, wenn sein Sohn sich anwerben lassen würde, und ob er nichts dagegen hätte.

„Wenn er es macht, um seinem Land zu dienen, wäre ich damit einverstanden."

„Kannst Du verstehen, daß es mir schwerfällt, eine solche Ansicht zu akzeptieren?" Und jetzt unterbreche ich mich. Es wird schwierig. Sollte ich nicht versuchen zu akzeptieren, daß es Menschen gibt, die bereit sind, für Ideen und Werte zu sterben, die mir und vielen anderen gleichgültig sind?

„Ich bin nicht bereit, für mein Vaterland zu sterben", entgegne ich ihm schließlich.

„Das ist Dein Problem, nicht meines", sagt mir der junge Soldat. „Für euch sind wir Amerikaner einfach Idioten, einfache Leute. Hast Du nie versucht, die Sache von einer anderen Seite zu sehen? Vielleicht sind wir gar nicht die großen Kinder, für die ihr uns haltet. Vielleicht habt ihr ja die Werte verloren? Vielleicht habt ihr ja ein Problem? Nichts zu haben, für das es sich zu sterben lohnt, ist ein Problem, oder etwa nicht?"

Ich antworte nicht. Ich hatte das Problem niemals von dieser Seite aus betrachtet.

Während ich mit Denis spreche, fällt mein Blick wie magnetisiert auf einen spanischen Soldaten. Er lacht und scherzt. Sein Lernen – er versucht mit dem Rumpf auf einem großen Ball zu stehen – erscheint mir wie das von einem kleinen Kind, das sich gerade auf dem Jahrmarkt befindet.

„Darf ich mit ihm sprechen?" frage ich Bill.

„Ich hatte eigentlich andere Interviews vorgesehen", antwortet er mir.

Aber ich beharre auf meinem Wunsch. Der junge Mann versteckt irgend etwas. Er ist mir zu zufrieden. „Ich heiße Mandy, komme aus Mexiko und bin 24 Jahre alt." Sein Englisch ist perfekt, die Stimme ist kindlich.

„Ich patrouillierte in Sadr-City, als mein Fahrzeug auf eine Bombe fuhr." Allein schon bei der Nennung dieses Namens läuft mir ein Schauer über den Rücken. Mandy merkt es. Er hatte gehört, daß auch ich im Irak war.

„Ich war dort, um euch zu schützen, als wir in diesem Stadtteil von Bagdad patrouillierten. Sadr-City ist nicht weit entfernt von der Grünen Zone. Aus anderen Zonen in der Nähe dieser Grünen Zone wäre es sehr leicht gewesen, auf euch Raketen abzuschießen."

„Ich kann mich nicht an den Tag erinnern, an dem das alles passierte", sage ich.

„Natürlich, aber wenn wir nicht dagewesen wären und die anderen gestört hätten – früher oder später hätten sie ihr Ziel getroffen."

Mir verschlägt es die Sprache, auch wenn Mandy nicht vorhatte, mir Schuldgefühle einzuflößen.

„Jeder hatte seine Pflicht", fährt er fort, „Du hattest Deine und ich meine – nämlich Dein Leben zu schützen. Und ich bin stolz auf die Rolle, die ich hatte. Als Unteroffizier hatte ich eine kleine Gruppe junger Soldaten unter mir. Ich mußte mich und sie beschäftigen. Ich bin froh, daß *ich* getroffen wurde und nicht einer von ihnen."

Ich entgegne nichts. Ich weiß, wie wichtig im Irak das Gruppengefühl ist. Ich habe das selbst empfunden.

„Sie rufen mich einmal in der Woche an. Sie fehlen mir, und ich ihnen. Niemals war ich so stolz, ein Mitglied einer Gruppe gewesen zu sein,

©FH Foto: Anna Prouse

Mandy

wie im Irak. Und jetzt bin ich sogar amerikanischer Staatsbürger geworden. Einige Tage nach der Amputation kam ein Beamter, dem ich einige Blätter eines entsprechenden Antrags unterschreiben mußte. Und anschließend war ich einfach amerikanischer Staatsbürger! Das ist alles sehr schnell gegangen."

Ich glaube kaum, was ich da höre. „Du hast doch Deine Beine verloren, Mandy! Ist das nicht ein viel zu hoher Preis?"

„Schon, aber jetzt habe ich eine Arbeit in einer Telefongesellschaft in Kalifornien. Ich kann mich in Berkeley immatrikulieren und wieder anfangen zu studieren. Vor mir steht ein ganzes Leben." Er lacht. „Ich liebe so sehr Laura Pausini und möchte so gerne dem Papst begegnen. Ich bin katholisch, und mein Glaube hat mir geholfen."

Mandy hatte sich entschieden, das Leben wieder Tag für Tag zu genießen. Sein erster Schritt sollte es sein, so schnell wie möglich aus der Walter-Reed-Klinik herauszukommen, um danach wieder mit der Arbeit beginnen zu können. „Ich habe versprochen, daß ich das innerhalb eines Monats schaffe. Man sagte mir zwar, das sei unmöglich; aber ich brauche es, mir Termine zu setzen."

Großer Bruder gibt mir ein Zeichen, daß unsere Zeit zu Ende geht. Ich umarme Mandy und bin bestürzt. Alles hätte ich erwartet, aber nicht, Soldaten zu treffen, die ihrem Schicksal den Rücken kehren und sich dafür entscheiden, wieder mit Optimismus nach vorne zu schauen.

Immer noch bestürzt, gebe ich Jon Verdoni die Hand. Er ist einer der drei Beschäftigungstherapeuten. „Ist alles in Ordnung?" fragt er mich.

„Können Sie mir bitte erklären, wie es möglich ist, daß alle so glücklich sind?" frage ich ihn irritiert.

„Sie hat mit Mandy gesprochen", erklärt ihm Bill.

„Ah, Mandy! Laß dich nicht Verwirrung bringen. Ich wette, er hat Dir nicht gesagt, daß er nicht mehr schläft, seitdem er in die Luft geflogen ist. Und er wird Dir vermutlich auch nicht erzählt haben, daß er alles vergessen hat, was er an jenem 2. Oktober erlebt hat. Mandy erinnert sich an nichts mehr seit dem Abend vor dem Unfall bis zum Aufwachen nach der Operation im Walter-Reed-Klinik. Er erinnert sich nicht, daß er mit seiner Gruppe rausgegangen ist, er weiß nicht, mit wem und warum. Er erinnert sich nur, daß er am Abend zuvor Karten gespielt hat. Darüber hinaus liegt alles für ihn im dunkeln."

Ich schätze die Aufrichtigkeit von Jon sehr. „Was machst Du?", frage ich ihn, während ich zuschaue, wie zwei junge Frauen, mit grauen T-Shirts der amerikanischen Armee bekleidet, mit ihren künstlichen Händen einige farbige Würfel werfen. Kegel, Würfel und andere eigenartige Dinge liegen hier überall im Raum. Auch ein Tischfußball steht in der Mitte des Raumes.

„Ich bringe den Jungs bei, nach der Amputation von Gliedmaßen wieder kleine technische Bewegungen auszuführen. Unser Körper hat kein Gleichgewicht mehr, wenn z.B. ein so wichtiger Körperteil wie ein Bein fehlt. Versuche Dir vorzustellen, daß beide Beine amputiert sind – und vielleicht auch noch ein Arm. Sich nach vorne zu beugen, ohne das Gegengewicht eines Beins zu haben, ist dann wirklich sehr schwer. Es passiert leicht, daß die Patienten sich wehtun, wenn sie z.B. in die Dusche gehen, wenn sie sich aufs Bett legen, wenn sie ihre Hemden bügeln oder wenn sie sich vorbeugen, um die Milch aus dem Kühlschrank zu nehmen. Oder es kann vorkommen, daß sie die Pasta ausschütten. Meine Aufgabe ist es vorzubeugen, damit nichts passiert – ob mit oder ohne Prothese. Und ich bringe diese Menschen auch raus in die Öffentlichkeit. Jeden Freitag. Sie müssen sich an die fragenden Blicke der Leute gewöhnen. Weißt du, was anders geworden ist gegenüber der Zeit nach dem Vietnamkrieg?"

Ich schüttle den Kopf.

„Die Soldaten, die in Vietnam kämpften, wurden von der Gesellschaft zurückgewiesen. Diese Jungs, die im Irak waren, jammern dagegen, weil ihnen zuviel Verständnis von den Menschen, die sie auf der Straße treffen, entgegenkommt. In den Restaurants erhalten sie ihr Abendessen gratis, die Sportvereine möchten Ski-, Golf- und Kajak-Kurse für sie organisieren.

Viele der Jungs möchten nicht soviel Aufmerksamkeit erfahren, es irritiert sie. Und ich habe die Aufgabe, sie auf das, was sie da draußen vorfinden werden, vorzubereiten. Es ist Teil unseres Sozialintegrationsprogramms. Hast Du gesehen, was wir hier alles organisiert haben?"

Jon führt mich in einen großen Raum, in dem sich eine Küche, ein Bad und ein Schlafzimmer befinden. „Hier trainiere ich sie jeden Tag eineinhalb Stunden lang. Dazu gibt es hier ein Bett, eine Waschmaschine, einen Herd, eine Dusche und einen Schrank. Die Jungs beginnen in der Turnhalle, dann kommen sie zu mir, und hinterher gehen sie zum Psychiater."

Meine nächste Station ist die berüchtigte Amputationsabteilung.

„Dies nannte sich einmal orthopädische Abteilung; aber inzwischen haben wir den Namen geändert, da man hier jetzt nur noch Amputationen durchführt."

Ich gehe in die Zimmer, und die Jungs lächeln. Nur einer nicht.

„Er ist ziemlich hoffnungslos", sagt mir ein Krankenpfleger in Armee-Uniform (50 % der Leute, die im Walter-Reed-Center arbeiten, sind Mitglieder der Armee). „Er ist Marine und möchte keinen Besuch von Zivilpersonen bekommen. Er hat nur Vertrauen in Menschen, die eine Uniform tragen. Er hat einen schlechten Charakter."

„Darf ich mit ihm sprechen?" frage ich.

„Nein, er würde Dich nicht akzeptieren."

Ich bedränge ihn nicht weiter, auch wenn ich keine Angst vor einer schroffen Reaktion dieses Marines gehabt hätte. Dieser traurige Mann ist bisher der einzige, dessen Benehmen ich bisher verstehen kann.

Ein junges Mädchen mit kurzen blonden Haaren versucht mit Mühe, sich im Bett umzudrehen. Ich bleibe stehen: eine Frau! Es ist wirklich wahr! Zu oft vergißt man, daß der Krieg im Irak der erste ist, in dem Frauen genauso oft getroffen wurden wie Männer.

„Die Frauen dürfen nach dem amerikanischen Gesetz nicht in vorderster Front kämpfen. Aber der Einsatz im Irak ist eigentlich kein Krieg. Ich fuhr gerade mein Fahrzeug, als ich in die Luft flog", erzählte sie mir, „ich verlor beide Beine und habe ungefähr zehn Operationen hinter mir, weil ich überall im Rumpf Granatsplitter hatte. Mehr als sieben Monate schwebte ich zwischen Leben und Tod; aber jetzt geht es mir gut."

Sie bleibt ganz plötzlich still.

„Ich möchte nicht weitersprechen, verzeih. Daß ich eine Frau bin, hat so viel Interesse geweckt, daß ich es nicht mehr aushalte, und ich möchte keine Fragen mehr beantworten, nichts Persönliches. Vielleicht ein anderes Mal?" Sie lächelt, bevor sie sich nach vorne beugt, um irgendwelche Gewichte vom Tisch zu heben.

„Ich achte auf meine körperliche Form", sagt sie mir. „Schließlich gibt es nichts Schlimmeres als die Langeweile. Die Tage sind so lang hier drinnen."

Kein Zeichen der Verzweiflung bei diesem 26jährigen Mädchen. Und die Gründe, für die sie sich zur Armee gemeldet hat, sind immer dieselben: Pflicht und Liebe fürs Vaterland.

„Die Familien auf das vorzubereiten, was ihnen bevorsteht, ist eine Arbeit, die nicht unterschätzt werden darf", sagt mir Bartolomeo, ein darauf spezialisierter Krankenpfleger. „Wenn die Familie zusammenbricht, hat der Patient keine Chance mehr. Es ist nicht einfach. Ich habe zwei Kinder, die im gleichen Alter sind wie diese Soldaten. Und jedesmal, wenn ich verzweifelten Eltern begegnete, empfinde ich dasselbe, was sie empfinden. Und ich frage mich, wie ich auf eine solche Tragödie reagieren würde."

„Tragödie! Endlich! Bartolomeo, Du bist der erste, der dieses Wort benutzt. Den ganzen Tag gehe ich durch dieses Spital, und Du bist die erste Person, die es wagt, über ‚Tragödien' zu sprechen!"

„Zuzugeben, daß es sich um eine Tragödie handelt, heißt nicht, nicht optimistisch zu sein. Wie Du schon bemerkt haben wirst, haben wir hier so viel Optimismus, daß wir damit handeln könnten. Die Medizin ist inzwischen sehr weit fortgeschritten, und die heutigen Prothesen sind nicht mehr vergleichbar mit denen, die man noch vor einigen Jahren herstellte. Auch sind alle Abläufe hier schneller geworden. Von dem Zeitpunkt an, an dem mitgeteilt wird, daß ein Patient kommen wird, bis zu seiner Ankunft hier vergehen vier bis sieben Tage. Um die verletzten Soldaten aus Vietnam in die Heimat zurückzuführen, brauchte man ungefähr 90 Tage."

Drei Monate, um wieder in die Heimat zurückzukommen!

„Weißt Du, welches unser Lieblingszeitvertreib ist?" fragt er mich.

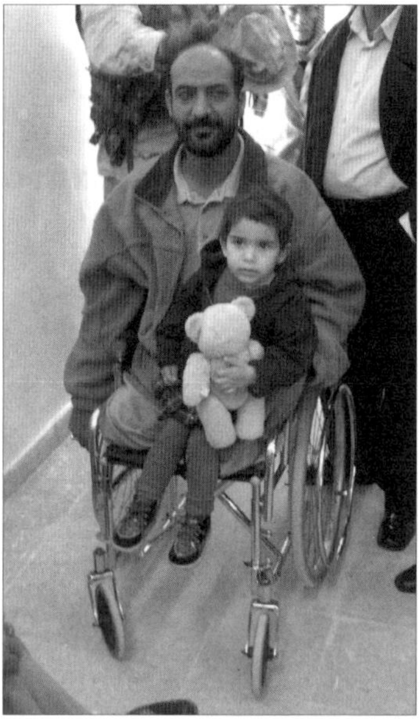

©FH Foto: Anna Prouse

Mann mit Kind

„Nein“ – ich traue mich nicht, es mir nur vorzustellen.

„Zu wetten, welches das amputierte Bein ist, wenn unsere Jungs wieder herkommen, um uns zu besuchen. Denn wenn sie in Zivil sind, bemerkt man ihre Amputation meist nicht mehr. Am Fenster schauen wir ihnen nach, und wir fragen uns: War es das linke oder das rechte Bein, oder waren es beide?“

Steve Cozzi leitet die Psychiatrie-Abteilung. Als ich ihn treffe, kann ich nicht anders, als daran zurückzudenken, was ich während meiner zwei Irak-Jahre ironisch die Todesschwadron genannt habe: eine Psychiatergruppe, zu der man mich jedesmal hinschickte, wenn etwas passierte.

„Kennen Sie PTSD?“ fragt er mich.

„Post Traumatic Stress Disorder“ (posttraumatisches Streßsyndrom), antworte ich, sehr froh, daß ich eine dieser verdammten Abkürzungen kenne. „Ich bin Expertin“, füge ich noch hinzu.

„Unser Traumaprogramm ist nach dem 11. September wesentlich verändert und perfektioniert worden“, erklärt mir Steve. „Nach dem Attentat haben wir unsere Techniken verbessert. Der Anschlag auf die ganze Gemeinschaft des Pentagons war enorm. Unsere Psychiater waren gleich am nächsten Tag zur Stelle. Und jetzt machen sie weiter, sind immer wieder dort für eine vorbeugende Therapie.“

„Erzählen Sie mir bitte von den Jungs, die hier untergebracht sind, und von denen, die im Irak kämpfen.“

„Das erste, was sie verstehen müssen, ist, daß das Hirn wieder geputzt werden muß – genau wie eine Waffe oder ein Fahrzeug, das man für den Kampf benutzt. Jeden Abend müssen die Soldaten die Lage des Zustands ihres Gewehrs prüfen; dasselbe müssen sie mit ihrem Hirn machen, um den Zustand der Gesundheit nachzuprüfen.“

Ich bin noch niemals auf die Idee gekommen, das menschliche Hirn mit einem Panzer oder einem Maschinengewehr zu vergleichen...

„Es ist nichts Schlimmes dabei, jemanden um Hilfe zu bitten; denn man riskiert, daß Streßsituationen unsere Psyche gefährden. Es ist Aufgabe der Psychiater, den Soldaten zu erklären, daß die meisten ihrer Reaktionen banal sind: reizbar zu sein, nicht mehr schlafen zu können, beim kleinsten Geräusch aufzuspringen, nicht mehr essen zu können, zu weinen. Um Hilfe zu bitten, diese Schwierigkeiten in Angriff zu nehmen, ist für mich ein Zeichen der Stärke.“

„Steve, ich möchte ehrlich sein. Ich kann nicht behaupten, daß die Menschen im Irak euch mit offenen Armen empfangen haben“, erwidere ich. „Als Zivilistin galt ich weniger feindlich als meine Militärkollegen. Und damit ist auch schon alles gesagt."

„Marines oder Armee?" fragt mich der Colonel – als ob das wichtig wäre!

„Armee", antworte ich.

„Komisch, denn die Luftwaffe führt im Moment eine große Sensibilisierungsarbeit durch."

Die Situation zwischen uns wird jetzt etwas peinlich, und unsere Konversation stockt. Wir gelangen an einen toten Punkt.

Aber es gibt noch eine andere Frage, die ich an diesem Tag unter den Kriegsamputierten gerne beantwortet haben möchte: „Wie kommt es, daß ihr hier in Amerika fast alle bereit seid, für das Vaterland zu sterben? Es wird doch sicher einen psychologischen Grund dafür geben", frage ich ihn dann.

„Ach was, sterben für das Vaterland!", antwortet er mir und lacht dabei, „wer hat dir solche Ideen in den Kopf gesetzt?"

Es ist nicht zu glauben. Diese einzige Sache stand bis jetzt für mich fest, und dieser Psychiater hier will jetzt meine einzige Sicherheit auflösen?! Ich bin verwirrt und weiß nicht, was ich sagen soll.

„Der Begriff Vaterland ist nicht korrekt. Wir Amerikaner sind pragmatisch. Der Begriff Kameradschaft ist es, der uns wichtiger ist. Diese Jungs hier sind bereit, für ihren Kriegskameraden zu sterben, für den Feldbett-Nachbarn, der für dasselbe kämpft wie sie. Sie glauben an eine gemeinschaftliche Mission, die sie zusammen zu Ende bringen müssen. Es ist diese erweiterte Familie, für die sie bis zum Ende zusammen kämpfen."

> *Ich habe an das Gute glauben gelernt, ich habe glauben gelernt, daß der Mißklang besteht, damit es Wohlklang gibt, daß der Schmerz zerstört, damit die Freude wieder aufleben kann. Vielleicht bin ich taub und blind, damit andere, mit gleichen Gebrechen behaftete, mit einem vollkommeneren Sinn sehen und hören können. Und glauben muß man – und wirken, als ob von einem allein die Errichtung des* ***Himmels auf Erden abhinge.***
>
> *Hellen Keller*

Die Tür zu einer neuen Welt öffnen

Interview mit Ulrich Meier

von Wolfgang Weirauch

Ulrich Meier, *geb. 1960 in Hamburg. Waldorfschule, Briefträger, Ausbildung zum staatlich anerkannten Erzieher am Fröbelseminar Hamburg. Tätigkeit als Erzieher im Internat, Studium an der Freien Hochschule der Christengemeinschaft Stuttgart. Seit 1990 Pfarrer in der Christengemeinschaft, zunächst in Hannover und Hildesheim, seit 2006 in der Leitung des Priesterseminars Hamburg und in Hamburg-Mitte. Mitarbeit in der Redaktion der Zeitschrift „Die Christengemeinschaft" seit 2005.*

Veröffentlichungen:

- *„Das Kind in sich entdecken" (Verlag Gesundheitspflege Initiativ, Esslingen 2002),*
- *„Projekt Mann" (Verlag Johannes M. Mayer, Stuttgart 2002, zusammen mit Mathias Wais),*
- *„Kamele hinter dem Nadelöhr" (Verlag Urachhaus, Stuttgart 2003),*
- *„Mythos ‚Guter Mensch'" (Verlag Gesundheitspflege Initiativ, Esslingen 2004),*
- *„Männerwerkstatt" (Verlag Urachhaus, Stuttgart 2005)*

Ein Leben ohne Krise ist kein Leben. Auch wenn das etwas überspitzt klingt, so kommt es der Wirklichkeit doch sehr nahe. Eigentlich läuft kaum ein menschliches Leben so steril ab, daß es nicht irgendwann in eine Krise gerät. Kaum ein Mensch lebt so glücklich, daß er nicht irgendwann mit einer Krise konfrontiert wird. Oder ist es vielleicht sogar Glück, wenn man in eine Krise gerät?

Lebenskrisen sind vielfältig, Lebenskrisen sind abhängig von dem auslösenden Moment, vor allem aber von der subjektiven Reaktion des Betreffenden und was er aus einer Krise macht bzw. nicht macht.

Ob es nun eine Ehekrise ist, der Tod eines Angehörigen, suizidale Gedanken, sexueller Mißbrauch, eine schwere oder unheilbare Krankheit oder Katastrophen, die von außen auf einen hereinbrechen – Anlässe für Lebenskrisen gibt es genug. Aber so unterschiedlich und individuell jeder Mensch auf eine Krise reagiert, mit ihr umgeht und hoffentlich etwas Neues aus ihr gestaltet, so kann man im Prozeß einer Krise doch verschiedene mehr oder weniger allgemeingültige Phasen erkennen.

Jede Krise birgt in sich auch die Chance eines Neuanfangs – so stellt es Ulrich Meier, Pfarrer der Christengemeinschaft, in folgendem Interview dar, in dem er aus Sicht des Seelsorgers auf unterschiedliche Lebenskrisen blickt und aus seiner mitunter unkonventionellen Beratertätigkeit berichtet.

Wolfgang Weirauch: Was verstehen Sie unter einer Lebenskrise?

Ulrich Meier: Eine Lebenskrise ist für den betreffenden Menschen auf jeden Fall ein dramatischer Durchgang, der in verschiedene Phasen gegliedert werden kann. Das beste, was durch eine Lebenskrise geschehen kann, ist, daß man sich durch diese Krise neu erfindet. Jede Krise ist für den Menschen zugleich auch eine Anforderung, ob er noch einmal in der Lage ist, sich aus eigener Souveränität zu verändern.

W.W.: Woran denken Sie dabei?

U. Meier: Man kann z.B. den Zeitraum der letzten fünfzig Jahre herausgreifen. Dann sieht man, daß die Angst vor der Krise, die die Menschen damals stark beherrschte, einer ziemlich nüchternen Bereitschaft gewichen ist, sich einer Krise zu stellen. Heute sind die Menschen eher bereit zu schauen, ob aus der Krise etwas Neues entstehen kann.

Entscheidend ist das subjektive Empfinden

W.W.: Mehr oder weniger schwere Zwischenfälle oder Einschnitte im Leben werden von den Menschen unterschiedlich verarbeitet. Tendenziell wird es aber so sein, daß man einen Zwischenfall im eigenen Schicksal oder der näheren Umgebung stärker durchlebt und als Lebenskrise auffaßt, als man dies als Außenstehender tun würde. Hängt die Lebenskrise von der persönlichen Befindlichkeit ab oder von der Sache?

U. Meier: Ich würde die Betonung immer auf die subjektive Seite legen; denn ob etwas als Lebenskrise empfunden wird, hängt mehr von dem ab, was der einzelne Mensch darunter versteht und daraus macht, als davon, was objektiv über ihn hereinbricht. Trotzdem gibt es natürlich äußere Rahmenbedingungen, die eine Krise nahelegen: Tod von Angehörigen, Naturkatastrophen, Kriege und – im persönlichen Bereich – Partnerschaftstrennungen, schwere Krankheiten, Arbeitslosigkeit. Letztlich ist aber die persönliche Reaktion des Menschen auf eine solche mögliche Krise bedeutsamer als das Ereignis selbst. Und für den Seelsorger wie auch für den Psychologen ist ohnehin die subjektive Gefühlswahrheit die entscheidende.

W.W.: Karmische Zwischenfälle, z.B. eine lebensbedrohende Krankheit, lösen bei dem einen eine Lebenskrise aus, bei dem anderen nicht. Nehmen wir zwei Menschen an, in deren Karma es liegt, eine schwere Krankheit durchzustehen und die sich beide vorgeburtlich vorgenommen haben – ob nun freiwillig oder durch freiwilligen Zwang –, diese Krankheit auch wirklich durchzustehen. Während des Lebens hat man alles Vorgeburtliche vergessen. Beide bekommen diese Krankheit, und für den einen wächst sich diese Krankheit zu einer Lebenskrise aus, für den anderen aber nicht. Wie kommt das?

U. Meier: Neben dem statischen gibt es auch den dynamischen Umgang mit dem Karma. Dabei geht es darum, welche Erkenntnisse wir dazu gewinnen bzw. welche Haltung wir zu unserem Schicksal hier auf Erden einnehmen. Auf diese Dynamik sollte man meiner Meinung nach mehr achten. Es gibt Menschen, die die Chance einer Krise vertun, weil sie vor dem Neuen Angst haben und sich am Alten festhalten. Vielleicht merken sie gar nicht, wie sie sich an dem Bestehenden festkrallen und meinen sogar, sie hätten die Krise durchgestanden – in Wirklichkeit aber haben sie eine Entwicklungschance versäumt.

Bagdad ist überall

W.W.: Unzählige Menschen leben heute in Lebensverhältnissen, die in sich schon eine Lebenskrise sind. Ich denke da z.B. an die Menschen in Bagdad, die täglich ca. 120 Anschläge überleben müssen, an die hungernden und kranken Menschen – täglich verhungern 100.000 Menschen bzw. sterben an den durch Hunger verursachten Krankheiten –, an die Sklaven – es gibt etwa 13 Millionen Sklaven weltweit – und an alle diejenigen Menschen, die in irgendwelche äußeren Krisen geraten. Diese Menschen können – karmisch gesehen – meist nichts für ihr derzeitiges Schicksal. Nebenbei haben sie aber auch noch ein persönliches Schicksal, durch das sie in eine Lebenssituation geraten, durch die die meisten Menschen der Nordländer in eine Lebenskrise gestürzt würden. Leben diese Menschen in einer potentiellen doppelten Lebenskrise – auf der einen Seite die persönliche Biographie mit den entsprechenden Möglichkeiten zu einer Lebenskrise, auf der anderen Seite die von außen aufgezwungene Lebenskrise? Oder haben diese Menschen gar keine Zeit bzw. Kraft mehr für die eigene Lebenskrise? Oder wird diesen Menschen durch die äußere Lebenskrise eine Entwicklungschance genommen? Oder entwickeln sie durch die äußere Lebenskrise vielleicht sogar erhöhte Kräfte?

U. Meier: Die Verhältnisse, in denen die von Ihnen angesprochenen Menschen leben, sind ausgesprochen dramatisch. Das ist das erste, was man sich eingestehen muß. Es gibt heutzutage ein Maß an Bedrängnis, in dem keine produktiven Lösungen mehr zu sehen sind. Oft bleibt einem nichts anderes übrig als den Versuch einer solidarischen Haltung aus der Ferne, indem man die Sprachlosigkeit, die Hilflosigkeit und die Ohnmacht dieser Menschen zu teilen sucht. Das ist das erste, was jeder Mensch leisten kann, aber natürlich nicht das einzige. Wir hier in der Wohlstandsgesellschaft haben die Möglichkeit, trotz aller eigenen Probleme einen umfassenderen Blick auf die Probleme der Welt und die anderer Menschen zu werfen, und wir können ihnen helfen. Für mich ergibt sich aus dem Gedanken einer Gegenglobalisierung die Frage, welche Art von Solidarität wir entwickeln können dadurch, daß wir diese Verhältnisse erleben.

W.W.: Was meinen Sie mit Gegenglobalisierung?

U. Meier: Darunter verstehe ich eine alternative Globalisierungsidee, indem ich z.B. den Leitsatz „Bagdad ist überall" zu meinem Maßstab mache, und alles, was in mein Blickfeld gerät, auch ernst nehme – selbst wenn ich es nicht ändern oder lösen kann.

Wenn man ein wenig Abstand von unserem Planeten nimmt und sich fragt, warum die Güter und die Probleme der Welt so ungleich verteilt sind, und wenn man aus diesem Blickwinkel sieht, daß die Probleme für sehr viele Menschen so bedrängend sind, daß man sich deren Not eigentlich gar nicht mehr vorstellen kann, stellt sich für mich die Frage: Was ist dann die Anforderung, die ich dann an mich selbst stellen muß?

W.W.: Das betrifft uns und unsere helfende Antwort auf die Not anderer Menschen. Dennoch – auch wenn unsere Not oftmals groß ist, so leben wir, verglichen mit den Menschen der Südländer, mehr oder weniger im Luxus. Trotzdem sprechen wir hier keineswegs unberechtigterweise von Lebenskrisen. Aber wie ist es mit den Menschen, die am Verhungern sind, denen die Lebenskrise von außen aufgedrängt wird? Haben diese keine persönlichen Lebenskrisen? Haben sie dafür überhaupt noch die Kraft? Angesichts der katastrophalen Lage dieser Menschen habe ich persönlich darauf eigentlich keine Antwort.

U. Meier: Ich habe sie auch nicht. Diese Menschen leisten offenbar etwas, wozu wir in den reichen Zonen der Erde zu bequem sind. Ich habe Berichte von Menschen in schwersten Krisen gehört, die aus diesen Krisen so viel Produktives entbunden haben, daß man sich nur wundern kann. Aber ich persönlich wäre unter diesen Krisen vermutlich zusammengebrochen.

Gestalter des eigenen Lebens werden

W.W.: Kann man Lebenskrisen auch so unterteilen, daß man auf der einen Seite die mehr objektiven Lebenskrisen hat – also diejenigen, die durch das Karma oder durch äußere Krisen in die Wege geleitet werden –, auf der anderen Seite diejenigen, die man während eines Lebens durch einen schlampigen Lebenswandel selbst produziert?

U. Meier: Ich meine nicht, da diese Unterscheidung gefährlich ist; denn sie könnte einen innerhalb der Krise dazu verleiten, als erstes nach eigenen und fremden Anteile zu unterscheiden. Innerhalb eines Krisenprozesses ist aber vor allem die Frage, die es zu bearbeiten gilt: Kann diese Krise meine eigene Angelegenheit werden? In einem solchen Fall nützt es wenig, wenn man dem betreffenden Menschen sagt, daß er die Krise selbst verschuldet hat oder daß er nichts dafür kann. Die Lösungsaufgabe eines jeden Menschen in jeder Krise besteht ja gerade darin, daß man das Problem, vor dem man steht, so mit sich in Beziehung bringen kann, daß man wieder Gestalter seines eigenen Lebens wird. Diesen Ansatz würde ich gern jedem mitgeben, der sich in einer Krise befindet.

W.W.: Nehmen Sie einen Menschen, der angeschossen wird und dadurch querschnittsgelähmt ist und deshalb in eine Lebenskrise gerät; und nehmen Sie auf der anderen Seite einen, der Jahrzehnte seines Lebens versäuft und letztlich dadurch in eine Lebenskrise gerät. Muß man hier nicht von wesentlich anderen Qualitäten einer Lebenskrise sprechen? Muß man einen Menschen in einer selbstverschuldeten Krise nicht mit seinen geschaffenen Konsequenzen konfrontieren?

U. Meier: Ich würde ihn lieber in den Film „Babel" schicken, der diese Frage künstlerisch verarbeitet. Die Geschichte ist kurz erzählt: Ein japanischer Manager ist zugleich Jäger, und seine Frau hat sich mit einem seiner Gewehre das Leben genommen. Er verschenkt dieses Gewehr an einen seiner Jagdführer in Marokko. Dieser verkauft es an einen Ziegenhirten, und dessen Kinder schießen mit diesem Gewehr auf einen amerikanischen Touristenbus. Die Kinder der amerikanischen Touristin, die dabei angeschossen wird, werden von einer mexikanischen Frau betreut, die zur Hochzeit ihres Sohnes nach Mexiko will. Beim Grenzübertritt gibt es allerdings Probleme, so daß die Kinder fast verhungern und verdursten; sie selbst wird aus dem Land ausgewiesen. Die amerikanische Touristin stirbt beinahe, eines der marokkanischen Kinder – aber nicht das, welches geschossen hat – wird von der Polizei erschossen u.v.m. In diesem Film wird ein Schicksalsgewirr im Sinne von Babel aufgezeichnet – mit wunderbaren Schnitten, an den jeweiligen Orten erzählt. Und wenn man in der Mitte sitzt und diesen Film anschaut, dann muß man das aushalten. Alles wird durch ein Gewehr ausgelöst.

W.W.: Ist die Geschichte wahr?

U. Meier: Nein, sie ist ausgedacht. Aber man kann mit Hilfe dieser Geschichte realisieren, daß sich jeder Mensch im Netz vieler Schicksalszusammenhänge befindet, die nicht auf die Schnelle beurteilt werden können. Der Film ist für mich nicht nur die tragische Geschichte mangelhafter Kommunikation, sondern er handelt von der Unmöglichkeit, unschuldig zu bleiben und läßt sogar offen, ob Schuld übernommen werden kann. Ich meine, man sollte sich nicht zum Moralapostel erheben, indem man z.B. verlangt, man solle doch nicht als Tourist nach Marokko reisen und auch sonst immer brav sein.

Neben der Spur leben

W.W.: Mit welchen Lebenskrisen werden Sie in letzter Zeit am häufigsten konfrontiert?

U. Meier: Neu ist, daß zunehmend Klienten zu mir kommen, die ganz offen aussprechen, daß sie nicht wüßten, warum sie zu mir kommen. Aber sie wollen es herausbekommen.

W.W.: Werden diese Menschen geschickt, oder kommen sie aus eigenem Impuls?

U. Meier: Sie kommen aus einem inneren Impuls, und irgendwie geht es ihnen auch nicht gut. Sie äußern dann z.B.: „Eigentlich geht es mir nicht schlecht, aber irgend etwas stimmt nicht mit mir." Diese Menschen leben neben ihrer Spur. Das ist eine neue Kategorie von Krise. Es ist keine Krise, die man wie eine Trennung, eine Krankheit oder den Tod eines Angehörigen klar anschauen kann, sondern es sind diffuse Momente, und man befindet sich fern von einer sichtbaren Katastrophe. Trotzdem beschleicht diese Menschen ein ungutes Gefühl, und sie sind sehr offen. Es ist schließlich auch mutig, eine Beratung mit einer solch offenen Fragestellung aufzusuchen.

W.W.: Sind das besonders sensible Menschen, die eher eine sich anbahnende Krise spüren, oder sind es eher frustrierte Menschen, die allgemein an ein Ende gekommen sind und nicht wissen, wie es weitergehen soll?

U. Meier: Eigentlich beides. Auf jeden Fall sind es keine Melancholiker oder Menschen, die Spaß daran haben, auf die Suche nach der nächsten Krise zu gehen. Es sind durchaus nüchterne Leute, aber sie haben kein klares Bild davon, was mit und in ihrem Leben los ist.

Darüber hinaus kommen die Menschen natürlich mit den klassischen Problemen und Krisen zu mir: Menschen mit Partnerschaftsproblemen, mit unzumutbaren Arbeitsbedingungen im Betrieb, Menschen mit schweren Krankheiten oder diejenigen, deren Angehörige sterben. Mitunter kommen auch Jugendliche zu mir, die eine ganz andere Art haben, über ihre Konflikte zu sprechen. Sie erwarten weniger eine Lösung als vielmehr, daß man ihnen ihre Krise bestätigt. Ich erinnere mich z.B. an eine junge Frau, die von etwas bedrängt war, aber bisher noch keinen Gesprächspartner gefunden hatte, der anerkannte, daß sie etwas bedrängt. Sie brauchte einfach ein Ernstnehmen ihrer Krise und ihrer schmerzhaften Augenblicke.

W.W.: Ich möchte noch einmal diejenigen mit der diffusen Lebenskrise aufgreifen: Was raten Sie diesen Menschen in ihrer Seelsorge?

U. Meier: Ich versuche, sehr genau zuzuhören und zu fragen. Dabei geht es nicht vorrangig darum, daß ich herausbekomme, in welcher Krise dieser Mensch steckt, sondern ich spreche so mit ihm, daß er selbst allmählich erkennt, was mit ihm los ist. Für uns beide gilt dann, daß man es über mehrere Sitzungen aushalten muß, daß der Klient immer noch nicht weiß, was mit ihm los ist. Meist kristallisiert sich dann aber eine Lebenskrise heraus, gegen die sich der betreffende Mensch bisher unbewußt gewehrt hatte. Es verändert sich also zunehmend das instrumentelle Denken, das darin besteht, daß man irgendwo hingeht und auch gleichzeitig die Lösung erwartet. Gerade auch bei Seelsorgern ist es meist so, daß sie nicht aufgesucht werden, weil man von ihnen professionelle Lösungen erwartet, sondern weil man z.B. über sie gehört hat, daß sie bereit sind zuzuhören, sich geduldig auf Probleme einzulassen. Beim Therapeuten erwartet man eventuell eine relativ vorhersehbare Methodik, wahrscheinlich auch eine Lösung des Problems; bei einem Seelsorger kann die Zukunft des Gesprächs offener bleiben.

Ohnmacht und Verzweiflung in der ersten Phase der Lebenskrise

W.W.: Man kann verschiedene Phasen einer Lebenskrise unterscheiden: Manche sprechen von vier, andere von sieben Phasen. Eine erste Phase ist auf jeden Fall die sich anbahnende oder plötzlich hereinbrechende Lebenskrise. Wie reagiert der Mensch in dieser ersten Phase der Lebenskrise?

U. Meier: Viele Menschen verleugnen in dieser ersten Phase die Lebenskrise oder wollen sie nicht wahrhaben. Wichtig erscheint mir dabei vor allem, warum man zuerst versucht, die Krise innerlich abzuwenden. Aber diese erste Phase der Abwehr ist vollkommen normal, denn ein Mensch, auf den eine Krise hereinbricht und der nicht innerlich sagt: „Bitte nicht!“, der wäre auch nicht ganz gesund. Insofern gehört diese erste Phase der inneren Abwehr einer Krise unbedingt zum Verlauf einer solchen hinzu, und sie ist wie die Eröffnung eines Schachspiels bzw. wie der erste Akt eines Dramas.

Von außen betrachtet kann man es vielleicht auch ein wenig mit Humor nehmen, wenn man sieht, wie sich ein Mensch verrenkt, was er alles tut, um eine sich anbahnende Krise nicht zuzulassen. Kritisch wird es natürlich, wenn die Vermeidungshaltung gegenüber der Krise habituell wird und man sich in eine Art Tunnel begibt und nur noch ein einseitiges Sicherheitsdenken zuläßt. Menschen, die in dieser Phase nichts an sich herankommen lassen wollen, können einem leid tun. Wer sich so verbarrikadiert, daß keinerlei Krise an ihn herankommt, der überschüttet sich wirklich mit Pech.

W.W.: Eine Krise kann sich langsam anbahnen, sie kann aber auch – z.B. durch den Tod eines Angehörigen oder durch die Erkenntnis einer lebensbedrohenden Krankheit – plötzlich hereinbrechen. Bemerken Sie in dieser ersten Phase auch einen Moment der Betäubung und der Ohnmacht, weil man die Schwere des Schicksalsschlags nicht aushält?

U. Meier: Zu einer plötzlich hereinbrechenden Krise gehört meist eine mehr oder weniger starke Lähmung, auch eine Gefühlslähmung. Verena Kast beschreibt das z.B. in ihren vier Phasen der Trauer sehr deutlich. In die erste Phase des Nicht-Wahrhabenwollens gehört eine Gefühlslähmung. Man steht dann wie betäubt in Watte und empfindet gar nichts. Wenn der Boden unter einem weggezogen wird, ist der erste Moment nicht fühlbar. Das ist wie bei einem Schock.

W.W.: Man kennt es aus Filmen, daß einem Angehörigen eine Todesnachricht überbracht wird und daß ein solcher Mensch es im ersten Moment nicht wahrhaben will. Ist das in der Realität genauso?

U. Meier: Das mag in Filmen mehr oder weniger gut dargestellt und überzeichnet sein; aber darin ist mit Sicherheit ein wahrer Kern. Ich habe es selbst erlebt, als ein mir bekanntes kleines Kind ertrank und ich seinen Tod zunächst nicht realisieren konnte. Ich fuhr zu der Familie und wartete vor dem Haus, bis sie aus dem Krankenhaus zurückkam. Realisiert habe ich den Todesfall erst, als der Junge, den ich gut kannte, nicht aus dem Auto stieg. Das fehlende physische Anwesendsein dieses Jungen hat mir erst klargemacht, daß er nicht mehr da war.

W.W.: Wieso begreift man so etwas erst später, obwohl es ja auch früher möglich wäre?

U. Meier: Es ist ein innerer Abwehrmechanismus. Ein Teil des Selbstes, den man nicht kontrollieren kann, dessen Maß durch den Schock erfüllt ist, schaltet auf Abwehr. Diese Gefühllosigkeit ist auch irgendwie eine Gnade, weil der Schmerz sonst zu groß wäre. Für den Seelsorger ist es deswegen auch wichtig zu wissen, daß er warten kann, bis die innere Abwehr allmählich aufbricht, daß er dem Klienten einen Raum anbietet, in dem die Gefühle allmählich zugelassen werden und herausbrechen können; und beide müssen dann lernen, mit diesen Gefühlen umzugehen.

Jede Krisenphase bewußt durchleben

W.W.: In einer zweiten Phase reagiert der Mensch häufig auf die Lebenskrise oder das zusammenbrechende Leben mit Wut, Schuldgefühlen oder Ohnmacht. Wie kommt das?

U. Meier: Zu dieser Phase gehört immer noch, daß man die Krise nicht wahrhaben will und daß man sich gegen sie stemmt. Oft erlebt man dann, daß man die Krise in die Umgebung streut, von sich abperlen läßt und die Menschen seiner Umgebung als die eigentlich Schuldigen ansieht, nicht aber sich selbst. Meist ist diese Phase auch mit sehr starken Gefühlen verbunden. Man selbst denkt z.B. von sich, daß man fähig sei, eine Partnerschaft zu führen, die Partnerin dagegen sei völlig unfähig und trage die Schuld an der vorhandenen Krise. Daraus entsteht die Haltung, daß man sich nicht um die Krise kümmern will und daß man das Problem den anderen Menschen zuschiebt – und von ihnen zugleich erwartet, daß sie das Problem bzw. die Krise zu lösen hätten. Auf jeden Fall fahren in dieser Phase die Gefühle Achterbahn.

W.W.: Wir sprachen eben von den allmählich heraufbrechenden Gefühlen des Schmerzes. Inwieweit ist es wichtig, daß man den Schmerz und die Trauer, die durch eine plötzlich hereinbrechende Krise ausgelöst werden, auch wirklich durchfühlt?

U. Meier: Es ist unbedingt notwendig, daß man durch diese Phase der Trauer möglichst bewußt hindurchgeht; denn sonst kann man die nächsten Phasen der Krise kaum erreichen. Wenn man versucht, eine Phase einer Krise auszulassen, fehlt später etwas in der Gesamtdynamik der Entwicklung. Mit dem Bilde des Wassers gesprochen: Ich muß das Wasser abfließen lassen. Wenn ich es dagegen immer staue, wird nie wieder ein natürlicher Fluß entstehen.

Jeder Tag ist ein Tag von einem selbst

W.W.: Zwischen der zweiten und dritten Phase einer Krise läßt sich vielleicht eine Art Zwischenphase erkennen: die Phase des allmählichen Loslassens. Haben Sie Erfahrungen damit, wie lange die Phase der Gefühlslähmung und des akuten Schmerzes dauert und wann diese allmählich abklingt?

U. Meier: Das hängt ganz von der Art der Krise ab. Hier würde ich keine Zeiträume benennen, denn jeder Mensch hat seine individuellen Reifezeiten; oft gibt es auch Rückfälle. Trotzdem erlebt man, daß sich das anfängliche Gefühlschaos, die Achterbahnfahrt, allmählich beruhigt und man sich langsam wieder zu allen Dingen des Lebens in Beziehung setzt, auch zu den vergangenen. Wenn man sich z.B. neu mit der Biographie eines Verstorbenen verbindet, kann man auch leichter loslassen.

Die Voraussetzung, daß ich loslassen kann, ist, daß ich die Krise mit mir identifiziere. Hierzu gehört auch, daß man erkennt, daß man z.B. süchtig oder von irgend etwas abhängig ist und daß man dieses Problem selbst in den Griff bekommen muß. Gleiches gilt auch für eine Krankheit und für das eigene Sterben: Man muß anerkennen, daß diese Teile des Lebens zu einem gehören.

W.W.: Wie kann man es lernen, Bereiche des Lebens, die an ein Ende gekommen sind, besser loszulassen?

U. Meier: Das ganze Leben ist eigentlich ein Loslassen, und es gibt nichts Lebendiges ohne Krisen. Üben kann man das jeden Abend, wenn man einschläft, indem man sich vergewissert, daß dieser Tag ein Tag von einem selbst gewesen ist und daß man ihn nun loslassen kann. Man läßt dann das Vertraute hinter sich und tritt in die nicht vertraute Welt des Schlafes ein. Aber man weiß, daß man sich am nächsten Morgen wiederfindet. Auch das ist ein Teil von Krisenbewältigung. Wenn ich meine kleine Grippe nicht ernst nehme, werde ich auch im Sterben Probleme bekommen – man kann also an den kleinen Dingen des Alltags für die großen Aufgaben üben und lernen.

Das Neue sollte als Geschenk empfunden werden

W.W.: Eine dritte Phase könnte man die Phase der Neuorientierung nennen, in der man sich mit der neuen Situation abfindet und in der man es lernt, sich auch Neuem zu öffnen. Wieso gelingt es dem einen leichter, dem anderen schwerer?

U. Meier: Jeder Übergang von der einen in die nächste Phase kann erneut kritisch werden. Die Neuorientierung hängt stark davon ab, inwieweit ich mich wieder mit meinem Leben identifiziere. Das Paradoxe an dieser Situation ist, daß man das Neue, für das diese Krise ein Tor war, als Geschenk empfinden sollte. Man muß die Tür also suchen und finden, gleichzeitig aufstoßen und dann den neuen Raum als Geschenk wahrnehmen.

W.W.: Wenn ein Mensch zwischen der zweiten und dritten Phase steht – die akute Krise ist abgeklungen, aber er hat diesen neuen Raum noch nicht gefunden: Was kann man ihm in einer solchen Situation raten?

U. Meier: Jeder erwirbt seine Werkzeuge selbst, wenn er das Leben einigermaßen aufmerksam beobachtet und sein Schicksal aktiv zu gestalten sucht. Mein Hauptwerkzeug als Seelsorger ist, daß ich die Menschen auf den Wert von „Erlaubnissen" hinweise. Ich ermutige meine Klienten, daß sie sich selbst etwas erlauben.

W.W.: Was meinen Sie damit?

U. Meier: In „unseren Kreisen" leiden wir oft eher an Verspannungszuständen als an zu großer Lockerheit. Ich habe in meiner Praxis entdeckt, daß man Menschen sehr helfen kann, wenn man ihnen nahelegt, Dinge zuzulassen. Ich frage sie z.B., warum sie immer wieder Vernunftgründe gegen sich selbst anführen, das am Horizont neu Auftauchende immer wieder verwerfen. Ich ermutige also die Menschen, dasjenige, was bei ihnen von selbst auftaucht, ernst zu nehmen. Viele wenden dann ein, daß sie dann anderen Menschen zu wenig dienen und nur an sich selbst denken würden; manche meinen sogar, gegen das Gebot der Selbstlosigkeit zu verstoßen. Dabei sollte man doch den Mut haben – gerade wenn man aus einer Krise hervorgeht –, auch an sich zu denken.

W.W.: Können Sie einmal ein Beispiel nennen?

U. Meier: Vielfach findet man das bei Partnerschaftsproblemen. Wenn die Paare zu mir kommen, mache ich ihnen meist am Anfang eines Gesprächs deutlich, daß *alle* Lösungen möglich sein könnten und jede die richtige sein kann. Wenn man zu Beginn einer Beratung festzurrt, daß die Beziehung unbedingt weitergehen bzw. daß es unbedingt eine Trennung geben müsse, öffnet man sich nicht und geht auch nicht durch die einzelnen Phasen der Krise hindurch. Eine Krise kann ich nur erfolgreich bewältigen, wenn ich sie ergebnisoffen durchschreite. Wenn man einen Partner verliert oder eine schwere Krankheit durchmacht und sich dann wünscht, daß es so sein solle wie früher, dann ist das verhängnisvoll. Ein solcher Mensch bleibt dann irgendwo zwischen der zweiten und dritten Phase einer Krise stehen.

W.W.: Was geschieht in der letzten und vierten Phase – wenn sie denn kommt –, in der der Mensch sich mit seinem Schicksal, seiner neuen Situation oder seinem neu beschrittenen Weg abfindet und gezielt auf etwas Neues zugeht?

U. Meier: Meines Erachtens erreichen immer mehr Menschen auch diese letzte Phase einer Krise. Wenn sie eine Krise einigermaßen erfolgreich durchgemacht haben, sind sie meist in der Lage, etwas wirklich Neues aufzugreifen. In dieser Phase tauchen eigentlich die wenigsten Probleme auf; viel größer sind sie in den ersten Phasen. Oftmals ist es am Ende sogar so, daß man gar nicht bemerkt, was alles anders geworden ist und was man selbst an Neuem gestaltet. Die großen Probleme sind am

Anfang der Krise: Ein Mensch wird vom Schicksal gerufen und sagt dann meist: „Nein, es paßt jetzt gerade nicht."

W.W.: Was geschieht mit denjenigen Menschen, die in den einzelnen Phasen der Krisen stehenbleiben – also mit denen, die in Schmerz und Ohnmacht versinken – oder mit denen, die sich gegenüber Neuem vernageln? Werden diese Menschen lebensuntüchtig, und geraten sie in noch stärkere Krisen?

U. Meier: Im allgemeinen ist die Konflikt- und Krisendynamik eines Lebens sehr erfindungsreich, auch denjenigen Menschen, die irgendwo steckenbleiben, weitere Chancen zu bieten. Ich würde nicht unbedingt eine Angstkulisse aufbauen und sagen, daß in solchen Fällen schlimmere Krisen kommen werden. Das kann natürlich so erlebt werden. Man sperrt sich gegen eine Frage, und später kommt diese Frage erneut und klingt dann um so lauter.

Zur Frage der Lebenstüchtigkeit: Ich kann auch in einem sehr abgespaltenen und toten seelischen Raum lebenstüchtig wirken und alle meine Krisen schön verpackt in den Keller stellen. Ein solcher Mensch funktioniert aber nur, auch wenn es für Außenstehende oftmals wie ein goldenes Leben aussieht. Ein solcher Mensch lebt in einem gespaltenen Dasein. Aber eine Krise stellt den Menschen immer die Frage, ob sie sich in einer neuen Weise selbst integrieren können. Das aber setzt voraus, daß es für das eigene Leben nicht nur die eine Spielart gibt, sondern daß jedem Menschen viele Möglichkeiten offenstehen.

Andererseits gibt es Menschen, die nicht aus dem anfänglichen Chaos herausfinden, die aus den chaotischen Ohnmachts-, Angst-, Haß- und Schuldketten nicht herauskommen. Diese Menschen, die in der zweiten Phase einer Krise stehenbleiben, benötigen eigentlich die umfangreichste Begleitung.

Der lebendige Zauber einer Krise

W.W.: Ich möchte das Positive einer Krise noch einmal extra herausgreifen: Inwiefern steckt in einer Lebenskrise auch eine Chance?

U. Meier: Die Chance einer Krise ist die Häutung, d.h. daß ich etwas Altes hinter mir lassen kann. Man kann das anhand der Grippe im Kleinen betrachten. Wenn ich mir wegen einer Grippe erlaube, aus den Alltäglichkeiten – Arbeit, Verpflichtung, Gewohnheiten – auszusteigen, wenn ich mir erlaube, über mich hinauszugehen – das signalisiert mir auch das Fieber: Ich wachse über mich hinaus –, dann kann ich neu einsteigen. Die beiden kritischen Punkte, die man auch seelsorgerisch begleiten kann, sind die des Ausstiegs – das ist ein kleiner Todesaugenblick – und des neuen Einstiegs, was einem kleinen Geburtsvorgang gleichkommt. Diese Momente des Todes und der Geburt müssen gelingen, denn sonst beginnt derselbe Trott von vorn.

W.W.: Ist eine Krise nicht auch ein Katalysator dafür, daß man ganz neue Potentiale erkennt und in der Lage ist, diese zu verwirklichen und Kraftreserven zu mobilisieren?

U. Meier: Auf jeden Fall. Das gilt besonders für diejenigen, die miterleben müssen, wie ein Mensch stirbt. Sie erfahren die Wertschätzung des Sterbenden ganz anders, genauso aber die Wertschätzung ihrer selbst. Viele dieser Menschen äußern, daß sie währenddessen in eine neue Welt hineinschauen. Als Seelsorger sollte ich daraufhin nicht wie ein altmodischer Bestattungsunternehmer antworten: „Das Leben geht weiter"; sondern meine Frage ist, ob diejenigen Menschen, die an eine höhere Welt herangeführt worden sind, nunmehr die Chance ergreifen, für etwas Neues aufzuwachen. Diese Chance liegt im lebendigen Zauber einer Krise.

Hütet euch vor den Tröstern!

W.W.: Was raten Sie Menschen, die sich mitten in einer akuten Krise befinden, die noch kein Land sehen, denen Sie aber klarmachen möchten, daß die Krise nicht nur überwunden werden kann, sondern daß sich auch etwas Neues eröffnen kann?

U. Meier: Auf jeden Fall sage ich ihnen: Hütet euch vor den Tröstern! Damit meine ich alle diejenigen, die einem auf die Schulter klopfen, die die Krise schönreden oder sie in die banalen Worte fassen: „Na ja, es ist ja nicht so schlimm, das wird schon." Natürlich kann die Sorge auch berechtigt sein, wenn sich jemand in einer Krise selbst aufgibt oder sich so weit überfordert, daß er wie ausgelöscht wird. Deswegen gehe ich den Mittelweg, der darin besteht, die Menschen in der Krise zu ermutigen, daß sie sich Menschen suchen, die bereit sind, sie an der Stelle zu begleiten, an der sie sich gerade befinden. Man kann keine allgemeingültigen Ratschläge geben, da ein Ratschlag für die erste Phase einer Krise zutreffend sein kann, für die nächsten Phasen aber schon nicht mehr. Bei jedem Menschen in jeder Krise braucht man eigentlich einen neuen Ratgeber oder einen Menschen, der an dem Menschen interessiert, aber nicht gleichzeitig in seine Probleme involviert ist. Einen Ratschlag gebe ich allerdings schon häufiger: Ich ermuntere die Menschen, ins Buch Hiob hineinzuschauen.

© YORCK

William Blake

Satan schüttet die Plagen über Hiob aus. 1826–1827,
London, Tate Gallery

W.W.: Ist es sinnvoll, daß man Menschen, die in einer schweren Krise stecken, auf andere persönlich durchlebte Krisen in einem früheren Lebensabschnitt hinweist, die die betreffende Person erfolgreich bewältigt hat?

U. Meier: Das kann sinnvoll sein. Gerade wenn man einen Gesprächspartner in der Krise hat, ist dies eine Gelegenheit, darauf hinzuschauen, wie es früher war. Vielleicht bemerkt man dann, daß man die Stimme, die in dieser Krise spricht, eigentlich schon kennt, und daß man mit der Richtung, durch die man durch die zweite Krise wiederum hingewiesen wird, schon vertraut ist. Insofern kann der Rückblick auf früher bestandene Krisen eine Ermutigung sein. Es sollte allerdings nicht das scheintröstende „Du schaffst das schon!" sein.

Wenn man einen Menschen gut kennt, kann man ihn zu einer Krise vielleicht sogar beglückwünschen. Wenn sich jemand in einer kriselnden

Partnerschaft z.B. neu verliebt, hat er die Chance, alle anstehenden Fragen umfassend zu bearbeiten.

W.W.: Bei einer Partnerschaftskrise mag das ja sein, aber bei einer lebensbedrohenden Krankheit oder dem Tod eines Angehörigen scheint mir der Glückwunsch zu einer entstehenden Krise nicht so ganz angebracht zu sein – oder irre ich hier?

U. Meier: In solchen Fällen ist es natürlich heikel, wenn man so redet. Aber ich habe in meiner Priestertätigkeit auch die Begegnung mit alten Menschen erlebt, die mir ganz offen ins Gesicht gesagt haben, daß sie sterben wollen und zu lange leben. Sie wollten sterben, konnten es aber nicht. Indem wir über den kommenden Tod dieser Menschen geredet haben, brauchte man kein langes Gesicht zu machen, und als es dann ans Sterben ging, war das für diese Menschen manchmal wie ein Hochzeitsfest.

W.W.: Was rät man Menschen in der Phase, in der sie nicht sterben können?

U. Meier: Ich habe die Frage, ob die Tatsache, daß viele Menschen nicht sterben können, an diese Menschen ein Auftrag ist, etwas schon im Leben zu bewältigen, was man normalerweise erst nach dem Tode macht.

Verlust eines Menschen

W.W.: Nehmen wir an, daß ein Mensch durch den plötzlichen Tod seines Partners und den sich anschließenden Verlust in eine schwere Lebenskrise gestürzt wird und dieser Mensch zu Ihnen in die Seelsorge kommt. Was raten Sie ihm?

U. Meier: Wenn die Betäubung schon einigermaßen abgeklungen und der Verlust realisiert worden ist, spreche ich mit dem Klienten über die Regungen, die bei ihm auftreten. Oft berichten die Klienten dann von Wünschen, die sie gerne verwirklichen würden, denen sie aber nicht immer trauen. Dann ermutige ich sie zu ihren Bestrebungen. Ich erinnere mich z.B. an einen etwa 45jährigen Mann, der an Krebs gestorben ist. Seine Tochter äußerte die Bitte, eine Nacht neben dem Leichnam ihres Vaters im Bett zu verbringen, und ihre Mutter rief mich deswegen besorgt an. Ich habe Mutter und Tochter zu diesem Schritt ermutigt. Da die Tochter diesen Wunsch so selbstverständlich äußerte, war es für sie die Lösung, mit dem Schmerz umzugehen. Das entspricht natürlich nicht den allgemeinen Vorstellungen und ist bestimmt für die meisten

Menschen auch kein Weg; aber für dieses Mädchen war es die Lösung, in diesem Moment mit ihren Problemen umzugehen.

W.W.: Konnte sie dadurch den Tod ihres Vaters besser verarbeiten?

U. Meier: Ich meine ja. Natürlich blieb die Trauer, aber es war ein guter Einstieg in die Trauerarbeit.

Ich begleitete auch den Fall eines gleichaltrigen Jungen, dessen Vater ebenfalls starb. Kurz vorher mußte er aber mit der Trennung seiner Eltern fertigwerden, und deswegen beschloß er, nicht zur Bestattung seines Vaters zu gehen. Und auch hier richtete man wieder die besorgte Frage an mich, ob dies in Ordnung sei, und auch in diesem Fall habe ich zugeredet. Der Junge würde auf andere Weise seine Trauer verarbeiten, aber in diesem Moment habe er entschieden, nicht an der Bestattungsfeier teilzunehmen. Vermutlich befand er sich in der Phase des Gefühlschaos, hatte auch Haßgefühle, fühlte sich vom Vater verletzt, weil er vorher die Familie verlassen hatte, und er wollte nicht mit diesem Gefühlschaos an der Beerdigung teilnehmen. Das fand ich vollkommen legitim.

Grundsätzlich bestätige ich die Menschen in ihren Bedürfnissen und Absichten, die sie in dieser Phase haben. Darüber hinaus rate ich ihnen, ausreichend zu schlafen und sich gut zu ernähren, denn im Schockzustand kann es geschehen, daß man beides vernachlässigt. Auch vorhandene Gesundheitsprobleme können sich in dieser Zeit verstärken. Deshalb sollte man eine Art Basisprogramm für die grundlegenden Lebensnotwendigkeiten einhalten.

Es gibt auch Menschen, die so vom Tod betroffen sind, daß sie überhaupt nicht mehr an sich selbst denken und glauben, ausschließlich für den Leichnam dasein zu müssen. Auch diesen Menschen rate ich, daß sie zuerst für sich selbst sorgen, denn dann können sie sich auch um den Leichnam kümmern. Meist fragen mich die Menschen dann, was sie für sich selbst tun sollen, und ich rate ihnen z.B., mit und in den Erinnerungen an den Verstorbenen spazierenzugehen. Indem man sich an die schönen und auch weniger schönen Erlebnisse mit dem Verstorbenen erinnert, verbindet man sich noch einmal neu mit ihm und kann ihn dann anschließend besser gehen lassen.

Alle sozialen Beziehungen neu überdenken

Allgemein bin ich, wie gesagt, gegen vorgegebene Formen und allgemeine Ratschläge und suche mehr das auf, was gerade bei den Betreffenden lebt. Vor kurzem war ein junges Paar bei mir, dessen gemeinsames Kind an seinem Geburtstag starb, und diese Eltern waren nun verstärkt auf der Suche nach dem Sinn des Todes ihres Kindes. Ich habe dann als Seelsorger Dinge mitbegleitet, zu denen ich normalerweise nicht raten würde – die Eltern machten ein Rückführungsseminar, um sich dem Wesen des Kindes zu nähern. In meiner Beratung kommt es mir vor allem darauf an, daß die Betreffenden in ihrem Erleben anwesend sind, und es geht mir nicht so sehr darum, was ich aus meiner Perspektive in diesem Fall unternehmen würde.

Darüber hinaus stellt sich immer auch die soziale Frage, denn bei einem Todesfall stellt sich die Frage der Neuanknüpfung an das zukünftige Leben für die gesamte soziale Umgebung des Verstorbenen. Früher war das durch die Worte „Herzliches Beileid" kodifiziert, heutzutage muß jeder noch einmal neu seine Beziehung zu den Hinterbliebenen überdenken und neu anknüpfen. Wenn ein Todesfall eines Angehörigen oder guten Bekannten eingetreten ist, kann man nicht so wie in der Vergangenheit weiterleben.

Die Schuldfragen brechen auf

W.W.: Gibt es typische Fragen der Hinterbliebenen, mit denen sie zu Ihnen kommen?

U. Meier: Die Hauptfrage ist – und das betrifft sowohl Anthroposophen, Mitglieder der Christengemeinschaft wie auch alle anderen –, wie das Verhältnis zu dem Verstorbenen weiterbearbeitet und weitergestaltet werden kann. An dieser Stelle brechen z.B. alle Schuldfragen auf, d.h. inwieweit man das Schuldverhältnis zu dem Verstorbenen vernachlässigt hat und wie man das jetzt noch bearbeiten kann.

W.W.: Was raten Sie, wenn ein Mensch noch eine Schuld gegenüber einem Verstorbenen abtragen möchte?

U. Meier: Man muß zunächst einmal realisieren, daß man das Schuldgefühlen jetzt mit sich selbst abmachen muß. Dann erst kann man für sich herausfinden, daß der Verstorbene trotzdem an dieser Arbeit beteiligt ist, obwohl er nicht mehr lebt.

Zuerst tritt die Angst auf, daß man mit dem Verstorbenen nicht mehr kommunizieren kann, weil er physisch fort ist. Die Menschen beklagen dann, daß sie dem Verstorbenen nicht mehr sagen können, daß ihnen dies oder jenes leid tue. Die Frage der Schuld spielt eine ungeheuer wichtige Rolle. Genauso stark bewegt die Hinterbliebenen die Frage nach dem Sinn, was ja auch sofort verständlich ist: Ein Angehöriger stirbt, und die

Hinterbliebenen fragen nach dem Warum. Sie verknüpfen beide Fragen und fragen sich, was sie mit dem Tod des anderen zu tun haben und ob sie ihm vielleicht nicht genügend geholfen haben. Vor allem ist dies eine Frage von hinterbliebenen Witwen – die Männer gehen nicht zum Arzt, und wenn sie dann sterben, fragen sich ihre Frauen, ob sie nicht mehr dazu hätten tun sollen, damit ihre Männer zum Arzt gehen. Das Ziel und die große Kunst der Seelsorgeberatung sollte sein, daß der Angehörige den Tod als integralen Bestandteil der verstorbenen Persönlichkeit ansieht. Und das ist keine theoretische, sondern eine Gefühlsarbeit. Wenn aber ein 4jähriges Kind stirbt, ist es ungleich schwieriger für die Eltern anzuerkennen, daß auch dieser Tod zur Biographie des betreffenden Menschen gehört.

Ich erinnere mich an den Tod einer 18jährigen ehemaligen Konfirmandin, die bei einem Verkehrsunfall starb. Ihre Eltern waren in ihrer Meinung über diesen Tod völlig gespalten. Für den Vater war dieser Tod ein absolutes Unrecht, und er weigerte sich, ihn zu akzeptieren. Aber die Mutter entdeckte lauter Spuren im Leben ihrer Tochter, wie sie sich an verschiedenen Stellen verabschiedet und was sie hier und dort gesagt hatte. Das war für sie so deutlich, daß sie den Tod ihrer Tochter bejahte. Beides ist berechtigt. Ich versuchte dem Vater zu vermitteln, daß es auch in Ordnung sei, wenn er auf das Schicksal zornig oder wütend ist.

W.W.: Wenn zu Ihnen Hinterbliebene kommen, die ohne jeden Glauben an ein Leben nach dem Tod sind, aber bei Ihnen in der Beratung wegen des Todes eines Angehörigen sitzen – sprechen Sie dann von sich aus auch über das Leben nach dem Tod?

U. Meier: Ich akzeptiere natürlich, daß diese Menschen nichts mit einem Leben nach dem Tod zu tun haben wollen, andererseits ist die Offenheit solcher Menschen in einer derartigen Extremsituation des Lebens meist groß. Selbstverständlich spreche ich auch mit solchen Menschen über das Leben nach dem Tod; allerdings nicht im Sinne einer Mission. Vor allem geht es mir dabei um das Rätsel des Lebens und um die Gerechtigkeitsfrage. Wenn ich überhaupt eine Berechtigung und Gerechtigkeit im Tod sehen will, dann kann ich das eigentlich nur, wenn ich auch ein Leben nach dem Tod und weitere Inkarnationen annehme.

Ablösung von den Kindern

W.W.: Häufig ist der Auszug der Kinder auch eine mehr oder weniger starke Lebenskrise; vielleicht trennt sich auch noch der eine Ehepartner vom anderen. Was raten Sie Menschen, die in dieser Phase ihres Lebens in eine Lebenskrise geraten?

U. Meier: Solche Menschen sitzen nicht oft bei mir, da es sich hierbei nicht so sehr um eine greifbare Krise handelt. Das liegt vor allem auch daran, daß sich eine solche Krise meist über einen langen Zeitraum erstreckt, da oft mehrere Kinder im Haus sind. Manchmal kommt man anhand eines Beratungsgesprächs über Probleme mit erwachsenen Kindern auch über die Krise der Eltern ins Gespräch. Die Krise selbst äußert sich meist in einer Art diffuser Sinnlosigkeit in der Biographie. Die Kernfrage dieser Menschen ist es bzw. sollte es sein, welche Aufgabe sie außerhalb der Kindererziehung im Leben haben. Diese Frage wird aber oft nicht so deutlich gestellt.

Andererseits berate ich natürlich auch Mütter, die nicht nur die Kinder erziehen wollen, sondern gleichzeitig berufstätig sind und die auch mit der kurzen Zeitdauer, in der sie tagsüber ein Kind in den Waldorfkindergarten schicken können, nicht zufrieden sind, weil sie in dieser Zeit gerade mal einkaufen können. Bei diesen Menschen stellt sich die Frage der Ablösung von den Kindern, das Selbständigwerden der Kinder, viel früher und in einem längeren Prozeß; so daß es dann, wenn die Kinder aus dem Haus gehen, nicht mehr zu einem totalen Einbruch kommt. Gerade für Jugendliche, die noch zu Hause wohnen, ist ein solcher Ablöseprozeß sehr heilsam, weil sie es kaum ertragen können, daß zu Hause eine Mutter sitzt, die sich professionell Sorgen macht.

Auf diesem Lebensfeld handelt es sich also um schleichende und allmähliche Übergänge. Wir haben in unserer Kultur keine Riten oder Feierlichkeiten mehr, mit denen z.B. der Auszug der Kinder aus dem Haus gefeiert wird und die Selbständigkeit der Jugendlichen beginnt. Im Alter der Kinder von 14 bis etwa 30 Jahren gibt es eine Art schlammige Straße, auf der sich diese familiären Imponderabilien ereignen. Das „Hotel Mama", das von beiden Seiten mehr oder weniger gern eingerichtet wird, ist das eine Extrem, und das „Ruf doch mal an!" bzw. das „Ich will mein eigenes Leben leben!" ist das andere Extrem in dieser Lebensperiode.

Der religiöse Aspekt dieser Phase ist die Wiederentdeckung des Segens – also der Segen, den die Eltern dem Kind mitgeben, wenn es in die Selbständigkeit entlassen wird; also eigentlich das, was der Sinn der Konfirmation ist. Dieser Krise können die Spitzen genommen werden, eine Krise kann gestaltet werden, wenn man lernt, frei die Kinder in die Freiheit zu entlassen, und ihnen zurät, daß dasjenige gut wird, was die Jugendlichen tun, wenn sie es aus ihrer eigenen Freiheit tun. Aus Sicht der

Eltern ist dies ein kleiner Sterbevorgang, der aber zu einer Auferstehung wird, wenn man diesen Vorgang bejahen kann.

W.W.: Wie können Eltern diesen kleinen Sterbeprozeß – die Kinder in die Freiheit zu entlassen – vorbereitend lernen, damit sie nach dem Auszug der Kinder nicht in das entsprechende Loch fallen?

U. Meier: Die Eltern können die Pubertät der Kinder anzunehmen versuchen, denn die Pubertät ist eigentlich schon das Signal für die anstehenden Ablösungsprozesse. Ich erlebe immer wieder Eltern, die sich über die Unmöglichkeit ihrer jugendlichen Kinder beklagen, andererseits aber versuchen, diese Kinder mit Harmonie zu umkleiden. Ich ermuntere die Eltern immer wieder einzusehen, daß die Unmöglichkeiten ihrer Kinder durch den inneren Wunsch nach Selbständigkeit ausgelöst werden. Ich rate ihnen, sich abzugrenzen und den Kindern mitzuteilen: „Wenn das die Sprache ist, in der wir jetzt miteinander sprechen, dann habe ich auch einen Grund, mich von dir zurückzuziehen. Du kannst nicht einerseits etwas von mir fordern, andererseits aber nichts einbringen."

Denn seitens der Kinder kann eine Art Parasitendasein entstehen, das sich auf den Kühlschrank und das weiche Bett der Eltern beschränkt; aber alles andere aus der Familie wird nicht mitgelebt. Deswegen ermutige ich auch die Mütter, sich nicht alles gefallen zu lassen, sich auf ihr eigenes Leben zu besinnen und hin und wieder auch einmal die Tür zuzumachen.

Oft ist das problematische Verhältnis mit jugendlichen Kindern auch mit Scham belegt, und man spricht nicht darüber. Meist spricht man nur über die Probleme mit Kleinkindern, nicht aber über die mit Jugendlichen.

W.W.: Es gibt ja immer noch das traditionelle Rollenbild der Mutter, die zu Hause bleibt, die Kinder erzieht und nicht berufstätig ist, auch wenn sich das zunehmend wandelt. Raten Sie jungen Müttern dazu, nicht zu lange mit der Ausübung eines Berufs zu warten?

U. Meier: Auf jeden Fall ermutige ich die Mütter dazu, sich auch neben der Kindererziehung im Beruf zu verwirklichen – auch wenn sie wegen ihrer Berufsausübung das Gefühl haben, sich nicht genügend um ihre Kinder kümmern zu können. Die Mütter, die sich für Kindererziehung aus dem Berufsleben für eine Zeit zurückziehen, sollen diese Lebensvariante leben. Das stimmt aber nicht für Mütter, die schon bei ganz kleinen Kindern darunter leiden und sich wie im Gefängnis fühlen, wenn sie „nur" zu Hause sitzen. Diese Mütter wechseln frühestmöglich wieder in ihren Beruf – und auch diese Mütter sollten ihren Weg leben. Allemal ist doch eine gutgelaunte Mutter besser, die nur wenig Zeit mit ihren Kindern verbringt, als eine schlechtgelaunte, die immer mit dieser Laune bei ihren Kindern ist. Und dann wäre da natürlich noch die Frage an die Väter.

Arbeitslosigkeit ist mit Scham verknüpft

W.W.: Das Ende eines Berufslebens im Alter – hin und wieder soll es so etwas ja noch geben – kann oft zu einer Krise führen, wenn man in das Loch der Freizeit fällt. Wie kann man dem entgegensteuern?

U. Meier: Der Übergang vom aktiven Berufsleben in das Seniorenalter kann sehr hart sein. Hier gibt es zwei Menschentypen: zum einen diejenigen, die nicht loslassen können und die auch ziemlich beratungsresistent sind, zum anderen diejenigen, die irgendwie vergehen, für die das Rentnerdasein mit Ohnmacht und Schmerz verbunden ist und die sich mit den größten Sinnfragen herumquälen.

Wir berühren hier die Schieflage unseres kapitalistischen Systems, das Arbeit mit Geld verknüpft, nicht aber Arbeit mit Sinn, wie es sehr viel richtiger wäre. Wenn man sich nämlich neben dem Beruf sinnvolle Lebensaufgaben schafft, kann man entspannter in den Ruhestand gehen, weil man weiß, auf was man sich freuen kann. Ich rate jedem Menschen, daß er sich neben dem Beruf und der Familie Bereiche in seinem Leben schafft, die für ihn sinnvoll, vielleicht auch mit Arbeit verbunden sind, so daß man sich neben der Berufstätigkeit schon einen Bereich schafft, der frei vom Geld- und Familiendiktat ist. Wenn diese Bereiche geschaffen sind, ist der Übergang vom Arbeitsleben in das Rentnerdasein nicht so belastend und abrupt. Trotzdem ist dieser Ablöseprozeß ein intensiver Sterbevorgang.

W.W.: Ein noch größeres Problem ist die Arbeitslosigkeit inmitten des Lebens, vor allem die Jugendarbeitslosigkeit. Was raten Sie Langzeitarbeitslosen, die zu Ihnen in die Seelsorge kommen?

U. Meier: Diese Menschen haben sehr starke Opferanteile, und als Opfer sind sie auch mit der Scham konfrontiert. Solche Menschen kommen eher selten in die Seelsorge, genauso wie sie nicht ihren Stand in der Gesellschaft haben. Wichtiger ist hier m.E. der Blick auf den Gesamtzusammenhang, denn diese Menschen sind Opfer unserer Wohlstandsgesellschaft und des kapitalistischen Wirtschaftssystems, in dem zwar Konsumenten, aber nicht mehr so viele Arbeitnehmer gebraucht werden. Wer seine Opferrolle in dieser Gesellschaft erkennen und sich innerlich aufrichten kann, benötigt dazu eine große innere Kraft. Das ist weniger eine persönliche Schicksalskrise, sondern eine Krise der Gesamtgesellschaft. Persönlich hängt mit dieser gesamtgesellschaftlichen Krise natürlich die Schuldfrage zusammen – wenn ein Arbeitsloser z.B. meint, daß er seine Arbeitslosigkeit selbst verschuldet habe.

W.W.: Meinen Sie, daß viele Arbeitslose sich eher selbst die Schuld für ihre Arbeitslosigkeit geben statt den Arbeitgebern bzw. der Gesellschaft?

U. Meier: Die Gefahr liegt auf der Hand. Die Arbeitslosen, mit denen ich zu tun hatte, haben alle dieses Thema des eigenen Schuldempfindens aufgeworfen. Vielleicht schiebt man im ersten Moment die Schuld auf den Arbeitgeber oder die Regierung. Aber wenn die Arbeitslosigkeit länger dauert, bilden sich oft Schuldgedanken heraus, z.B. der Gedanke, warum man nicht einen anderen Beruf ergriffen hat oder warum man sich aus einem Arbeitsprozeß ausgegliedert hat, obwohl man vielleicht noch hätte kämpfen können usw. Das sind oft Fragen des „Hätte" und des „Wenn", was natürlich die unfruchtbarsten Worte sind, die man in einer Krise aussprechen kann. Auf jeden Fall deuten diese Worte auf eine überzogene Schuldkomponente hin.

Wenn niemand auf einen wartet

W.W.: Kommen zu Ihnen auch Jugendliche, die keine Lehrstelle bzw. keinen Job bekommen?

U. Meier: Kaum. Die Jugendarbeitslosigkeit gehört für mich zu den ganz großen Problemen, von denen ich aber nur ganz wenige konkrete Bilder aus der Seelsorge habe; denn hier haben wir es mit einem gesellschaftlichen Bereich zu tun, der sehr stark von Lähmung, aber auch von Selbstbestrafung gekennzeichnet ist. Hier entsteht das Problem, daß man den ersten Schritt nicht machen kann, weil man sich mit dem Blick beim vierten Schritt festkrallt. Jugendarbeitslosigkeit ist ein großes gesellschaftliches Problem; denn die gesunde Erwartung eines Jugendlichen ist es, daß ihm jemand Arbeit gibt, daß er erlebt, daß man auf ihn wartet. Da dieser Ruf aber nicht kommt – und weil man von den Jugendlichen erwartet, daß sie etwas vorweisen müssen, damit sie ein Recht auf Arbeit haben –, agiert man gegen die Würde der jungen Menschen.

W.W.: Das ist ein riesiges Problem, gerade auch an Hauptschulen. Wie vermittelt man Jugendlichen, daß man auf sie wartet, daß sie eine sinnvolle Rolle im Leben spielen, wenn alle Beteiligten genau wissen, daß sie keinen Job bekommen?

U. Meier: Ich habe mir neulich noch einmal das Education Project „Rhythm is it“ der Berliner Philharmoniker mit Simon Rattle angesehen, die über drei bis vier Jahre ihre Kunstprojekte mit Hauptschülern gemacht haben. Man sieht diesen Jugendlichen an, wie dieses Projekt eine Wende in ihr Leben gebracht hat und wie sie gelernt haben, daß sie ihr Leben trotz drohender Arbeitslosigkeit anpacken können. Denn man hat diesen Menschen etwas angeboten, man hat ihnen Freude und Sinn verschafft, man ist auf sie zugegangen, man hat sie sogar belastet – und unter dieser Belastung sind diese jungen Menschen gewachsen.

Bewußt in die Achterbahn hineinschlüpfen

W.W.: Was raten Sie Menschen, die mit einer erkennbar unheilbaren Krankheit zu Ihnen in die Seelsorge kommen, die aber vielleicht trotzdem noch zahlreiche Lebenspläne haben und immer noch auf Heilung hoffen, obwohl es aussichtslos ist, und die dadurch in eine Lebenskrise gestürzt worden sind?

U. Meier: Diese Menschen kenne ich gut. Sie sind sauer auf die geistige Welt, auf ihr Schicksal – und irgendwo sind diese Menschen klasse. Ich möchte ihnen einen Raum geben, in dem sie ihre Verzweiflung ausleben können. Denn diese Schicksale ähneln oft dem Hiob-Schicksal, und die Betroffenen wissen genausowenig wie Hiob von der Absprache zwischen Gott und Satan hinter den Kulissen.

In dieser Phase ist die Erfahrungsrealität oft wichtiger als die Antwort auf den Sinn der unheilbaren Krankheit. Wenn diese Menschen sauer auf das Schicksal sind, dann rate ich ihnen z.B., sich das zu suchen, von dem sie meinen, es verpaßt zu haben. Ich rate diesen Menschen, bewußt in die Achterbahnanteile ihres Lebens hineinzugehen.

Ich erinnere mich z.B. ganz besonders an eine Frau, die fast jeden Tag mit einer anderen Wahrheit zu mir kam. An einem Tag meinte sie, den Tod begriffen zu haben; aber sie wollte ihn nicht. Am nächsten Tag flossen die Tränen, und sie akzeptierte den Tod. Am dritten Tag war es wiederum anders usw. Das hat sie ihrer ganzen Umgebung zugemutet: Sie mietete extra eine Wohnung zum Sterben an, und jeden Tag kamen die Menschen zu ihr wie im Taubenschlag und nahmen an allen ihren Phasen und Verwicklungen teil. An einem Tag war es dann soweit: Sie feierte ihre letzte Ölung – das war ein sehr würdiger Rahmen mit Musik und vielen Freunden –, und am nächsten Tag war es dann schon wieder ganz anders. Für solche Zusammenhänge kann man keine allgemeinen Ratschläge geben – man muß jede Situation und jedes Schicksal genau abspüren. Oftmals muß man als Seelsorger auch die Angehörigen unterstützen, weil man weiß, wie schwer sie es mit den Achterbahnfahrten der Sterbenden haben.

Hiob konnte sich noch mit der Tonscherbe kratzen

W.W.: Nehmen wir einen Menschen an, der an einer unheilbaren Krankheit leidet, die auch in seinem Schicksal liegt, der aber noch etwa ein Jahr zu leben hat und offen für die Bereitschaft seines Schicksals ist. Was würden Sie mit einem solchen Menschen besprechen?

U. Meier: Hiob hatte am Ende seines Lebens gar nichts mehr – er wurde krank. Aber er konnte noch in der Asche sitzen und sich mit der Tonscherbe kratzen. Das ist jetzt natürlich sehr drastisch gesagt. Trotzdem kann jeder Mensch in jeder Phase des Lebens noch etwas tun – auch wenn er gelähmt ist, Schmerzen hat oder unter der Wirkung von Tabletten steht. Es gibt keinen Raum, der so klein wäre, daß man sich nicht in ihm bewegen könnte. – Ich kann mir aber keinen Menschen vorstellen, dessen unheilbare Krankheit nicht in seinem Schicksal liegt.

W.W.: Aber das ist doch bei ganz vielen Menschen der Fall.

U. Meier: Solche Menschen kann ich mir nicht vorstellen.

W.W.: Wenn ich Sie jetzt umbringen würde, ausschließlich deswegen, weil wir das jetzt hier diskutieren, dann lag Ihr Tod doch nicht in Ihrem Schicksal!

U. Meier: Das wird dann unser beider Schicksal.

W.W.: Natürlich *wird* das unser Schicksal, aber es *lag* bis zu diesem Zeitpunkt nicht in Ihrem Schicksal. Ähnlich ist es doch mit ganz vielen Menschen auf der Erde, die gewaltsam sterben – denken Sie an die Tschernobyl-Verstrahlten, an diejenigen, die an Hunger und damit zusammenhängenden Krankheiten sterben, an Sklaven, Terroropfer usw.

U. Meier: Woher wollen wir das wissen? Sehen wir einmal auf die durch das Tschernobyl-Unglück verstrahlten Menschen. Selbstverständlich haben sie daran keine Schuld. Andererseits verunsichert mich der Schicksalsbegriff Steiners, wenn er davon spricht, daß diejenigen, die sich intellektuell und vor allem spirituell ausbilden und über ihr Schicksal nachdenken und es sich zu eigen machen, ihr Schicksal zu verändern beginnen. Ein statischer Schicksalsbegriff – daß z.B. alle diejenigen, die durch eine Bombe sterben, sich dies vorgenommen hätten – ist natürlich absolut abzulehnen. Das ist eigentlich sogar pervers.

Ist jeder Todesfall ein göttliches Ereignis?

W.W.: Ich denke an diejenigen Menschen, in deren bisherigem Schicksal es lag, noch nicht zu sterben oder krank zu werden. Nun tritt aber in ihr Leben ein Ereignis – z.B. eine Bombe oder eine Hungerkatastrophe –, das ihr gesamtes Leben ruiniert, so daß sie vielleicht nur noch einige Jahre dahinvegetieren können. Solche Menschen werden in ein neues Leben hineingestürzt, das mit ihrem bisherigen individuellen Schicksal nichts zu tun hat.

Nehmen Sie die Schuldenkrise in Brasilien vor einigen Jahren. Der IWF gewährt Kredite, allerdings mit der Auflage, im Sozialbereich Einsparmaßnahmen durchzuführen. Die brasilianische Regierung stoppte wegen der nötigen Kostenreduzierung ein Impfprogramm gegen Masern, und in Folge starben Tausende Kinder. Der Tod dieser Kinder lag sicherlich nicht in ihrem individuellen Schicksal. Ich könnte Hunderte von Fällen aufzählen, in denen Menschen gequält, gefoltert, erniedrigt, krank gemacht werden oder zu Tode kommen. Und alle Menschen, die das betrifft, werden in eine absolute Lebenskrise gestürzt, die aber nichts mit ihrem bisherigen Schicksal zu tun hat. Natürlich entsteht daraus für diese Menschen ein neues Schicksal; das aber meine ich jetzt nicht.

U. Meier: Vielleicht ist es etwas altertümlich, wenn ich noch einmal auf Hiob zu sprechen komme. Hiob spricht zu seiner Frau, daß sie wie die törichten Frauen spreche: Wenn man von Gott das Gute annehme, warum solle man dann von Gott nicht auch das Schlechte annehmen?

W.W.: Aber dasjenige, was ich jetzt angesprochen habe, hat nichts mit Gott zu tun, denn es sind von Menschen gemachte Katastrophen.

U. Meier: Eigentlich ist das die Auschwitz-Frage: Warum hat Gott das zugelassen?

W.W.: Weil die Menschen frei sind.

U. Meier: An dieser Stelle entsteht bei vielen Menschen der Gedanke, daß sie einen Gott, der so etwas zuläßt, ablehnen.

W.W.: Diese Menschen haben keinen umfassenden Freiheitsbegriff, und über diese Menschen spreche ich jetzt nicht. Auschwitz ist für mich ausschließlich menschengemacht und hat mit Gott überhaupt nichts zu tun. So kann man natürlich nur denken, wenn man den Menschen die größtmögliche Freiheit zumißt.

U. Meier: Ich bin vielleicht naiv, aber ich möchte mir vorstellen, daß jeder Todesfall auch ein göttliches Ereignis ist. Ich möchte nicht den Fall setzen, daß ein Mensch zu Tode kommt, dessen Tod nicht in Gottes Nähe liegt.

W.W.: Der eine Mensch wird in eine Lebenskrise gestürzt, weil in seinem Schicksal die unheilbare Krankheit liegt. Ein anderer wird in eine Lebenskrise gestürzt, weil ihm von außen eine unheilbare Krankheit o.ä. zugefügt wird, obwohl diese nicht in seinem Schicksal liegt. Der erste Mensch hat die Chance, in seiner Lebenskrise den Sinn seiner unheilbaren Krankheit einzusehen; der zweite kann dies aber nicht, bezogen auf Vergangenheit und Gegenwart. Was er daraus macht und ob er daraus für die Zukunft einen neuen Sinn entwickelt, ist etwas anderes. Wenn die Menschen frei sind, müssen sie auch die Freiheit haben, die ganze Erde in die Luft zu jagen. Ich vertrete ganz stark die Meinung, daß die Menschen diejenigen Probleme, die sie sich selbst einbrocken, auch wieder auslöffeln müssen.

U. Meier: Selbstverständlich liegt die Verantwortung bei den Menschen. Der erste Mensch, den Sie genannt haben, wird sicherlich in der Beratung offenere Ohren für sein Schicksal haben; der zweite eher nicht. Und letzterem Menschen muß ich natürlich zugestehen, daß er seine Krise als nicht zu ihm gehörig empfindet.

W.W.: Lernen kann dieser zweite Mensch bei aller Ungerechtigkeit eigentlich nur aus seiner Lebenskrise: Der Mensch ist frei, sein Leben und sein gesamtes Schicksal sind vorzeitig durch die Schuld anderer Menschen abgebrochen worden, aber es wird sich daraus ein neuer und höherer Sinn in einem nächsten Erdenleben ergeben, den dieser Mensch jetzt noch nicht überblickt. Damit muß er sich abfinden, er muß jetzt dafür sein Leben opfern – auch wenn ihm das überhaupt nicht schmeckt. Mehr geht eigentlich nicht, und das ist schon außerordentlich viel verlangt, wenn ein Mensch so denkt.

U. Meier: Und ich stelle die Frage dagegen: Vielleicht war dieses Schicksal gerade für mich so gemeint, vielleicht bin gerade ich mit diesem – auf den ersten Blick grausamen – Schicksal gemeint. Auch das liegt in der Steinerschen Schicksalsidee, und das finde ich das Geniale!

W.W.: Man darf daraus allerdings nicht die Folgerung ableiten, daß Auschwitz, Tschernobyl oder andere Katastrophen letztlich dann doch richtig für die Betroffenen gewesen sind.

U. Meier: Selbstverständlich nicht. Und daß Gott auch diese Katastrophen zugelassen hat, muß vielleicht für uns unverständlich bleiben. Man muß alle einzelnen Krisenschritte für sich nehmen und im Prozeß sehen. Genausowenig kann man einem Angehörigen, der seinen Partner verloren hat, im ersten Moment der Krise sagen: „Das war ganz richtig, daß Ihr Partner starb". Das geht selbstverständlich nicht, und zwar weil er das nicht annehmen kann und weil es auch nicht stimmt. Es stimmt erst dann, wenn er es zu seiner Wahrheit gemacht hat. Vielleicht kommt irgendwann der Zeitpunkt, daß er zu dem, was ihm lange Zeit völlig fremd war, ja sagen kann.

Neue Intuitionen für Sinnkrisen

W.W.: Was raten Sie Menschen, die sich in einer absoluten Sinnkrise befinden? Nehmen wir an, daß zu Ihnen ein Mensch kommt, der kein Anthroposoph ist, der auch nicht religiös geprägt, aber sehr sozial eingestellt ist. Er sieht die Probleme der Welt, verzweifelt an ihnen und sieht als für ihn einzig mögliche Konsequenz eigentlich nur noch den Selbstmord. Was könnte man einem solchen Menschen mit sozialem Gewissen, aber ohne spirituellen Horizont raten, wenn er in eine existentielle Sinnkrise kommt?

U. Meier: Auf jeden Fall würde ich ihn ermutigen, daß er seinen ganz persönlichen Sinn findet und nicht meint, er könnte einen allgemeinen Sinn für alle entdecken. Das würde ich übrigens auch dem Anthroposophen empfehlen. Darüber hinaus würde ich ihm versuchen klarzumachen, daß Sinn mit Richtung zu tun hat, weniger mit einem vollständigen Überblick. Es ist m.E. eine Verfehlung, daß man denkt, daß etwas nur dann sinnvoll ist, wenn es von vornherein als absolut richtig erscheint. Sinnvoll kann es auch sein, eine Spur zu entdecken und ihr nachzugehen.

In einem solchen Moment weise ich z.B. gern auf Erzählungen und Märchen hin, z.B. auf die „Chymische Hochzeit" von Christian Rosenkreutz. Die Situation ist folgende: Ein Mann sitzt an einer Weggabelung und weiß nicht, ob es links oder rechts zum Hochzeitssaal geht. Er entscheidet sich daraufhin für etwas sehr Kluges und setzt sich zunächst zum Frühstück nieder. Während er sein Brot auspackt, sieht er, wie ein Greifvogel eine

Taube jagt. In diesem Augenblick denkt er an nichts anderes als an die Taube und den Greifvogel und will der Taube zu Hilfe kommen. Nach dieser Episode – also nach seiner solidarischen Geste – bemerkt er plötzlich, daß er einen Weg eingeschlagen hat, und er bemerkt, daß er diesen nicht deswegen gegangen ist, weil er wußte, daß es der richtige ist, sondern weil er seiner Intuition, helfen zu wollen, gefolgt ist. Er hat einfach Schritte gemacht, und aus diesen Schritten ergaben sich neue Konsequenzen.

Menschen in Sinnkrisen würde ich ermutigen, auf solche kleineren Begebenheiten des Lebens zu achten. Mit Sicherheit finden sich gerade im Leben eines Menschen mit einem sozialen Gewissen viele solcher Ereignisse, und dann kann man ihn ermutigen, daß er diese weitergeht!

W.W.: Erleben Sie auch Anthroposophen, die trotz eines geistigen Weltbildes in Sinnkrisen geraten und an der ganzen Welt verzweifeln?

U. Meier: Natürlich, und das ist auch verständlich. Das Problem liegt nur etwas anders, weil sich der Sinn, der ihnen durch die Anthroposophie erscheint, verselbständigt und womöglich ideologisch wird und weil sie mit diesem Sinn keine konkrete Verbindung mehr finden können. In solchen Fällen können die Orientierungslosigkeit und die Lebenskrise genauso stark sein wie bei einem Atheisten. Mit dieser Art von Orientierungslosigkeit habe ich häufiger zu tun.

Gott hat keine anderen Hände als die unseren

W.W.: Vielleicht kann ich an dieser Stelle ein kleines Zitat von Jean Ziegler aus unserem vorletzten FLENSBURGER HEFT vorlesen. Nachdem wir uns über verschiedene menschengemachte Katastrophen in dieser Welt unterhalten hatten, fragte ich ihn, wie er dieses menschengemachte Ungerechtigkeitssystem mit allen seinen Folgen aushalte, und er antwortete:

„Der französische Schriftsteller Georges Bernanos (1888-1948), ein radikal-kritischer Katholik, der exkommuniziert wurde und dessen Bücher auf dem Index standen, schrieb: ‚Gott hat keine anderen Hände als die unseren.' Entweder wir ändern die Welt, oder niemand tut es. Ob nun Herr Weirauch schlechter schläft, wenn er aus Afghanistan zurückkommt, oder ob Herr Ziegler schlechter schläft, wenn er aus Somalia zurückkommt, ist eine irrelevante Frage; denn wir sind in der Lage zu kämpfen. Aber in den armen Ländern sterben Menschen in der Nacht – in Ohnmacht, unter unmenschlichen Zuständen, jeglicher Menschenwürde beraubt. Die Kinder kommen mit Würmern im Darm zur Welt und verhungern

schon bald darauf wieder. Und wenn man sich das vergegenwärtigt, dann ist Ihre Frage, wie es mir damit geht, zwar sehr sympathisch, aber sie ist nicht relevant.“ (Flensburger Heft Nr. 94, „Zeitgeist“, S. 75f.) – Das ist harter Tobak, aber genau dieses Problem bzw. diese Zusammenhänge meinte ich vorhin. Täglich sterben 100.000 Menschen an Hunger und den damit zusammenhängenden Krankheiten, und alle diese Menschen geraten mit Sicherheit in eine Lebenskrise wegen der Zustände, in die sie durch die Schuld anderer gestürzt worden sind. Niemand aus unserer Wohlstandsgesellschaft möchte dieses Schicksal teilen, aber das Schicksal dieser Menschen ist menschengemacht. Und wir sind es selbstverständlich auch, die diese Zustände wieder bereinigen müssen. Wenn aber die Menschen in den Ländern des Südens ihr Schicksal beklagen, als nicht zu sich gehörig empfinden, daran verzweifeln und in eine totale Lebenskrise gestürzt werden, so habe ich dafür nicht nur absolutes Verständnis, sondern diese Lebenskrise hat einen vollständig anderen Charakter als eine, die im eigenen Schicksal liegt bzw. die man sich in diesem Leben selbst einbrockt.

U. Meier: Selbstverständlich. Ich habe auch ungemeine Sympathie für jeden, der äußert: Wenn ich mir vorstelle, daß diese grausigen Zustände auf der Erde alle gottgewollt sind, dann werde ich verrückt. Die harte Realität, in die wir uns momentan begeben müssen, ist die Ohnmacht des Fragenden; indem wir uns fragen, wo der Sinn dieser schrecklichen Zustände liegt. Aber wir müssen diese Ohnmacht aushalten und dürfen uns nicht irgendwie betäuben.

Durch den Selbstmord stellt sich die Sinnfrage in ihrer extremsten Form

W.W.: Es sterben heutzutage genauso viele Jugendliche durch Selbstmord wie im Straßenverkehr. Wie erklären Sie sich dieses tragische Schicksal?

U. Meier: Oft sind dies die Edelsten, weil sie sensibler sind, weil sie wacher sind, weil sie bemerkt haben, daß zu wenige Menschen die Ohnmacht ihres Fragens teilen. Meist können sie in den Räumen, in denen die Menschen heute leben – z.B. mit dem Zwang, erfolgreich zu sein –, nicht existieren, und dann wird die Verzweiflung darüber, daß sie sich nicht mit den schwachen Seiten ihrer Persönlichkeit ins Leben einbringen können, grenzenlos. Durch den Selbstmord stellt sich die Sinnfrage in ihrer extremsten Ausprägung. Der Selbstmord ist die verzweifelte Übernahme einer Verantwortung, die man nicht tragen kann.

Ich freue mich, daß immer mehr Menschen dem Selbstmord gegenüber in einer fragend-begleitenden, aber nicht verurteilenden Haltung stehen. Ich habe einmal eine alte Frau auf dem Weg zu ihrem selbstverantworteten Tod begleitet und ihr Dilemma, ihre Ausweglosigkeit und ihre Ohnmacht aus der Nähe miterlebt. Ich konnte und wollte sie nicht von ihrem Freitod abhalten. Genausowenig aber konnte und wollte ich sie dabei aktiv unterstützen. Ich mußte sie mit einer gewissen Ohnmacht begleiten und ihren Schritt respektieren. Das war eine schwierige Gratwanderung.

Faszination Tod

W.W.: Ich finde es ganz wichtig, daß man den Selbstmord nicht verurteilt, gerade auch den von Jugendlichen nicht.

U. Meier: Auf jeden Fall. Ich habe einmal in der Oberstufe ein Projekt zum Thema „Faszination Tod" gemacht und versucht, mit der ganzen Klasse auch diese Seite des Todes in den Blick zu nehmen. Es waren dabei auch einige Gothics, die ganz begeistert waren, daß es endlich mal einen Kurs für sie gab. Ich holte auch die Leiterin des Friedhofs von Hannover als Gast hinzu, und wir sprachen allgemein über den Tod in einer Situation, in der wir alle momentan nicht von diesem Thema betroffen waren.

Gerade suizidale Jugendliche schreien dieser Gesellschaft ins Gesicht, daß sie den Tod tabuisiert. Eigentlich ist der Tod die Mutter aller Krisen; gleichzeitig ist er aber auch die Gelegenheit, die Tür zu einer neuen Welt und zu einem neuen Leben aufzustoßen. Diese spirituelle Dimension des Todes habe ich auch mit den Jugendlichen besprochen.

W.W.: Gibt es erkennbare Anzeichen, daß jemand selbstmordgefährdet ist?

U. Meier: Selbstmordgefährdete Jugendliche entwickeln gerade in der turbulenten Zeit der Pubertät wenige Freundschaften, und deswegen sollten die Eltern vordringlich dafür sorgen, daß ihren Kindern genügend Räume gegeben werden, in denen sie Freundschaften mit Gleichaltrigen bilden können. Jungen sind hier viel gefährdeter, da Mädchen meist ein sehr viel stabileres Beziehungsnetz pflegen. Oft, aber nicht immer, sind die suizidalen Jugendlichen sehr einsam oder haben keine authentischen Beziehungspersonen. Die Einsamkeit im Leben dieser Menschen ist meist der Nährboden, auf dem die Verzweiflung wächst. Eine Krise ruft mich dazu auf, sowohl den lichten als auch den dunklen Teil in mir deutlicher zu erkennen und als zu mir selbst gehörig anzuerkennen.

Vergangenheits- und Zukunftsmensch treffen aufeinander

W.W.: Was geschieht spirituell mit einem Menschen, der z.B. wegen einer Lebenskrise ein Beichtgespräch aufsucht?

U. Meier: Die Beichte ist immer ein Dialog zwischen der Tatsächlichkeit des Gewordenen und dem Aufblick auf das, was noch werden kann. Der Blick auf das Gewordene ist ganz individuell und wird aktiv von der entsprechenden Person gestaltet. Der Teil des Ausblicks ist überindividuell menschheitlich. Unter dem Dialog verstehe ich den Prozeß, wie beide Seiten im Moment der Stille aufeinander wirken.

Wenn man nur in der Vergangenheit lebt, kann es nichts Lebendiges geben. Wenn ich dagegen nur auf das Zukunftsbild des Menschen blicke, hänge ich einer Ideologie an. Das Sakrament der Beichte spannt Fäden zwischen dem einen und dem anderen. Im Beichtgespräch bringt man Erinnerungsbilder der Biographie ins Gespräch und weiß gleichzeitig, daß man dabei vom Priester begleitet wird.

Im Beichtgespräch trifft der Vergangenheitsmensch auf den Zukunftsmenschen von einem selbst, auf denjenigen, der fortwährend lernt und sich fortwährend entwickelt. Man lernt, seine Gedanken dem Göttlichen hinzugeben, indem man lernt, daß man das, was man an Gedanken hervorbringt, dem Göttlichen hingeben will. Gleichzeitig kommt mir das, was ich in meinen Willen aufnehme, von einer höheren Welt zu. Aus dieser Begegnung erwachsen die Sphäre des Friedens und die Reife des Menschen, liebesfähig zu sein.

W.W.: Ist das Beichtgespräch eine Zwiesprache mit dem Göttlichen bzw. dem Zukunftsmenschen, oder ist es zugleich auch eine Art Lebensberatungsgespräch mit dem anwesenden Priester?

U. Meier: Der Hamburger Christengemeinschaftspfarrer Günther Lange, bei dem ich Beichten gelernt habe, brachte in diesem Zusammenhang immer wieder das Märchen von der Gänsehirtin am Brunnen. Sie kann dem König nur sagen, was sie ihm sagen will, wenn sie in den Ofen spricht. Im Beichtgespräch ist der Priester der Ofen. Ich persönlich unterscheide im Beichtgespräch die Beratungssituation von Mensch zu Mensch und die dienende Situation, in der ich als Priester gefragt bin als Vermittler der Zwiesprache zwischen Mensch und göttlicher Welt. Bei letzterem gebe ich einfach nur Raum.

W.W.: Kann es sein, daß man unlösbare Lebensfragen hat, die sich nach einem Beichtgespräch, in dem man diese ausgesprochen hat, anschließend irgendwie lösen?

U. Meier: Ich habe es selbst so erlebt, und zwar mehrfach.

W.W.: Sollten die Inhalte eines Beichtgesprächs gegenüber anderen Menschen unausgesprochen bleiben, oder ist es gut und richtig, auch mit anderen darüber zu sprechen?

U. Meier: Ich persönlich rede gern, aber natürlich nicht über Inhalte der Beichtgespräche, die ich als Priester geführt habe. Für die Gemeindemitglieder kann es im Sinne einer christlichen Zukunftsgemeinschaft auch gehören, sich darin zu üben, die Seelsorgequalität des Zuhörens untereinander zu pflegen, sich zu beraten und zu stützen. Der Christ wäre ja arm dran, wenn er alles nur mit seinem Pfarrer besprechen könnte. Im Sakrament kann durch die Begleitung des Priesters und die rituellen Worte am Altar noch ein nächster Schritt dazukommen. Und das Beichtsakrament eröffnet im Zusammenhang mit dem Abendmahl noch eine weitere Dimension des Gemeinschaftlichen in der Gemeinde.

Ich habe Gut und Böse gekannt,
Sünde und Tugend, Recht und Unrecht;
ich habe gerichtet und bin gerichtet worden;
ich bin durch Geburt und Tod gegangen,
Freude und Leid, Himmel und Hölle;
und am Ende erkannte ich, daß ich in allem bin
und alles in mir ist.

Hazrat Inayat Khan

Ein Erdbeben, das mich wachrüttelte

Interview mit Aileen Steinweg

von Katharina von Bechtolsheim

Aileen Steinweg, *geb. 1985, Vater Dokumentarfilm-Produzent, Mutter Kamerafrau, ein Bruder. 1991 bis 1992 Montessori-Schule in Düsseldorf, 1993 bis 1994 Waldorfschule in Detmold, 1997 bis 2002 Integrierte Gesamtschule in Köln, Sommer 2002 Realschulabschluß mit Qualifikation zum Abitur. In der Kindheit häufige Umzüge. Frühe Begeisterung für Tanz, Malen und Musik: bereits mit sechs Jahren Ausdruckstanz, Bauchtanz, Kinderzirkus, Mandolinenspiel; mit acht Jahren Mitwirken an einem Kindermusical; in der Pubertät intensives Theaterspiel, auch mit Behinderten; mehrere Theaterauftritte; Vertikalseil mit Trapez (Wettbewerbsauftritt in Belgien); Russisches Ballett, Englisches Ballett, Modern Dance, Jazzdance, Standardtanz; 2002 bis 2005: Therapie in Par Ce Val (Kulturpädagogische Einrichtung für suchtgefährdete Jugendliche, Berlin), 2004 bis 2005 dort Soziales Vorpraktikumsjahr. Sonstige Praktika: Marketing für das Keller-Theater, Köln; Mitarbeit im Waldorfkindergarten in Las Cabreiras, Lanzarote, und im Waldorfkindergarten Emmendingen; KFZ-Mechanik-Praktikum (Harley-Davidson-Werkstatt, Köln); Waldorf-Hort im Krankenhaus Havelhöhe, Berlin; Verwaltung bei Par Ce Val.*

Aileen Steinweg *wohnt in Berlin Kreuzberg und hat eine Woche nach dem hier abgedruckten Gespräch einen gesunden Sohn geboren.*

In ruhigen, klaren Worten und ohne Aufhebens um sich zu machen, spricht Aileen Steinweg in diesem Interview von den früh einsetzenden Anzeichen einer in der Pubertät mit Heftigkeit einsetzenden Krise: Aus Verzweiflung über beengte Verhältnisse und mangelnde Bewegungsfreiheit zieht sie sich

nach einigen Selbstmordversuchen zunächst ganz und gar aus allem, was ihr wertvoll ist und was sie mit der Umwelt verbindet, zurück und schottet sich ab. Sie beginnt unmäßig zu essen und sich selbst zu verletzen. Der weitere Weg geht über Drogen und ausufernde Männerbekanntschaften in die absolute Isolation bei gleichzeitigem Aufrechterhalten eines Doppellebens – bis ein einschneidendes Erlebnis sie dazu bringt, ihr Leben bewußt zu ändern.
So weit die „äußeren" Tatsachen, die aber längst kein Bild darüber geben, welchen Entwicklungsweg sie aus eigener Kraft genommen hat. „Ohne diese Krise hätte ich mein Leben irgendwie durchlitten und es nicht gestaltet. Ich hätte nicht den Mut gehabt, richtig an mir zu arbeiten; daß ich das will und kann, ist ein ganz sicherer Gewinn aus dieser Krise." – solche und andere, aus ihrem Mund völlig überzeugend wirkende, Früchte der Talsohle führt sie als notwendig, als Bedingung für Leben und Wachstum an, wie sie es nennt. „Krisen vor!" sagt sie sogar einmal lachend. Und: „An der Oberfläche plätschern führt zu nichts."

Mit ihrem jungen und reifen Blick auf die Talsohle und „den Weg aus der Richtungslosigkeit" gibt sie so jedem, der geneigt ist, um Schwierigkeiten einen geschickten Bogen zu schlagen, eine Landkarte an die Hand: Der Lebensweg geht nicht ohne Krise.

Katharina von Bechtolsheim: Wie alt bist Du eigentlich?

Aileen Steinweg: Ich bin jetzt 22 Jahre alt und bekomme Ende April ein Kind. Darauf freue ich mich schon sehr. Damit beginnt für mich ein neuer Lebensabschnitt.

K.v.B.: Da bricht die Zukunft ja in Dein Leben auf ganz andere Weise herein als bisher. Wo war – von hier aus geblickt – der Tiefststand in Deinem bisherigen Leben? Wo war die Talsohle?

A. Steinweg: Die Talsohle habe ich in der Zeit zwischen 14 und 16 Jahren erlebt. Es gab auch vorher schon Krisen, die mit veranlaßt haben, daß dann die immense Krise kam. Die wirkliche Talsohle habe ich aber eben in diesen zwei Jahren hier in Köln durchlebt. Ich bin in meiner Kindheit sehr viel umgezogen und benenne die Lebensabschnitte nach den Orten, an denen ich gelebt habe.

Ich wollte sterben und verstummte

K.v.B.: Kannst Du denn Anhaltspunkte vor der Zeit zwischen 14 und 16 Jahren entdecken, in denen sich die Krise schon ankündigte?

A. Steinweg: Eine Erinnerung, sehr deutlich in mir hervorrufbar, ist die, daß ich mit fünf Jahren den ganz starken Wunsch hatte zu sterben.

K.v.B.: Wie konnte das sein? Was war geschehen?

A. Steinweg: Ich war mit meinem Bruder, der 17 Jahre älter ist als ich und damals schon ausgezogen war, und mit seinen Freunden im Park. Ich galt bei meinem Bruder immer als Fernsehratte und unbrauchbare Schwester. Das hatte aber einen Grund: Ich wollte am liebsten immer draußen spielen; als wir aber in Düsseldorf lebten, durfte ich nie ins Freie, weil meine Mutter Angst um mich hatte. Meine Eltern hatten außerdem ständig sehr viel Arbeit und somit auch keine Zeit, sich um mich zu kümmern. Deswegen hing ich meistens in der Wohnung herum und schaute wirklich sehr viel fern. Ich dachte mir aber genauso Spiele aus, die ich da ganz für mich allein spielte.

Das Verhältnis zu meinem Bruder war schwierig. Ich war fest davon überzeugt, daß er mich nicht leiden konnte. Mein Bruder und seine Freunde waren also im Park und spielten Frisbee – und ich saß da ganz verloren. In diesem Augenblick hatte ich den sehr starken Wunsch zu sterben. Ich weiß noch sehr genau, daß ich dieses Leben überhaupt nicht mehr leben wollte.

K.v.B.: Daran kannst Du Dich also heute noch ganz bewußt und deutlich erinnern?

A. Steinweg: Ja, ganz deutlich. Ich habe später mit meiner älteren Cousine darüber gesprochen und sie gefragt, wie sie mich in dieser Zeit wahrgenommen hat. Sie sagte, ich sei in der Zeit zwischen fünf und sechs Jahren von einem fröhlichen zu einem sehr verschwiegenen Kind geworden; sie hätte mich damals kaum wiedererkannt.

K.v.B.: Kannst Du Dich daran erinnern, daß Du vorher fröhlicher warst? Reicht die Erinnerung so weit zurück, daß Du sagen kannst, Dein Leben war vorher schöner, farbiger?

A. Steinweg: Fröhlicher war ich vielleicht nicht, aber ich weiß, daß ich ein sehr phantasievolles Kind war. Ich habe mit allem, was ich in die Finger bekam, gespielt. Mit jedem Stein, jedem Stöckchen. Meine Eltern erzählten mir später auch, daß ich im Gespräch mit unsichtbaren Menschen gewesen bin. In der beschriebenen Zeit bin ich dann irgendwie verstummt.

Ich erstickte an der Stadt

K.v.B.: Hattest Du denn Freunde im Kindergarten, oder warst Du ein eher einsames Kind?

A. Steinweg: Ich war eigentlich mit Freunden reich gesegnet; äußerlich gesehen war ich also nicht einsam. Bezeichnend ist vielleicht, daß ich nie nur zu einer Clique gehörte, sondern daß ich meine Nase in ganz vielen Freundschaftsgruppen hatte.

K.v.B.: Da zeigt sich ja zweierlei. Warst Du kontaktfreudig und trotzdem sehr einsam? War das eine Art Widerspruch, der zu Deinem Wesen oder Deiner Entwicklung gehört?

A. Steinweg: Absolut. Mit dieser Fragestellung habe ich auch heute noch zu tun.

Ich schaue natürlich gespannt darauf, wie und ob sich das durch mein Kind ändern wird. Aber es entspricht nicht meiner Natur, sich einer Gemeinschaft fest anzuschließen.

K.v.B.: Es gab also mit fünf, sechs Jahren diesen Einschnitt mit der Todessehnsucht. Wie ging es dann weiter?

A. Steinweg: Ich haßte es, in der Stadt zu leben, denn ich bin ein absoluter Bewegungsmensch, und ich hatte schon als kleines Kind das Gefühl, ich ersticke in der Stadt und in der Wohnung. Ich sagte also meinen Eltern, sie müßten unbedingt mit mir aufs Land ziehen, weil ich sonst sterbe. Damit war es mir ganz ernst.

K.v.B.: Mit sechs Jahren?

A. Steinweg: Ja, mit sechs Jahren. Nach einem Jahr haben sich meine Eltern dazu durchgerungen, wirklich mit mir aufs Land zu ziehen. Meine Großmutter war gestorben, und wir konnten in ihr Haus ziehen; das war in der Nähe von Bielefeld. Dort fühlte ich mich sehr wohl, weil ich Bewegungsfreiheit hatte, und ich blühte richtig auf.

K.v.B.: Wie lange habt ihr dort gelebt?

A. Steinweg: Bis ich zwölf Jahre alt war. Es ging mir also recht gut, abgesehen davon, daß es mir schwer zu schaffen machte, daß meine Eltern andauernd am Streiten waren. Sie stritten mindestens fünfmal am Tag. Als kleines Kind habe ich auf diese Streitereien immer wieder mit Mittelohrentzündung reagiert. Ich konnte es nicht mehr hören. (*lacht*)

Es war also nicht gerade eine heile Welt zu Hause.

Insgesamt war ich aber dort in der Nähe von Bielefeld mehr von Menschen umgeben; ich kam sogar auf eine Waldorfschule, und es gab insgesamt mehr Schutz um mich herum.

Meine Eltern mußten aber beruflich wieder in die Stadt ziehen – nach Köln. Da hatte ich keine Wahl; ich mußte mit. Ich wäre gern abgehauen, aber ich traute mich nicht. Ich schlug aber meinen Eltern ständig vor, ob ich nicht zu meiner Freundin ziehen und dort wohnen könne. Ständig brachte ich das ins Spiel; aber meine Mutter wollte es nicht.

K.v.B.: Da bist Du ja Deinen Eltern gegenüber ganz schön selbständig aufgetreten.

A. Steinweg: Einerseits stimmt das. Aber es lag auch daran, daß ich sowieso daran gewöhnt war, bei Freundinnen untergebracht zu sein, weil meine Eltern sehr viel unterwegs waren. Ich kannte es also gar nicht, daß die eigenen Eltern dauerhaft präsent sind. Entsprechend hatte ich eine ganze Reihe von Ersatzmuttis.

Das waren Hilfeschreie!

Wir zogen also zwangsläufig nach Köln, und da brach für mich alles zusammen. Von da an wollte ich überhaupt nicht mehr leben. Ich unternahm mit einen Selbstmordversuch nach dem anderen.

K.v.B.: Deine Verzweiflung war da schon so akut, daß Du ganz bewußt gesagt hast, Du möchtest Dir das Leben nehmen?

A. Steinweg: Ja, das war so; obwohl ich heute denke, daß diese Selbstmordversuche eigentlich Hilfeschreie bedeuteten. Ich wollte nicht wirklich sterben; denn wenn ich das gewollt hätte, hätte ich es auch hinbekommen.

K.v.B.: Kannst Du versuchen, noch ein bißchen genauer zu beschreiben, was Dich in den Städten in die Verzweiflung getrieben hat?

A. Steinweg: Das eine war, wie gesagt, die eingeschränkte Bewegungsfreiheit in der Wohnung. Das andere war die ständige Angstbesetztheit meiner Mutter. Dazu kam, daß ich mit den vielen Eindrücken, die in der Stadt auf mich einhämmerten, nicht zurechtkam; ich konnte das alles gar nicht verarbeiten. Das löste Gefühle in mir aus, von denen ich gar nicht wußte, wohin damit. Innen war ich ständig überschwemmt.

K.v.B.: Bist Du jemand, der stark in der Wahrnehmung lebt?

A. Steinweg: Ja, absolut. Das betrifft nicht nur meine Umgebung, die ich total intensiv wahrnehme, sondern auch alles Menschliche. Ich nehme das, was die Menschen ohne Worte ausstrahlen, viel zu intensiv wahr. Früher las ich an jedem Mienenspiel ab, was die anderen von mir wollen könnten; das war furchtbar, weil ich völlig im anderen aufgegangen bin, ohne zu wissen, was ich eigentlich selber will. Ich selbst wurde praktisch weggespült. Was für andere ganz normale Eindrücke waren, war für mich außerdem immer wie ein Schmerz.

Ich fühlte mich abgehakt

K.v.B.: Wie reagierte denn Deine Umwelt auf Deine Selbstmordversuche? Nahm sie sie als Hilfeschreie wahr – und wurde Dir Hilfe angeboten? **A. Steinweg:** Ja, man reagierte darauf. Sie fanden ja auch in der Schule statt.

K.v.B.: Wie sahen diese Selbstmordversuche denn aus?

A. Steinweg: Ich wollte mir die Pulsadern aufschneiden oder aus dem Fenster springen: ganz öffentlich. Die Lehrer merkten das natürlich und redeten mit meinen Eltern. Meine Mutter schickte mich dann zu einer Therapeutin, bei der ich dreimal war. Das brachte aber nichts.

K.v.B.: Wie reagierte sie?

A. Steinweg: Bei mir entstand der Eindruck, daß sie mich gar nicht sah, sondern ihre Methoden an mir abklapperte. Ich fühlte mich richtig abgehakt; so, als ob sie sich ein Bild von mir stricken würde.

K.v.B.: Das ging also in die Hose. Gab es denn überhaupt jemanden in Deinem Umkreis, von dem Du Dich gesehen fühltest?

A. Steinweg: Nein. Das ist auch ein ganz wesentlicher Punkt; denn ich habe mich natürlich stark nach jemandem gesehnt, der mich ganz und gar versteht. Außerdem hätte ich jemanden gebraucht, der mir zeigt oder ganz einfach beibringt, wie ich mit dem Leben umgehen soll. Denjenigen gab es nicht.

Irgendwie machte ich also eher freudlos weiter als freudig; aber ich machte wenigstens weiter mit meinem Leben. Es ging so gerade eben. Ich hatte ja Freunde. Ich fing mit Ballett an und suchte mir Hobbys, die mich aus meiner Not retteten.

Mit 15 Jahren war ich dann endgültig soweit, daß ich von zu Hause ausziehen wollte, weil ich diese Enge und dieses ständige Streiten nicht mehr aushielt. Ich lebte in einer Art ständigen inneren Verkrampfung: Ich konnte nicht ich sein. Ich schob das meinen Eltern zu und machte sie verantwortlich dafür, daß ich mich nicht traute, geradeaus zu gehen, sondern immer tat, was die anderen wollten.

K.v.B.: Du hast vom Ichsein gesprochen. Hattest Du denn ein Bild davon, was es bedeutet hätte, „ich“ zu sein? Wußtest Du, was Du sein wolltest?

A. Steinweg: Nein, ein konkretes Bild davon, was oder wer ich bin, hatte ich nicht. Aber ich wußte immer ganz genau: Das bin ich nicht! Und das bin ich auch nicht!

K.v.B.: Das ist doch schon mal ein Anfang!

A. Steinweg: (*lacht*) Ja. Schwierig ist nur, irgendwann zu akzeptieren, daß auch das, was man nicht wirklich selbst ist, Teile von einem selbst ausmacht.

Resignation, Flucht, Selbstverachtung

K.v.B.: Du hattest damals aber noch keine Drogenerfahrung?

A. Steinweg: Nein. Ich ging aber zu einer WG und fragte, ob ich dort wohnen könne. Die Leute waren bereit, mich aufzunehmen und dafür zu sorgen, daß ich dort verantwortungsvoll leben könnte.

Jetzt ging aber meine Mutter dorthin und nahm die Leute ins Gebet. Sie sagte: „Wenn meinem Kind etwas passiert, dann mache ich euch dafür haftbar!" – und schon hatten die Leute keine Lust mehr. Das hat sie mir wirklich vermiest. Ich war entsprechend frustriert.

Ein halbes Jahr später, als ich 16 Jahre alt wurde, hörte ich mit dem Tanzen auf. Theater, Malen und Tanzen waren mein einziger Halt gewesen – das hatte mir geholfen. Ich stellte es aber einfach ein – und von da an saß ich nur noch vor dem Fernseher. Ich hatte früher auch sehr viel Verantwortung im Haushalt übernommen, weil meine Mutter sich dazu nicht besonders berufen fühlte; damit hörte ich auch auf. Ich tat einfach nichts mehr.

K.v.B.: Wie würdest Du das bezeichnen – warum hast Du das getan? Welches Zeichen wolltest Du damit setzen?

A. Steinweg: Das waren Resignation und Flucht. Ich dachte mir: „Wenn ich nicht räumlich ausziehen kann, dann ziehe ich eben geistig aus." Dazu kam, daß ich anfing, alles mögliche Essen in mich hineinzustopfen, wahllos; besonders gern Ungesundes. – Das ging etwa ein halbes Jahr.

K.v.B.: Spielte da auch Selbstverachtung eine Rolle?

A. Steinweg: Absolut. Selbstliebe war bei mir gar nicht vorhanden. Ich begann sogar, an mir herumzuschneiden.

K.v.B.: Wie haben Deine Eltern darauf reagiert?

A. Steinweg: Sie haben gar nicht reagiert, weil sie sowieso nicht zu Hause waren. Ich hörte aber nicht nur mit meinen Hobbys auf, sondern ich brach auch alle meine Kontakte zu Freunden ab. Ich saß nur noch vor der Glotze.

K.v.B.: War dieses Stillegen von allen Aktivitäten und von jeder Art von Kommunikation auch eine Art Hilfeschrei?

A. Steinweg: So habe ich das noch nie betrachtet; aber das kann sein, ja. Ich fraß also und nahm entsprechend zu – und das hatte natürlich zur Folge, daß mein körperliches Unwohlgefühl immer schlimmer wurde.

K.v.B.: Fühlst Du Dich denn üblicherweise wohl in Deinem Leib?

A. Steinweg: Nein, ich brauche Bewegung, um meinen Leib zu spüren; erst wenn ich mich bewege, fühle ich mich wohl im Leib. Deswegen habe ich ja so unter dem Eingesperrtsein gelitten.

Ich trank, um mich auszuschalten

Nach einem halben Jahr bin ich das erste Mal abends ausgegangen; aber allein, weil ich ja mit niemandem mehr zu tun hatte. Meine ehemaligen Freunde haben von Zeit zu Zeit angerufen, um zu fragen, was mit mir los sei; aber das ließ auch nach. Ich ging also aus – und ich tanzte und tanzte. Alkohol brauchte ich gar nicht – ich genoß es einfach, mich zur Musik zu bewegen. Dazu mußt Du wissen, daß Tanz und Bewegung für mich so sind wie für andere Atmen. Das baute mich also auf; aber ich fing dann an, etwas zu trinken. Ich war ganz schnell betrunken, denn ich war ja nichts gewohnt; ich rauchte ja nicht einmal. Eigentlich wußte ich ziemlich gut, was meinem Körper guttut – insofern war das ständige Fressen auch wie eine Art Selbstverletzung.

Jetzt ging es los, daß ich, sobald ich etwas getrunken hatte, den Männern gegenüber keine Grenzen mehr ziehen konnte. Wenn mich also jemand anmachte, ging ich darauf ein. Ich habe also mit unglaublich vielen Männern geschlafen; allerdings nur, wenn ich betrunken war. Diese Sache mit Tanzen und den Männern lebte ich immer nur am Wochenende aus, das von da an aber regelmäßig. Tanzen und Trinken gehörten für mich aber gar nicht zusammen. Ich habe z.B. nie betrunken getanzt; sondern immer tanzte ich zuerst, und später trank ich etwas.

K.v.B.: Haben die Männer denn in Dir irgend etwas Bestimmtes gesucht und gefunden – und umgekehrt –, oder ging es nur ums Erotische?

A. Steinweg: Da ging es nur um Sexualität, sonst nichts. Natürlich erweckte ich bei Männern immer den Eindruck, bedürftig zu sein – darauf springen viele an.

K.v.B.: Waren es also eher ältere Männer?

A. Steinweg: Ja, zuerst unbedingt. Inzwischen sind durchaus Gleichaltrige an mir interessiert – zum Glück nicht nur aus sexuellen Gründen. (*lacht*)

K.v.B.: War denn der Rausch beim Trinken auch eine Art von Erlösung von allen Schwierigkeiten, oder hast Du es nur gemacht, weil es dazugehörte und weil es alle anderen auch so machten?

A. Steinweg: Der Alkoholrausch war nicht der wirkliche Rausch. Der machte mir die Männergeschichten erträglich und blendete das Bewußtsein aus. Der wirkliche Rausch war das Tanzen. Trinken habe ich eher als innerlichen Zwang erlebt, mich auszuschalten. Ich hatte keine Freude am Trinken.

K.v.B.: Die einzige Freude war also das Tanzen?

A. Steinweg: Ja.

K.v.B.: Hast Du jemals „Nein" zu einem Mann gesagt, der Dich angebaggert hat?

A. Steinweg: Erst sehr spät. Ich brauchte sehr lange, mir zuzugestehen, daß es in mir ein Gefühl gibt, das sich im „Nein" artikuliert. Ich war viel zu stark in meinem Gegenüber und nahm mich selber gar nicht mehr wahr. – Das ging ziemlich lange so.

Es ging mit Kokain los

K.v.B.: Fingst Du an, zwei völlig voneinander getrennte Leben zu führen? Hatten Deine Leben noch etwas miteinander zu tun?

A. Steinweg: Nein. Ich habe das sehr säuberlich getrennt und erzählte auch in der Schule gar nichts davon, daß ich meine Abende und Nächte so verbrachte. Meine Eltern wußten natürlich schon gar nichts.

K.v.B.: Gab es niemanden, der eingeweiht war in Dein Doppelleben?

A. Steinweg: Ich hatte zwar eine sehr enge Freundin, aber in dieser Freundschaft war ich die Stärkere: Ich habe meine Freundin getragen und nicht umgekehrt. Ich hatte kein Vertrauen, ihr zu erzählen, wie ich lebte. Ich hatte zu der Zeit meiner Selbstmordversuche einmal etwas angedeutet. Damit war sie aber völlig überfordert. Das ist ja auch klar.

K.v.B.: Fühltest Du Dich eigentlich ausgenutzt von den Männern, oder hattest Du selber Schuldgefühle?

A. Steinweg: Ich fühlte mich hinterher immer völlig leer. Außerdem hatte ich danach immer das Gefühl, ihnen damit einen Gefallen getan zu haben, der sich gegen mich selber richtete.

Irgendwann fing ich an, eine Gegenleistung zu erwarten – egal, in welcher Form –, um meine Würde zu retten. Manchmal war es Geld, also den Abend spendiert zu bekommen, nach Hause gebracht zu werden, mit

Kleinigkeiten beschenkt zu werden. Später gehörte es dann dazu, daß sie mir Drogen ausgaben. Ich hatte immerhin so viel Gerechtigkeitsgefühl, daß ich auch etwas zurückbekommen wollte.

K.v.B.: Und wann war dann die erste Begegnung mit der Droge? Welche Droge war es denn zunächst?

A. Steinweg: Es ging mit Kokain los, aber dabei blieb es nicht. Ich schmiß später auch Pillen. Kurz bevor ich 17 Jahre alt wurde, beschloß ich, Drogen zu nehmen. Das habe ich ganz bewußt getan. Ich wollte nämlich Sängerin werden und dachte, es gehörte dazu, durch Drogengeschichten hindurchgegangen zu sein. Ich glaubte, sonst würden mich die Leute nicht ernst nehmen.

K.v.B.: Hattest Du auch seelische Anteile einer Diva?

A. Steinweg: (*lacht*) Zumindest wollte ich gerne eine Diva sein. In der Schule kannte ich ein Mädchen, die aus der Techno-Szene kam und die solche Teile geschmissen hatte und sie auch verkaufte.

K.v.B.: Von was für „Teilen" sprichst Du?

A. Steinweg: Irgendwelche Pillenmixe, z.B. Ecstasy. – Dieses Mädchen besorgte mir also Ecstasy. Das nahm ich, und ich ging in einen meiner üblichen Läden. Ich wurde schon am ersten Abend rausgeworfen, weil sich zwei Männer um mich prügelten. – Nach diesem ersten Mal Ecstasy war ich zwei Wochen krank.

K.v.B.: Kannst Du die Wirkung beschreiben, die Ecstasy auf Dich hatte?

A. Steinweg: Die war wirklich verrückt. Zuerst war ich eine Stunde lang sehr müde. Dann begann die Wirkung: Ich fühlte mich mit einem Mal von allen geliebt und dachte, alle Anwesenden würden eine große Familie bilden. Irgendwann ging ich durch den ganzen Laden und umarmte jeden. Ich war sehr glücklich. Dann tanzte ich wie verrückt, um alles herauszulassen. In der Phase danach war ich aber wieder sehr müde und erschöpft. Letztlich wirkte das Ganze vier Stunden im Wachbewußtsein; ich hatte aber sehr lange damit zu tun, davon herunterzukommen.

K.v.B.: Hat man denn auf Ecstasy keine Halluzinationen?

A. Steinweg: Doch; mit einem Mal tauchte mein Exfreund als eine wolkenhafte Erscheinung auf und hielt eine Rose in der Hand. Auch andere eigenartige Erscheinungen traten auf, die ich alle sehr genoß. Das waren schöne Bilder.

K.v.B.: Dein Freund war aber nie im Raum?

A. Steinweg: Nein. Ich muß auch wirklich sagen, daß ich auf Drogen nie schreckliche Gefühle hatte oder Horrortrips durchlebte. Hinterher war ich aber immer völlig erschöpft und wurde richtig krank. Mein Körper kam damit gar nicht zurecht.

Mein Geist trennte sich vom Leib

Nach diesen zwei Wochen Krankheit dachte ich, ich müsse sofort wieder etwas werfen, um mich abzuhärten; so einen Blödsinn redet man sich ja dann ein. Nachdem ich mein drittes Teil geschmissen hatte, bekam ich Pfeiffersches Drüsenfieber und landete im Krankenhaus. Da lag ich fünf Wochen lang. Das war also schon ein starkes Alarmzeichen. Aber danach machte ich wieder weiter und fing sogar mit Kokain an.

K.v.B.: Hat sich in Deinen Beziehungen zu den Männern durch die Droge irgend etwas verändert?

A. Steinweg: Nein, das blieb eigentlich gleich.

K.v.B: Innerlich auch nicht?

A. Steinweg: Innerlich veränderte es sich so, daß ich es besser aushielt, mit den Männern zu schlafen. Mein Geist konnte sich leichter von meinem Körper trennen, und ich sah mir wie von außen zu. Das konnte ich zwar vorher auch schon ziemlich gut, aber da hatte es immer noch Hemmungen und heftige Gefühle gegeben. Ich war mir immer bewußt, daß da ein Widerspruch in meinem Leben klaffte, auch wenn ich gut darin war, alles voneinander zu trennen. Auf Drogen verschwand auch dieser Widerspruch, und ich sah meinen eigenen Körper einfach als leeren Körper, der mit mir gar nichts mehr zu tun hatte. – Komischerweise bezahlte ich ja nie für Drogen, sondern ich ließ mich immer von den Männern einladen.

K.v.B.: Hattest Du denn eigentlich einen festen Kreis von Freiern – oder wechselte das immer?

A. Steinweg: Das wechselte ständig. Ich bin nie mit denselben Menschen ausgegangen, mit denen ich schon vorher unterwegs war.

K.v.B.: War das auch eine Fluchtbewegung? Einerseits hattest Du ja eine starke Sehnsucht nach Familie und Zusammengehörigkeit, und andererseits hast Du immer ganz gezielt Trennungsschnitte zu den Leuten hin vollzogen.

A. Steinweg: Ich hielt es einfach nicht aus, dieselben Leute zweimal zu erleben. Die Bilder, die sich die Menschen von mir machten, wollte ich gar nicht ertragen, denn ich meinte immer zu fühlen, was die Menschen für Bilder, Gedanken und Gefühle hatten. Außerdem wollte ich einfach nur tanzen. Die anderen wollte ich gezielt ausschalten; sie waren wie eine ständige Belastung.

K.v.B.: Und jetzt kam auch noch Kokain dazu.

A. Steinweg: Ja, und es fingen auch bald ernsthafte Nachwirkungen der Drogen an. Wenn ich mit Menschen zusammen war, verzerrten sich deren Gesichter zu Grimassen, oder die Stimmen wurden mit einem Mal ganz hoch oder tief. Da fingen also die Horrortrips an, aber nicht während der Drogenphase, sondern danach.

K.v.B.: Wie hast Du denn solche Erlebnisse wie die verzerrten Gesichter von Menschen gedeutet?

A. Steinweg: Das jagte mir schon Angst ein. Manchmal sah ich diese Fratzen auch nachts. Hin und wieder brachen auch wirkliche Monster in mein Zimmer ein, die das gesamte Mobiliar zerlegten. Aber ich merkte sehr genau, daß das die Nachwirkungen von Drogen und keine wirklichen Wahrnehmungen waren.

Zweierlei Wahrnehmungen

K.v.B.: Hattest Du denn sonst auch Wahrnehmungen, die von der Normalität irgendwie abwichen?

A. Steinweg: Ja, ich konnte tote Menschen übersinnlich wahrnehmen. Ich entdeckte irgendwann, daß ich in meinem Rücken etwas spürte wie ein Loch. Deswegen stellte ich mich immer an die Wand, um geschützt zu sein. Ich spürte also, daß da irgend etwas ist. Und bald fing ich auch an, etwas zu sehen. In diesem Haus hier war z.B. eine alte Frau, die richtig mit mir ins Gespräch ging. Ich traute mich irgendwann, sie anzusprechen – und so entstand also eine ganz liebevolle Beziehung mit einem toten Menschen. Als ich sie fragte, warum sie denn da sei, antwortete sie mir, sie sei da, um mir zu helfen.

Später sah ich im Fotoalbum des Hausbesitzers von hier, der einmal zu Besuch war und alte Fotos zeigte, daß es sich um seine Mutter handelte. Da sah ich sie auf dem Bild! Ich bin beinahe umgefallen.

K.v.B.: Konntest Du denn unterscheiden zwischen solchen Wahrnehmungen und denjenigen, die von der Droge herrührten?

A. Steinweg: Ja, ich versuchte da, ganz sauber zu unterscheiden, und ich wußte genau, wann ich es womit zu tun hatte. Als Folge der Drogen sah ich aber auch eigenartige Strahlen in der Straßenbahnschiene; und ich sah sogar Strahlen zwischen den Menschen. Da konnte ich nicht mehr einordnen, ob es sich um eine Folge der Drogen oder um eine echte Wahrnehmung handelte. Ich begann also, ganz streng abzugleichen, was Realität ist und was nicht.

K.v.B.: Hast Du über Deine Wahrnehmungen mit jemandem gesprochen?

A. Steinweg: Ja, ich konnte sogar mit meiner Mutter darüber sprechen, die mir bestätigte, daß es übersinnliche Wahrnehmungen gibt. Bei der Frage, ob es sich z.T. um psychotische Zustände handelt, wußte ich genau, daß es bei bestimmten Wahrnehmungen nicht der Fall war, daß andere aber in diese Richtung wiesen. Die Wahrnehmungen, die ich nicht einordnen konnte, hingen – das wußte ich – direkt mit dem Drogenkonsum zusammen.

Man war verwundert über meine klare Ansage

In der Schule wurde man deswegen auf mich aufmerksam, weil ich nach Parties dort wohl einen ziemlich eigenartigen Eindruck auf die Lehrer machte. Ich fiel auf, und man schickte mich zur Schulpsychologin, die sich ein paar Minuten mit mir unterhalten hat. Sie sagte, ich müsse ins Früherkennungszentrum. Ich kam dorthin und mußte Tests machen. Man wollte mir gleich Medikamente geben, gegen die ich mich aber vehement wehrte. Ich machte den Leuten klar, daß mein Zustand an meinen Lebensumständen liegt, und an nichts anderem. Außerdem bat ich um Hilfe, um mit meinem Leben zurechtzukommen.

K.v.B.: Da bist Du aber ziemlich klar geradeaus gegangen. Das hätte ja auch in einer Medikamentenspirale enden können. Wie hat man denn auf Deine klare Ansage reagiert?

A. Steinweg: Man war ziemlich verwundert. Schließlich haben sie sich aber darauf eingelassen, und das Jugendamt machte sich gemeinsam mit mir auf die Suche nach einer Stelle, wo ich leben konnte.

Ich war jetzt also siebzehn und ein halbes Jahre alt. Man nahm mir im Früherkennungszentrum das Versprechen ab, keine Drogen mehr zu nehmen. Ich handelte also folgendes mit ihnen aus: Sie sollten mir dabei helfen auszuziehen, und ich versprach, keine Drogen mehr zu nehmen. Die Therapeutin, mit der ich dort wöchentlich ein Gespräch hatte, gehörte übrigens zu den ersten Menschen, von denen ich mich ein bißchen verstanden fühlte. – Ich zog also jetzt in dieselbe WG, in die ich mit 15 Jahren schon ziehen wollte.

K.v.B.: Hast Du Dich an die Abmachung gehalten?

A. Steinweg: Ja, die chemischen Drogen ließ ich ganz sein. Ich trank aber noch. Was man mir aber dort von den Anfängen einer Psychose erzählte, reichte mir völlig, die Finger von den anderen Sachen zu lassen. Den Anfang hatte ich nämlich wirklich erreicht: paranoide Zustände, das Gefühl, daß alle sich gegen mich verschwören usw. Da wollte ich nicht tiefer hineingeraten.

K.v.B.: Hast Du je Heroin genommen?

A. Steinweg: Nein, davon habe ich wohlweislich die Finger gelassen, weil ich genau wußte, daß das der Anfang vom Ende ist. Es gab in mir ja den Willen zu leben oder ein Leben zu finden.

Ich sagte: Nein – ich will nicht!

Damals hatte ich einen Freund, der zwei Wochen, nachdem wir zusammengekommen waren, in den Knast kam. Mir gelang es einfach nicht, mit dem Trinken aufzuhören. Ich bekam das Angebot, für einen Monat nach Portugal zu meiner Cousine zu gehen, und das machte ich: Den Sommer 2002 verbrachte ich in Portugal, aber dort trank ich fleißig weiter und schlief auch mit vielen Männern.

Innerlich war ich zu dieser Zeit in ständigem Konflikt mit mir selber. Tanzen ging ich nicht mehr, um nicht hinterher wieder mit einem Mann im Bett zu landen. Aber trotzdem ging alles weiter. – Als ich aus Portugal zurückkam, war ich in meiner WG – und es ging mir ziemlich schlecht.

Und dann passierte das, was ich das „Aufwacherlebnis" nenne: das Erlebnis, was nach sich zog, daß ich ganz mit dem Trinken aufhörte. Dazu mußt Du wissen, daß Trinken für mich nicht weniger schlimm war als die Drogen vorher, weil es immer Männergeschichten nach sich zog.

Das war so: Bei uns vor der Haustür war ein Straßenfest. Vom Fenster aus schaute ich der Sache zu. Draußen wurden Witze gerissen, und ich ging vom Fenster aus ins Gespräch mit den Leuten. Dann ging ich hinunter und begann, mit den Menschen zu reden und zu trinken. Abends wanderten wir in eine Kneipe, wo ich mit einem älteren Mann ein Abkommen machte: Ich sollte ihn massieren, und er wollte mir dafür 250 Euro zahlen. Wir gingen in sein Hotelzimmer, und da gab ich ihm eine Erotikmassage, von der er sehr begeistert war. Er zahlte.

Am nächsten Tag klingelte dieser Mann, der mehrere Puffs besaß und der über ganze Straßenzüge Herr war, bei uns an der Haustür. Er wollte mich einkleiden, mit mir shoppen gehen; und er sagte, ich sollte mit ihm auf sein Landhaus kommen. Ich war aber eine halbe Stunde später mit meiner Mutter verabredet. Mit einem Mal krachten also meine getrennten Welten aufeinander.

K.v.B.: Weil dieser Mann die Tür in Dein anderes Leben aufgerissen hatte?

A. Steinweg: Ja; er hatte einen Kreis betreten, in den er nicht hereingehörte. Mir war mit einem Mal ganz elend. Auf der einen Seite war ich ja Tochter, also eine Art Kind, und auf der anderen Seite eine begehrte Frau. Das knallte beides aneinander. Glücklicherweise schaltete ich also sofort und wimmelte den Mann ab. Ich sagte ganz entschieden: „Nein. Laß mich in Ruhe. Ich will das nicht." Das muß sehr deutlich gewesen sein; denn er kam nie wieder.

Mit einem Mal war mir klar, was ich eigentlich aus mir machte und was nicht. Mir kam zum ersten Mal ganz bewußt die Frage, ob ich so erwachsen werden wollte, ob das das Ende sein sollte, ob ich *so* aus der Mädchenrolle heraustreten wollte oder anders.

Da habe ich mir geschworen, nichts mehr zu trinken und nicht mehr wegzugehen – und mit den Männergeschichten aufzuhören.

K.v.B.: Und Du hast es von da an ganz und gar gelassen?

A. Steinweg: Ja.

Eine richtungslose, verzweifelte Zeit

K.v.B.: Kannst Du denn rückblickend noch einmal ausmachen, wo sich der wirkliche Tiefstpunkt befand? Worin hat der bestanden?

A. Steinweg: Einen ganz konkreten Tiefstpunkt könnte ich so nicht benennen. Ich empfand die ganze Zeit als Tiefstphase, als wirklich dunkle und sehr anstrengende, richtungslose, verzweifelte Zeit.

K.v.B.: Mir kommt da gerade die Frage, ob es in Dir auch eine Sehnsucht danach gab, daß sich die verschiedenen Welten überschneiden. Sobald es passiert ist, hast Du ja Konsequenzen gezogen.

A. Steinweg: Diese Sehnsucht gab es schon. In der Schule träumte ich manchmal davon, daß alle einmal sehen könnten, wie ich abends war. Ich hätte gut gefunden, wenn man mir mehr Respekt entgegengebracht hätte, denn ich war sehr schüchtern. (*lacht*) Den Wunsch nach Überschneidung meiner Welten gab es also durchaus. – Aber meine Eltern sollten um Gottes Willen nichts davon wissen, daß ich z.B. Geld für erotische Treffen nehme. Und genau das drohte zu passieren.

K.v.B.: Da kann man diesem Typen, der bei Dir an die Haustür kam, ja fast dankbar sein.

A. Steinweg: Ja, das stimmt eigentlich.

Krisen fördern den echten Menschen

K.v.B.: Kannst Du, von hier aus geblickt, auch Früchte nennen, die diese schwere Zeit für heute und für Deine Zukunft getragen hat?

A. Steinweg: Ich habe diese Zeit empfunden, als sei ich in einen Tunnel hineingeraten, sogar hineingerannt, in dem ich nichts mehr sehe, in dem ich überhaupt nicht mehr weiß, in welche Richtung ich laufe. Die Krisenzeit war wie ein Erdbeben, das mich wachrüttelte. Ich rückte mich wieder in den Weg zurück.

In der Zeit danach machte ich eine Therapie, was ja genauso heftig und krisenreich für mich war. Von da aus habe ich mich selber beleuchtet, und das hat wirklich Früchte getragen. Ich lernte sehr viel aus dieser Zeit. Und ich glaube einfach, Krisen sind dazu da, um eine Frucht hervorzubringen. Sie sind da, um wachzurütteln, um eine Erkenntnis herbeizuführen; und sie sind da, um etwas in einem zu fördern.

K.v.B.: Was wurde denn da in Dir gefördert? Was wurde auf eine andere Ebene gebracht?

A. Steinweg: Man kann es mit einfachen Worten so sagen: Der Blick auf mich selbst wurde gefördert. Ich lernte zu erkennen, was ich wirklich will, was ich wirklich bin oder werden möchte; und ich war angespornt, aus meiner Rolle herauszutreten: aus der Kleinmädchenrolle, die ich spielte. Oder besser: Der Beginn, aus der Rolle herauszutreten, wurde gefördert, und in mir wurde gefördert, daß ich lernen wollte, Menschen zu begegnen und mit ihnen umzugehen.

Ohne diese Krise hätte ich mein Leben irgendwie durchlitten und es nicht gestaltet. Ich hätte nicht den Mut gehabt, richtig an mir zu arbeiten; daß ich das will und kann, ist eine ganz sichere Frucht aus dieser Krise.

K.v.B.: Nimmst Du die Haltung, an Dir arbeiten zu wollen, also auch mit in die Zukunft?

A. Steinweg: Auf jeden Fall. Jedem anderen Menschen kann ich nur sagen, daß er um jede Krise froh sein sollte; denn man kann darin richtige Zeichen lesen und mit ihnen umgehen. Krisen sind ziemlich wertvoll. Ich könnte auch sagen: Krisen vor! (*lacht*) Krisen fördern einfach das Wachstum.

Mein Bruder durchleidet gerade eine Krise, und ich habe ihn richtig dazu beglückwünscht, weil er bisher immer nur an der Oberfläche geplätschert hat. Jetzt ist er am Boden zerstört, und das ist gut – das sage ich ganz ohne Schadenfreude; das wird Wachstum ergeben.

Zu jeder Art von Leben gehört die Krise. Es gibt in jedem Leben energievolle und weniger energievolle Phasen: Tief und Hoch, dunkel und hell gehören einfach zum Ganzen.

Ich komme auch dazu, immer stärker zu sehen, daß eigentlich die Widersprüche erst das Ganze ausmachen. Wenn es das Dunkle nicht gibt, kann man ja das Helle nicht als solches erkennen. Wenn mir irgend jemand etwas erzählt, dann bekommt es für mich erst dann einen Sinn, wenn irgendwo ein Widerspruch entsteht. Das interessiert mich, weil ich sofort rieche, daß etwas anderes dahintersteht. Nur aus dem Widerspruch entsteht wirklich etwas. Ich erhoffe mir immer Echtheit hinter dem Widerspruch.

Außerdem glaube ich inzwischen wirklich, daß jeder Mensch jeden Charakterzug, den es auf der Welt gibt, in sich trägt. Je nach Erziehung oder Lebensphase ist natürlich der eine oder andere stärker ausgeprägt; aber im Grunde haben wir alle Saatkörner in uns, und deswegen finde ich Widersprüche lebensnotwendig und normal. Wenn sie nicht da sind, stimmt was nicht. Widersprüche fördern das Wachstum.

K.v.B.: Das hast Du toll beschrieben. Das Wachstum wessen fördern denn die Widersprüche?

A. Steinweg: Das Wachstum des echten Menschen, so würde ich das nennen. Das Wachstum von Leben.

Ich lerne das noch!

K.v.B.: Möchtest Du noch etwas zu Deinem Kind sagen? Da wächst ja auch ein Mensch in Dir.

A. Steinweg: Na ja, mit dem Kind ist eine eigenartige Geschichte geschehen. Ich war in der zweiten Woche schwanger, ohne es zu wissen, und ich träumte, daß ein Junge vor mir steht, der sagte, daß ein Kind zu mir kommen will. Ich fragte ihn, ob das Kind nicht später kommen kann, und er meinte: Nein. Entweder jetzt oder gar nicht. Da fragte ich, warum das Kind zu mir kommen will, und er sagte, das Kind will mir Mutterliebe bringen. Das war mir einleuchtend im Traum, ich konnte mich gar nicht dagegen wehren, daß es absolut schlüssig war, das Kind auf die Welt zu bringen. Als ich dann merkte, daß ich wirklich schwanger war, entschied ich also, das Kind nicht abzutreiben.

K.v.B.: Hättest Du sonst abgetrieben?

A. Steinweg: Ja, ich habe das auch wirklich erwogen. Aber jetzt bin ich ganz gespannt, welche Aufgaben mir das Kind stellt. Ich werde Verantwortung übernehmen müssen und aus der Kindrolle ernsthaft heraustreten müssen. Es wird sicher wieder Krisen geben. Aber ich glaube, es liegen ziemlich viele Chancen darin, daß das Kind bald kommen wird. Außerdem glaube ich, daß ich eine gute Mutter werde.

K.v.B.: Was ist mit dem Vater des Kindes?

A. Steinweg: Der Vater ist jetzt 20 Jahre alt und fühlt sich noch nicht in der Lage, die Verantwortung für das Kind zu übernehmen; er wird das Kind aber anerkennen. Ich vermute, in drei Jahren ist er soweit, sich seinem Kind wirklich zu stellen. Die Bindung ist relativ locker, was auch daran liegt, daß ich enge Beziehungen nur schwer eingehen kann; aber ich glaube, ich lerne das noch.

K.v.B.: Hast Du einen Berufswunsch über den Beruf der Mutter hinaus?

A. Steinweg: Ich würde gern im Bereich des energetischen Heilens etwas tun – das wäre eine Arbeit, die mir, glaube ich, liegt. Außerdem möchte ich später eine Ausbildung machen, nach der ich Tanz- oder Bewegungsunterricht geben kann. Und ich habe den Traum, irgendwann eine kleine Saftbar zu eröffnen, wo ich die Menschen bedienen kann und wo Kultur stattfindet; ein Ort, wo im Kleinen das Schöne Platz hat. Für Schönheit gibt es viel zuwenig Orte. Das würde ich in Zukunft gerne tun.

Glück bedeutet, mehr Träume zu haben, als die Wirklichkeit zerstören kann.

Tobias Richter

Krisen sind das Salz des Lebens

Interview mit Markus Treichler

von Wolfgang Weirauch

Markus Treichler, *geb. 1947 in Stuttgart; Waldorfschüler, verheiratet, ein Sohn. Studium der Theaterwissenschaft, Philosophie, Psychologie und Medizin. Nach dem Staatsexamen Facharztausbildung und ärztliche Tätigkeit in Psychiatrie, Kinder- und Alterspsychiatrie, Innere Medizin, Neurologie, Psychosomatik und Psychotherapie in verschiedenen Kliniken. Seit dem Studium im Sinne einer anthroposophisch-geisteswissenschaftlichen Erweiterung der Medizin und Psychologie engagiert. Seit 1987 Leitender Arzt der Abteilung für Psychosomatische Medizin, Kunsttherapie und Heileurythmie an der Filderklinik bei Stuttgart.*

Besondere Arbeitsschwerpunkte: Anthroposophische Kunsttherapie und Psychotherapie; Biographie und Krankheit; Anthroposophische Psychosomatik und Psychoonkologie. Ausgedehnte Lehr- und Vortragstätigkeit.

Buchveröffentlichungen:

– Mensch–Kunst–Therapie (Verlag Urachhaus, Stuttgart 1996);

– Das Therapieangebot in der anthroposophischen Medizin (Verlag Johannes M. Mayer, Stuttgart 1998);

– „Neue Zeiten, neue Leiden – Zeittendenzen, Krankheitsbilder, Chancen" (Verlag Johannes M. Mayer, Stuttgart 1998);

– „Wenn die Seele Trauer trägt" (Verlag Gesundheitspflege Initiativ, Esslingen 1998);

– „Den Sinn des Todes fassen. Mut zur Begleitung Sterbender" (Hg., Verlag Urachhaus, Stuttgart 2002);

– „Sprechstunde Psychotherapie. Krisen – Krankheiten an Leib und Seele. Wege zu ihrer Bewältigung" (Verlag Urachhaus, Stuttgart 3. Auflage 2003);

– Danke mir geht's gut! Wie Männer mit ihren Depressionen umgehen (Verlag Gesundheitspflege Initiativ, Esslingen 2004);
– Der überforderte Mensch (Amthor-Verlag, Heidenheim 2. Auflage 2007).

Die meisten Lebenskrisen haben ein janusköpfiges Element – zum einen bricht etwas von außen auf den Menschen ein, was nichts mit ihm zu tun hat bzw. nichts mit ihm zu tun haben scheint, zum anderen reagiert jeder Mensch höchst individuell auf den von außen hereinbrechenden Anlaß und verarbeitet ihn auf seine Weise. Eine Lebenskrise birgt also Objektives und Subjektives in sich. Für diejenigen, die in eine Lebenskrise geraten, ist diese meist sehr intensive Phase des Lebens oft nicht vor dem Hintergrund des gesamten Lebens zu verstehen.

Deshalb gehört es zum Arbeitsbereich der Psychotherapie, den Menschen an dieser Stelle Fragen zu stellen, Fragen an das Schicksal, Fragen nach der Vergangenheit, Fragen nach einer neuen Zukunft.

Zur Methodik des Psychotherapeuten Markus Treichler gehört es, diese Fragen zu stellen und den Betroffenen im Gespräch eine Schutzhülle zu bieten. In dem nachstehenden Interview sprechen wir über seine Arbeitsweise mit Menschen in Lebenskrisen, über sexuellen Mißbrauch und die darausfolgenden posttraumatischen Belastungsstörungen, wie z.B. Eßstörungen, über Menschen in suizidalen Krisen und solche, die durch schwere Krankheiten in Lebenskrisen gestürzt werden.

Wolfgang Weirauch: Wie definieren Sie eine Lebenskrise?

Markus Treichler: Eine Lebenskrise bemerkt man in dem Moment, in dem man z.B. vor einer Entscheidung steht oder eine schwierige Aufgabe zu bewältigen hat und erkennt, daß man weder entscheidungsfähig noch fähig ist, diese Herausforderung zu bewältigen. In einem solchen Moment wird deutlich, daß etwas Neues gefragt ist und das Alte und Bekannte nicht mehr trägt. Diese allgemeine Beschreibung trifft vorwiegend auf biographische Lebenskrisen zu, wahrscheinlich aber auch auf die meisten anderen Lebenskrisen. Jede Krise führt an eine Grenze heran, die man noch nicht überschritten hat und auf die man nicht vorbereitet ist. Man muß sich auf das Neue vorbereiten, hat aber subjektiv dazu meist keine Zeit.

W.W.: Welchen Sinn hat eine solche Krise?

M. Treichler: Die Krise bietet eine Herausforderung, sich zu besinnen, vor allem darauf, was man entwickeln muß, um mit der aktuellen Krise fertigwerden zu können. Dazu gehört eine Reflexions- und Besinnungsarbeit, die Arbeit des Nachdenkens und des Vorausdenkens, um mit dem Lebensabschnitt bzw. dem Ereignis, welches zur Krise geführt hat, fertigwerden zu können. Krisen sollte man nicht verherrlichen, denn sie sind meist hart und schwer; andererseits sind sie aber auch notwendig. Krisen sind das Salz des Lebens. Es schmeckt nicht, aber man braucht es. Ohne Salz kein Geschmack, ohne Krise kein Sinn im Leben. Wenn man richtig mit den Krisen im eigenen Leben umgeht, gewinnt man Sinn.

Der Mensch ist Subjekt und Objekt gleichzeitig

W.W.: Geht es bei Lebenskrisen vorwiegend um objektive Auslösemomente dieser Krise, oder basieren Lebenskrisen vorwiegend auf dem subjektiven Befinden des Menschen, der sich in einer Lebenskrise befindet?

M. Treichler: Meist ist es sowohl als auch. Ein äußeres, sogenanntes objektives Ereignis wie der Tod eines Angehörigen oder ein Trauma kann einen Menschen in eine Lebenskrise stürzen. Andererseits wissen wir auch, daß es Menschen gibt, die ein solches Schicksal ereilt und die dennoch nicht in eine Lebenskrise gestürzt werden. Das wirft die Frage auf, ob zu einer Lebenskrise nicht noch ein subjektives Element hinzukommen muß. Darüber hinaus gibt es Krisen, die ohne einen äußeren Anlaß auftreten – das sind z.B. Krisen in der Partnerschaft, die keinen wirklich äußeren Anlaß haben müssen. Irgendwann bemerken die Partner, daß sie sich nicht mehr verstehen, sich nichts mehr zu sagen haben, bis dann daraus eine richtige Krise wird. Diese Krise hat einen inneren Anlaß, z.B. weil eine Entwicklung nicht im Gleichschritt geht.

Wie ein Mensch auf einen Schicksalsschlag antwortet, hängt nicht allein vom Schicksalsschlag ab, sondern auch vom Menschen. Der Mensch ist also gleichzeitig sowohl Objekt als auch Subjekt – für den Schicksalsschlag ist er Objekt, für die Antwort darauf ist er Subjekt. Selbstverständlich gibt es aber auch Menschen, die einen Schicksalsschlag auch ohne Krise bewältigen können.

W.W.: Eine Lebenskrise hat verschiedene Phasen. Zu Beginn einer Lebenskrise will man die Krise oft nicht wahrhaben, straft sie mit Ignoranz oder wehrt sich mit Wut gegen sie. Woraus resultiert dieses menschliche Verhalten?

M. Treichler: Die Phasen einer Krise gleichen in etwa den Sterbephasen, die Elisabeth Kübler-Ross angibt. Allerdings hat sie diese Phasen nicht erfunden, sondern nur aufgrund ihrer Wahrnehmungen beschrieben; auch Tolstoi hat dies in seinem Roman „Der Tod des Iwan Illjitsch“ beschrieben.

Am Anfang einer Krise stemmt sich der Mensch oft dagegen, weil er sich mit etwas Unvorbereitetem auseinandersetzen muß. Wäre man vorbereitet, könnte man eine Prüfung annehmen; ist man aber nicht vorbereitet, wehrt man diese Prüfung ab. Die Intensität und Dauer der weiteren Phasen einer Krise, z.B. einer folgenden Depression, hängt dann davon ab, inwieweit sich der Mensch auf diese Krise einläßt und sie annimmt; auch davon, ob er Hilfe annehmen kann.

Das Akute vor dem Hintergrund betrachten

W.W.: Nehmen wir an, ein Mensch kommt in dieser ersten Phase einer Krise zu Ihnen, und er kann sein Schicksal noch nicht akzeptieren. Wie bringen Sie ihn dazu, daß er das annimmt, was jetzt sein Schicksal geworden ist?

M. Treichler: In der Regel gehe ich so vor, daß ich die augenblickliche Schicksalssituation vor dem Hintergrund seiner Biographie anschaue, um dem Menschen dadurch die Möglichkeit zu geben, das Akute, aber Kleinere vor dem größeren Hintergrund zu betrachten, so daß er von selbst darauf kommt, daß diese Krise etwas mit seinem eigenen Leben und mit ihm zu tun hat. Manchmal ist eine herausgegriffene Phase von zwei Monaten in bezug auf ein ganzes menschlichen Leben schwer zu verstehen. Vor dem Hintergrund eines gesamten Lebens eröffnet sich dann aber doch oft das Verständnis, so daß man die Krise in Bezug auf das bisherige Leben und das bekannte oder geahnte, manchmal auch befürchtete Leben genauer einordnen kann. Die Herstellung dieses größeren Zusammenhangs gelingt aber nicht immer, vor allem nicht schnell.

W.W.: Nehmen wir an, die erste Phase der Wut und des Ablehnens ist abgeklungen. Wie bringen Sie einen Menschen dazu, sich neu zu orientieren?

M. Treichler: Zunächst einmal ist es wichtig, daß die Menschen alle Phasen durchlaufen, auch die Wut, die Trauer und die Depression. In ihrer Umwelt sollten sie auch auf Verständnis stoßen, damit sie nicht das Gefühl haben, nicht trauern oder nicht aggressiv sein zu dürfen.

Meine Methode ist es, mit Fragen zu arbeiten. Das können auch allgemeine Fragen sein, wie z.B.: Haben Sie die Krise wirklich überwunden? Wie kann es jetzt weitergehen? Oft wissen die Patienten dann aber keine Antwort. In diesem Fall biete ich verschiedene Varianten bzw. Szenarien an. Ich biete z.B. an, daß es genauso wie bisher weitergehen kann. Anschließend biete ich genau das Gegenteil an, so daß sich in der betreffenden Lebenssituation sehr viel ändern müßte. Mitunter entwerfe ich auch ein negatives Szenario – wie es kommen könnte, wenn man keine Veränderungen vornimmt.

Anhand dieser verschiedenen Szenarien bespreche ich dann mit dem Patienten, was für ihn daran positiv und negativ ist – aus seiner eigenen Sicht: In der Regel entwickle ich drei verschiedene Szenarien, die ich ihm bewußt als Anregung vorstelle. Meist überzeichne ich diese Szenarien, provoziere auch; und der Patient merkt, daß diese Szenarien nicht seine eigenen sind. Er wird dadurch aber angeregt, einen eigenen neuen Lebensweg zu finden.

W.W.: Entwickeln Sie diese drei Szenarien spontan, oder haben Sie bestimmte Muster?

M. Treichler: Meist lausche ich sie von der entsprechenden Biographie des Patienten ab. Ich entwickle sie aber so, daß er nicht plötzlich sagt: Das gefällt mir! Schließlich will ich nicht, daß der Patient ein Szenario von mir übernimmt. Die Provokation ist deswegen oft notwendig, weil viele Patienten erst dann zu einem neuen Ausblick gelangen.

W.W.: Was geschieht mit einem Patienten, wenn er sich einerseits gegen die eigene Lebenskrise verschließt, sich aber andererseits auch nicht von Ihnen zu neuen Lebenswegen anregen läßt?

M. Treichler: Der therapeutische Weg wäre, daß man ihm spiegelt, daß er sich in einer Krise befindet; daß man ihm verschiedene therapeutische Anregungen gegeben hat; daß es seine Freiheit ist, diese nicht aufzugreifen. Dann stellt man ihm aber dar, daß man von außen gesehen den Verdacht hat, daß sein Lebensweg in einer ganz bestimmten Richtung weitergehen wird: z.B. daß sich die Beschwerden bzw. die Krise chronifizieren werden oder daß sich seine Lebenssituation infolge dieser Krise so verschlechtern wird, daß dieser Mensch in einem halben Jahr komplett in einem Loch stecken wird. Ich stelle ihm dann dar, daß er sich heute noch entscheiden kann, und frage ihn, ob er es wirklich nötig habe, daß es ihm noch sehr viel schlechter gehen wird. Ich spiegle ihm also, daß er sein Leben so weiterlaufen lassen kann, daß es ihm dann aber wahrscheinlich schlechter gehen wird – es sei denn, daß er eine Änderung in seinem Leben vornimmt. Ändern bedeutet, daß er z.B. Hilfe annimmt. Ändern heißt nicht, daß der Patient schon wissen muß, *was* er ändern will und *wie*.

Eine Biographie weist auch in die Zukunft

W.W.: Greifen wir einige mögliche Ursachen für Lebenskrisen heraus. Nehmen wir an, daß ein Mensch mit der Nachricht von einer schweren oder unheilbaren Krankheit konfrontiert wird. Wovon hängt es ab, daß der eine dadurch in eine Lebenskrise gestürzt wird, der andere nicht?

M. Treichler: Das hängt von der Fähigkeit des Menschen ab, die Krankheit in sein Leben einzuordnen. Ich kenne viele Krebspatienten, die zu mir gekommen sind und ihr Verständnis für ihre Krebserkrankung bekundet haben. Solche Menschen sehen diese Erkrankung im Zusammenhang mit ihrer Biographie und wollen daran arbeiten. Andere Krebspatienten äußern ihr absolutes Unverständnis, daß gerade sie Krebs bekommen haben. Sie hätten sich niemals vorstellen können, selbst Krebs zu bekommen. Diese Menschen haben es äußerst schwer, eine solche Krankheit in ihr Leben einzuordnen; sie sind auch eher in ihrem Dasein erschüttert. Deshalb muß ich Sorge tragen herauszufinden, ob es im Leben eines solchen Menschen nicht doch einen Zusammenhang – vielleicht rückblickend auf sein Leben – gibt; mitunter auch vorausblickend. Denn eine Biographie geht nicht nur in die Vergangenheit, sondern weist auch auf eine Zukunft hin: Was soll noch kommen? Für mein Krisenverständnis ist es sehr wichtig, daß eine Krise keineswegs nur eine Vergangenheit hat, sondern sie hat mindestens genauso wesentlich eine Zukunft. Eine Krise kann kommen, weil daraus etwas folgen soll, weil noch etwas in der Biographie eines Menschen fehlt. In einem solchen Fall schaue ich auf den individuellen Menschen und darauf, was in seinem Lebensplan noch vorgesehen sein könnte – natürlich immer gemeinsam mit den Betroffenen. Wenn man in diese Richtung schaut, erkennt man eine Krise oft als einen Schatten eines Ereignisses, das noch kommen wird.

Wenn man den Schmerz nicht mehr ertragen kann

W.W.: Kann man auch nach einer schweren Operation in eine Lebenskrise geraten, weil man z.B. nur noch verminderte Gefühle hat, keinen Sinn mehr im Leben sieht und daran verzweifelt?

M. Treichler: Selbstverständlich. Man kann z.B. in depressive Krisen gestürzt werden. Genauso kann man in Identitätskrisen gestürzt werden, vor allem nach Operationen, bei denen ein Organ entfernt worden ist; wir erleben das z.B. nach Brustamputationen bei Frauen. Auch bei jungen

Menschen tritt es auf, wenn man z.B. einen künstlichen Darmausgang anlegen muß. Solche Menschen werden oft in Krisen gestürzt, weil sich für sie ihr Leben radikal ändert, weil sie sich z.B. nicht mehr trauen, ins Schwimmbad zu gehen usw. Wenn Menschen in diese Art von Krisen gestürzt werden, kann man ihnen aber gut helfen.

W.W.: Wie kommt es, daß man z.B. nach einer Hirnoperation eine gewisse Zeit nur ein eingeschränktes Gefühlsleben hat? Wie kann man das anthroposophisch erklären?

M. Treichler: Das kann bei Hirnoperationen vorkommen. Zunächst löst die Narkose das Gefüge zwischen Leib und Seele, was nach der Narkose dazu führen kann, daß man sich für eine gewisse Zeit mit seiner Seele nicht mehr so stark mit dem Leib verbinden kann. Man koordiniert und identifiziert sich dann nicht mehr so ausgeprägt leiblich-seelisch wie zuvor. Fernerhin kann es eine Folge des Eingriffs an dem Organ sein, an dem sich das Bewußtsein bildet. Das Gehirn als Spiegelungsorgan für unser Bewußtsein, einerseits von uns selbst, andererseits von der Welt, kann durch operative Eingriffe oft vorübergehend, manchmal auch dauerhaft, in seiner Funktion beeinträchtigt sein. Dies kann sich auch, abhängig von der Lokalisation des Eingriffs am Gehirn, auf das emotionale Erleben beziehen. In solchen Fällen hat man u.U. ein eingeschränktes oder verändertes Bewußtsein der eigenen Gefühle, obwohl auf der anderen Seite der Körper ganz normal funktioniert.

W.W.: Ein ähnliches Phänomen – wenn auch mit vollkommen anderem Inhalt – findet ja z.B. auch beim Mißbrauch statt. Wie erklären Sie das Phänomen, daß viele Mißbrauchsopfer die Tat des Mißbrauchs verdrängen bzw. sich im nachhinein kaum noch an diese Taten erinnern können?

M. Treichler: Wir alle haben einen Schutzmechanismus. Wenn man einen sehr starken Schmerz erlebt, wird man bewußtlos. Und in der Bewußtlosigkeit erlebt man keinen Schmerz mehr; die Bewußtlosigkeit ist also eine extreme Schutzfunktion, um den überstarken Schmerz nicht mehr ertragen zu müssen.

Etwas Ähnliches geschieht beim Mißbrauch. Mißbrauch ist ein seelischer Schmerz, und die Seele kann diesen Schmerz nicht immer ertragen – sowohl beim aktuellen Geschehen wie beim späteren Erinnern. Kein Mensch kann mit einem ständigen körperlichen oder seelischen Schmerz leben. In einem solchen Fall entwickelt der Mensch ganz natürlicherweise einen Schutzmechanismus – beim körperlichen Schmerz ist dies meist die Bewußtlosigkeit, beim seelischen ist es eine Art Abwehr, z.B. als eine Erinnerungslücke. Diese

Schutzfunktion ist eine große Hilfe, da wir mit ihr besser leben können und uns nicht ständig an den erlittenen seelischen Schmerz erinnern müssen. Für die Lebensbewältigung ist dieser Schutzmechanismus zunächst einmal sehr wichtig. Wenn man traumatisierte Patienten in der Traumatherapie dazu bringen möchte, sich mit der Vergangenheit bewußt auseinanderzusetzen, brauchen sie einen geschützten Rahmen, in dem sie sich für eine begrenzte Zeit mit diesem Trauma, mit diesem Schmerz, auseinandersetzen können. Hier benötigen sie alle Hilfe, und sie müssen das Vertrauen haben, daß diese Auseinandersetzung für eine begrenzte Zeit möglich und bewältigbar ist.

Anschließend kann man den Mißbrauch nicht wie zuvor verdrängt und unbewältigt vergessen, sondern man kann ihn insofern vergessen, als man ihn wenigstens teilweise bearbeitet und bewältigt hat, daß dieser Vorgang abgeschlossen ist. Nach dieser Bewältigungs- bzw. Trauerarbeit beginnt dann die Neuorientierung: Was mache ich mit mir und mit meinem Leben, da ich nun den Schmerz, das Trauma erkannt, rational und emotional bearbeitet und hoffentlich bewältigt habe und nun ohne Schmerzverdrängung weiterleben möchte?

W.W.: Was richtet man in der Seele eines Kindes an, wenn man es sexuell mißbraucht, bzw. welche seelisch-geistigen Folgen für das spätere Leben hat der Mißbrauch?

M. Treichler: Vor allem stört man bei einem Kind bzw. bei einem Jugendlichen die Inkarnation des Seelisch-Geistigen im Leiblichen sowie die folgende Entwicklung des Seelisch-Geistigen aus dem Leiblichen heraus. Aus dieser Störung entwickeln sich verschiedene seelische Krankheiten, die man als posttraumatische Belastungsstörungen definiert – also Depressionen, Ängste, Eßstörungen, Panikattacken, Schlafstörungen, Schmerzzustände usw. Das geht darüber hinaus bis zu Identitätsstörungen und bis zu der Frage, inwieweit ein solcher Mensch seinen Körper als Instrument annehmen, wahrnehmen und sich damit identifizieren kann. Dies sind also Störungen auf der psychischen und auf der somatischen Ebene. Meist haben sexuell mißbrauchte Menschen ein Problem damit, ihren Körper und ihre Sexualität anzunehmen und damit leben zu können. Auf jeden Fall sind es ganz dramatische Einschnitte im Leben eines Menschen, wenn er/sie sexuell mißbraucht worden ist. Alle Entwicklungsstörungen muß man im nachhinein wieder aufarbeiten, und m.E. ist dies im Grunde auch möglich. Aber es braucht sehr viel Zuwendung und sehr viel Zeit.

W.W.: Haben Sie viele Patientinnen und Patienten mit sexuellem Mißbrauch in deren Biographie?

M. Treichler: Patientinnen und Patienten mit Mißbrauchserlebnissen und anderen traumatischen Störungen nehmen immer mehr zu; vor 20 Jahren war ihre Zahl wesentlich geringer.

Eine Schutzhülle bieten

W.W.: Was ist das Wichtigste in Ihrer Gesprächsarbeit, wenn Sie diese Patienten vor sich haben?

M. Treichler: Man muß ihnen eine Schutzhülle bieten, man muß ihnen Vertrauen ermöglichen, so daß sich die Patienten noch einmal darauf einlassen können, einen schmerzhaften Prozeß ins Bewußtsein zu bringen. Dann sollte dieses Bewußtsein auf verschiedenen Ebenen entwickelt werden – zum einen verbal, zum anderen auch nonverbal, also z.B. durch Kunsttherapie. Es ist uns ganz wichtig, daß der Psychotherapeut mit der Kunsttherapeutin in bezug auf die Mißbrauchspatienten besonders eng zusammenarbeitet; ebenso mit den Pflegenden im Team. Dann kann die Trauer- und Bewältigungsarbeit auf verschiedenen Ebenen geleistet werden. Darüber hinaus arbeiten wir auch mit Heileurythmie und Pflegetherapien. Alle zusammen versuchen wir, Raum und Zeit für eine Neuorientierung zu schaffen. Am wichtigsten ist uns dabei, daß man eine solche Therapie nicht nur verbal durchführen darf, weil der nonverbale und körperliche Teil genauso dazugehört.

W.W.: Arbeiten Sie auch mit den Tätern?

M. Treichler: Extrem selten.

W.W.: Immer wieder hört man von Mißbrauchstätern, daß sie kein Schuldbewußtsein hätten. Ist dem wirklich so, oder geben sie das nur vor?

M. Treichler: Ich erinnere mich an einen pädophil veranlagten Mann, der Kinder mißbraucht hat. Dieser Mann erlebte seine Taten so, daß er den Kindern keine Gewalt antat, sondern daß er sehr liebevoll und zärtlich mit ihnen umging. Daraus folgte eine vollkommen andere Interpretation, und er war felsenfest der Meinung, daß er den Kindern nicht wehgetan und ihnen auch keinen Schaden zugefügt habe. Bei einem solchen Menschen fehlt schon etwas; denn sein eigenes Bedürfnis wird so in den Vordergrund gelebt, daß er das Erleben des Kindes weder wahrnimmt noch nachvollziehen kann. Bei einem solchen Menschen ist auf jeden Fall etwas ausgeblendet, auch das Schuldbewußtsein.

Bei Selbstmord gibt es immer einen Ausweg

W.W.: Haben Sie es in Ihrer Praxis auch mit suizidalen Menschen zu tun, die z.B. aus einer schweren Depression keinen anderen Ausweg mehr sehen?

M. Treichler: Häufig.

W.W.: Was raten Sie einem solchen Menschen in einer suizidalen Krise?

M. Treichler: Einen Ratschlag gebe ich nicht, sondern ich würde erst einmal ein Gespräch mit ihm darüber beginnen, warum er sich umbringen will, welches seine Beweggründe sind, was ihn dazu treibt und was er sich davon verspricht. Nach meiner Erfahrung ist das Gespräch nach den Beweggründen am allerwichtigsten. Fast genauso wichtig ist das Gespräch darüber, was ein solcher Mensch sich davon verspricht. Wichtig für den Patienten ist, daß man seine Beweggründe nachvollziehen kann, daß eine Begegnung entsteht und er ernst genommen und angenommen wird; nicht so sehr, daß man ihn in wenigen Stunden vom Gegenteil seiner Beweggründe überzeugen muß. Man wird es nicht schaffen, ihn in Kürze dazu zu bringen, daß er wieder Freude am Leben hat. Aber die Mindestvoraussetzung für ein weiteres Gespräch besteht darin, daß ein suizidaler Patient verspricht, sich nicht das Leben zu nehmen, daß er sich auf ein Weiter mit unserer Hilfe einläßt und daß er sich immer dann, wenn sich seine Selbstmordimpulse wieder melden, bei uns zu jeder Tages- und Nachtzeit meldet. Wir versprechen ihm im Gegenzug, daß er dann Hilfe bekommt. Diese Verabredung ist die Voraussetzung für eine weitere Behandlung unsererseits. Wenn er das nicht mehr kann, muß er in eine geschützte psychiatrische Station verlegt werden. Wenn sich ein Patient darauf einlassen kann, machen wir im weiteren die Beobachtung, daß sich diese Selbstmordgedanken und Selbstmordimpulse aus der krisenhaften Zuspitzung verwandeln lassen und daß sie sich allmählich auflösen lassen. Ich habe noch keinen Patienten erlebt, der solche Gespräche als sinnlos angesehen hätte. Sie erleben mit der Zeit, daß es immer einen Ausweg gibt.

W.W.: Kennen Sie Fälle, bei denen Menschen nach langer und schwerer Krankheit an dem Punkt angekommen sind, bis zu dem sie alles versucht haben, von dem an aber nur noch der Selbstmord für sie übrigbleibt?

M. Treichler: Ja, das gibt es auch.

W.W.: Was machen Sie dann, wenn wirklich nichts mehr möglich ist?

M. Treichler: In den Fällen, in denen mir ein Patient so etwas sagt, würde ich trotzdem alles in die Waagschale legen, daß er nicht den Freitod wählt und daß er sich selbst noch eine Chance gibt. Solche Situationen sind dann meist noch zu bewältigen. Schwierig wird es erst dann, wenn die Patienten ihre Absichten verschweigen. Allerdings habe ich es sehr selten erlebt, daß solche Patienten plötzlich nicht mehr erscheinen. Das sind sehr tragische Fälle, die aber auch vorkommen.

W.W.: Nehmen die suizidalen Gedanken, gerade auch von Jugendlichen, in den letzten Jahren zu?

M. Treichler: Statistisch gesehen nehmen die Suizide selbst nicht zu, sie sind sogar langsam rückläufig. Aber es sind immer noch zu viele! Allerdings gibt es eine Verschiebung hin zu einer größeren Zahl von Jugendlichen, die Suizid begehen. Ganz anders ist es aber mit der Zahl der Suizidversuche; diese Zahl nimmt deutlich zu. Beides muß man aber unterschiedlich bewerten. Der Suizidversuch hat einen appellativen Charakter. Ein Mensch, der einen Suizidversuch macht, erlebt sich so, daß man vieles bei ihm mißachtet hat, so daß er zu diesem Mittel greift. Meist ist dies nur ein Hilferuf, weil sie sich auf andere Weise nicht verständlich machen konnten.

Eßstörungen – die richtigen Antworten aufsuchen

W.W.: In welcher Lebenskrise steckt ein Mensch, der Anorexie – Magersucht – hat?

M. Treichler: Anorexie haben meist Frauen, gelegentlich aber auch Männer. Biographisch gesehen scheuen diese Menschen vor der Entwicklung zu ihrem selbst zu gestaltenden und zu verantwortenden Leben zurück; dazu gehören Entscheidungen mit Folgen im Verhalten, dazu gehört auch wesentlich die Sexualität. Der Empfindungsleib kann sich nur schwer mit dem physischen Leib verbinden. Das betrifft sowohl die körperliche Funktion in der Rolle einer Heranwachsenden als auch die soziale und psychologische Rolle. Der Mensch bzw. sein Seelenleib schreckt vor der Körperlichkeit und Geschlechtlichkeit und vor dem Leben zurück; und so beginnt ein Rückentwicklungsschritt. Der Seelenleib zieht sich aus dem seelischen Wahrnehmen in den Körper zurück und macht dann im Körper eine Rückentwicklung vom dritten bis ins zweite Lebensjahrsiebt. Dadurch entwickelt sich der Körper rückläufig, die Geschlechtsmerkmale verschwinden, die Sexualität entwickelt sich zurück, und der Mensch bekommt von sich ein asexuelles Empfinden.

W.W.: Was liegt demgegenüber bei der Bulimie vor?

M. Treichler: Dies betrifft meist etwas ältere Menschen, bei denen sich der Seelenleib bereits entwickelt hat. Meist sind dies Menschen, die die Empfindungsseele ausbilden, also Menschen im vierten Lebensjahrsiebt; es kann aber auch vor dem 21. Lebensjahr auftreten, wenn sich bei diesen Menschen die Empfindungsseele früher entwickelt. Die Folge ist ein Rückzug der Empfindungsseele. Die Empfindungsseele wirft die Frage auf, wie man die Welt und sich selbst empfindet. Die Menschen, die an Bulimie leiden, bekommen auf diese Frage, wie erlebe ich die Welt, keine wirkliche Antwort. Bei ihnen entsteht eine Leere, und sie nehmen nur unbefriedigende Antworten wahr. Alle Antworten sind für diese Menschen nur äußerlich und funktionell, gehen aber nicht in die seelische Tiefe. Und aus dieser Leere heraus zieht sich dann die Empfindungsseele wieder zurück. In der dann entstehenden Leere und Sinnlosigkeit greifen diese Menschen zur Ersatzbefriedigung – einerseits mit äußerer Aktivität, mit einem Funktionieren im Leben, andererseits mit äußerer Attraktivität. Ihr Körper muß attraktiv sein, an ihm bewerten sie ihr Selbstgefühl. Ihnen geht es also um Maß, Zahl und Gewicht. Das betrifft die Bulimie-Patientinnen, die normalgewichtig sind, die essen und dann wieder erbrechen. Sie stürzen sich ganz auf die Äußerlichkeit, sind dabei aber todunglücklich.

W.W.: Wie therapiert man diese Patientinnen?

M. Treichler: Indem man die inneren Werte beachtet und wertschätzt und die von der Empfindungsseele gestellten, aber nicht beantworteten Fragen aufsucht und beantwortet. Darauf muß sich ein solcher Mensch einlassen. So etwas kann z.B. in einer menschlichen Beziehung erlebt werden, genauso in einer therapeutischen Beziehung, z.B. Verläßlichkeit und Wertschätzung. Darüber hinaus sollte man nach möglichst vielen positiven Zielen suchen, die der Empfindungsseele eine Befriedigung geben können. Dann kann sich ein solcher Mensch an höheren Zielen entzünden. Er kann Neues entdecken und letztlich Antworten auf seine eigenen Fragen finden.

Das Wasser bis zum Hals

Gespräch mit Peter Zwegat

von Katharina von Bechtolsheim

Peter Zwegat, *geb. am 22.02.1950. Ausbildung zum Verwaltungsbeamten. 1970–1974 Studium der Sozialpädagogik in Berlin (Abschluß: Diplom-Sozialpädagoge), ab 1974 tätig im sozialen Bereich (Sozialwesen, Gesundheitswesen, Jugendbereich) beim Land Berlin. Staatlich anerkannter Schuldnerberater: seit 1987 bei der „Dilab e.V." (Dienstleistung für Arbeitnehmer und Betriebe) in Berlin.*

Heute: Vorstand und Geschäftsführer der Dilab e.V. („Dilab e.V.": gemeinnütziger Verein mit Schwerpunkt Schuldnerberatung im Auftrag des Landes Berlin. Die Beratung für Schuldner ist bei der Dilab kostenlos). Dozent für Schuldenfragen mit unterschiedlicher Zielrichtung: u.a. an Schulen, Berufsschulen, Fachhochschulen, beim Bundesverband für Verbraucherzentralen: Schwerpunkt: Schuldnerberatung und Prävention.

Peter Zwegat ist einer der erfahrensten Schuldnerberater in Deutschland, hält als Dozent viele Vorträge (berät natürlich auch noch selbst Klienten) und ist als Experte sehr geschätzt. Peter Zwegat lebt in Berlin, hat einen Hund und als Hobbys: Schach, Sympathisant von Hertha BSC.

„Krisen haben es leider meistens an sich, daß eine Krise die nächste nach sich zieht",– sagt der Schuldnerberater Peter Zwegat in diesem Gespräch und beschreibt anschließend, wie der einzelne im Strudel der Privatverschuldung bis an den Rand der Existenz (und darüber hinaus) geführt werden kann. Zwegat weiß, wovon er redet, denn in seinem Schuldnerberatungsbüro im Bezirk Berlin Friedrichshain geht es zu wie in einem Taubenschlag: Tag für Tag sitzt er Menschen gegenüber, die

„durch den Kreditunfall" in eine Schuldenspirale geraten sind, an deren Ausweglosigkeit sie scheitern.

Der über die RTL-Fernsehsendung „Raus aus den Schulden" bekanntgewordene Schuldnerberater nimmt seine Aufgabe sehr ernst: Mit ganzer Kraft, Verhandlungsgeschick, Ideenreichtum und Unerschrockenheit gegenüber Banken und Behörden kämpft er für seine Klienten – und um öffentliches Gehör. Den, der bei ihm Rat sucht, macht Zwegat nur bedingt verantwortlich für die Krise. „Daß wir dem einzelnen immer die Schuld an seiner Misere vorwerfen, zeigt nur, was für einen Schuldbegriff wir haben", sagt Zwegat. Auf die Eingangsfrage, welche „Krisenerreger" der Privatverschuldung er im „Außen" sehe, antwortet er mit einem ganzen Geflecht an Ursachen, die dem System und dem mangelnden Bewußtsein „fürs Ganze" geschuldet sind.

Als wir vor dem Gespräch die zu besprechenden Fragen durchgehen, sind bei Peter Zwegat die Schleusen geöffnet: Er beantwortet sie – eine nach der anderen – in einem Gesamtguß. Es ist soviel, was er zu sagen hat, daß ich im nachhinein die wenigen Zwischenfragen aussparen kann, um ihn ganz zu Wort kommen zu lassen.

Peter Zwegat: Einer der äußeren Krisenerreger, die sich in meinen Augen alle mehr oder weniger in den Schwanz beißen, ist die Tatsache, daß sich die westliche Gesellschaft im Laufe der Jahre von einer Eigentumsgesellschaft in eine Kreditgesellschaft verwandelt hat. Im Islam ist es ja bekannterweise verboten, Zins zu nehmen; und auch in der Bibel findet man ähnliches. Und wenn wir die Sache geschichtlich angehen, fällt auf, daß es z.B. bis 1962 noch ein Werbeverbot für Kredite gab, was hochspannend ist. Heute kann ich Ihnen Werbekarten der Citi-Bank in die Hand drücken: Sehen Sie, da wird mit „Money to go!" geworben; und das ist nur eine von vielen erfindungsreichen Werbeformen.

Ein Schneeball gerät ins Rollen

Der Anfang der Kreditgesellschaft, in der wir heute leben, lag darin, daß Ludwig Erhard Ende der 50er den „persönlichen Kleinkredit für jedermann" über 2000 DM ermöglichte, worauf eine Filiale der Deutschen Bank ein Telegramm an die Zentrale schickte: „Der Mob stürmt unsere Schalterhallen, was sollen wir tun?" Die Situation war ja die: Der Wiederaufbau war abgeschlossen, der letzte Stahlhelm war zum Kochtopf umgewandelt, die Wirtschaft lag danieder. Der Schneeball geriet also ca. 1960 ins Rollen, und inzwischen ist eine richtige Lawine daraus geworden.

Die Geschichte der Verschuldung

Machen wir einmal einen Vergleich: Um die Jahrhundertwende, also um 1910, war die Firma *Singer* Marktführer Nr. 3 für Nähmaschinen durch Kreditvergabe geworden. Die Idee war, die Nähmaschine bis in die Hinterhöfe zu bringen; und es waren wöchentliche Eintreiber unterwegs, die die Raten derjenigen abholten, die auf Kredit eine Maschine gekauft hatten. Man muß aber wissen, daß eine solche Nähmaschine damals auch nach zwei Jahren noch intakt war und zu einem guten Preis weiterverkauft werden konnte!

Heute fahren Sie Ihren Neuwagen vom Hof, und im selben Augenblick ist er ein Gebrauchtwagen! Sie bekommen nie im Leben die 20.000 Euro wieder, die Sie hingelegt haben. Wir haben es also einerseits mit Werteverfall zu tun, der dem Wegwerfcharakter der Gegenstände geschuldet ist. Andererseits beklagen die Gerichtsvollzieher heute, daß sie kaum etwas Pfändbares finden, weil alles, was etwas wert wäre, den Menschen meist gar nicht gehört, also noch gar nicht ihr Eigentum ist.

Ich kann mich außerdem noch gut erinnern, wie ich 1966 meinen ersten Arbeitstag hatte und wie ich mein Konto gebührenfrei eröffnete. Noch wenige Jahre davor ging das Geld in der Lohntüte an den Arbeitnehmer. Man findet also die Entwicklung von der Lohntüte über das Konto bis hin zum heutigen bargeldlosen Verkehr; und schon darin liegt die erste große Kreditfalle. Die Bundesregierung hat es bis heute nicht geschafft, den sogenannten Kontrahierungszwang einzuführen. Noch 1995 und 1997 waren die Banken die freiwillige Verpflichtung eingegangen, Konten auf Guthabenbasis zu führen, was sich aber als Lippenbekenntnis erwies. Heute wartet man nur noch auf den Tag, an dem auch dafür Gebühren abgerechnet werden, daß man sein Geld abhebt. Und noch heute findet man in Berlin zwischen 40.000 und 50.000 Menschen, die kein Konto haben. Ohne Konto sind Sie aber aus dem Wirtschaftsleben praktisch ausgeschlossen; denn Ihr neuer Arbeitgeber wird Sie kaum einstellen, wenn Sie nicht einmal ein Konto nachweisen können.

Wenn wir dann geschichtlich weitergehen, finden wir Ende der 70er Jahre z.B. im Ruhrpott folgendes Phänomen: Die Leute kamen mit ihrem Einkommen nicht mehr aus, die Ansprüche waren gestiegen – und aufgrund mangelnder Kenntnisse und komplizierter Rechtslage gerieten die Menschen in die Schuldenfalle und verfingen sich darin. Damals konnte viel mehr gepfändet werden. Die Menschen blieben also im Alimentieren sozialer Leistungen hängen und verloren die Lust zu arbeiten, während unterdessen die Schulden durch Zins und Zinseszins immer mehr anwuchsen. Diesen Verwicklungseffekt haben Sie auch heute: Wer Schulden beim Finanzamt hat, der beginnt mit 20.000 Euro, die er nicht zahlen kann, und nach vier bis fünf Jahren sind es durch Säumnis- und Verspätungszuschläge 40.000 Euro geworden, die er noch viel weniger zahlen kann. Dieser Effekt ließ also immer mehr Menschen in der Schuldenfalle landen – sie flogen aus dem Arbeitsleben, aus ihrer Wohnung, überall flogen sie raus –, und die Krisenspirale wurde aussichtslos.

Wenn wir in die Zeit der Wende – also der Wiedervereinigung – gehen, dann zeigen die Zahlen, daß vor 1989 in der BRD 400.000 überschuldete Haushalte zu finden waren, und 1990/91 waren es bereits 1,2 Millionen überschuldete Haushalte. Man weiß ja, daß es im Osten einen enormen Nachholbedarf gab, der schonungslos ausgenutzt wurde. Möbel Höfner organisierte Busse, die nach Neubrandenburg fuhren, um die Leute, die noch die „Schrankwand Erfurt" im Hinterkopf hatten, nach Berlin zu karren, wo sie vor dem riesigen Möbelpalast standen und gar nicht wußten, was sie anfangen sollten, sich zu wünschen. Niemand nahm wirklich ernst, daß die Menschen von A wie Arbeitsamt bis Z wie Zinsen völlig rechtsunkundig waren in bezug auf das neue System, mit dem sie sich auf einmal konfrontiert sahen; und diese Unkenntnis wurde gnadenlos mißbraucht.

1994 hatten wir also bereits 2 Millionen überschuldete Haushalte. 1997 bis 1998 gab es das interessante Zwischenspiel, daß die Banken die Minderjährigen ins Visier genommen hatten und Kredite herausgaben, die sie nicht hätten herausgeben dürfen. Da erhoben wir von der Schuldnerberatung gemeinsam mit dem Verbraucherschutz mahnend den Finger, und die Sache wurde zurückgenommen.

In den Jahren zwischen 1998 und 2000 kletterte die Zahl auf 2,8 Millionen, und heute, 2007, liegen wir bei 3,5 Millionen überschuldeten Haushalten, was nicht wenig ist. Man errechnet eine jährliche Steigerungsrate von 10 Prozent.

Attacke mit Hinkefuß

Daß es so weit kommen konnte, liegt u.a. am mangelnden Verbraucherschutz, der der Entwicklung immer hinterherhinkt. Und das erschwert die Sache, denn: Die Gegenseite ist enorm erfinderisch und rasend schnell! An der Sache hängt ja großes Geld. Es ist aber schwer, mit einem Esel eine Attacke zu reiten – und Verbraucherschutz ist in dem Fall der Esel –; denn die Kredithaie zahlen ihre Geldstrafen aus der Portokasse. Der Verbraucherschutzverein konnte vor Jahren höchstens vier Prozesse führen; dann ist der Etat auch schon erschöpft. Der Verbraucherschutz müßte also ein Zugpferd sein – aber er kann es nicht sein!

Durch den Wegfall der Systemkontrahenten Ost-West ist eben das Bewußtsein und die Förderung des Sozialen unter den Tisch gefallen, da man der Gegenseite nicht mehr beweisen muß, daß man der Sozialere ist. Die Ellenbogen werden also schärfer ausgefahren, und zu dieser Haltung kommt die Frage der Globalisierung.

Die Krise ist längst da

Zur Frage nach dem Kredit und nach einer authentischen Form des Kredits kann ich Ihnen kein wirkliches Gegenkonzept anbieten. Und natürlich wird niemand mit der Pistole in die Bank gezerrt; aber ich kann sehr genau konstatieren, daß die Kredite übermäßig schmackhaft gemacht werden, daß sie zu hoch dimensioniert sind, daß sie nicht der Lebensrealität angemessen sind und daß sie immer ausgefeilter daherkommen.

Dazu kommen Faktoren wie dieser: Vor zehn Jahren lag der Preis eines deutschen Durchschnittsautos bei ca. 24.000 Mark. Heute liegt er ca. 10.000 Euro höher. Der Kredit, den ich dafür aufnehme, ist zwar im Zinssatz ein wenig billiger geworden, weil die Banken untereinander konkurrieren; aber mein Kredit muß ja insgesamt viel höher sein, was die Sache wieder erschwert. Außerdem gibt es immer wieder Angstschürereien, die an das Sicherheitsdenken der Menschen appellieren, eigentlich aber nur auf ihr Geld zielen. Eine Zeitlang wurde Menschen, die eigentlich gar nicht in der Lage dazu waren, schmackhaft gemacht, aus Vorsorgegründen Eigentumswohnungen zu kaufen, indem man ihnen suggerierte, es sei besser, mit Eigentum fürs Alter vorzusorgen. So kauften sich Bauarbeiter Eigentumswohnungen und gerieten in die Kreditfalle, ohne daß der Pfändungsschutz mitwuchs o.ä.

Wir befinden uns also in einem Dilemma: Erstens ginge es uns ganz einfach schlechter, wenn wir die Kredite nicht hätten; unsere Ansprüche werden ja bekanntlich immer höher. Zweitens käme die Wirtschaft, die ja großen Wert auf Aufschwung legt, ins Stagnieren, wenn wir keine Kredite hätten; VW Wolfsburg würde sehr schnell pleite gehen, wenn ich keinen Car-Kredit aufnähme, und der Zahnarzt könnte sich seinen hochmodernen Zahnarztstuhl ohne Kredit nicht leisten. Außerdem kommt niemand, der sich selbständig macht, ohne einen Kredit aus.

Die Kreditvergabe wird immer raffinierter, unsere Konsumhaltung bleibt beharrlich die gleiche, wächst also, die Arbeitslosigkeit wächst auch –, und ich sehe hier seit ca. drei bis fünf Jahren sehr genau, daß ein sehr großer Knick eingetreten ist. Die Krise ist schon lange da, nur will man es nicht wahrhaben und verdrängt es. Wir denken eben immer noch, wir müßten alles bekommen.

Die ganze Welt ein Irrenhaus

Im Zuge der Europäisierung und Globalisierung sieht es so aus, daß wir Deutschen uns bald an den Portugiesen messen müssen, nicht umgekehrt. Von der Politik wurde diesbezüglich – z.B. in der Frage der Mindestlöhne – einfach ein falscher Zungenschlag ausgegeben. Während wir seit den 80ern einen Berg von Arbeitslosen vor uns herschieben, der immer größer wird – wenn man auch tönt, er würde schmelzen –, sind die sogenannten Billigarbeitsplätze weggefallen, weil sie sich ins Ausland verlagert haben. Die Walnüsse, die Möwenpick für sein Eis braucht, werden inzwischen in China geknackt und nicht mehr hier von der Frau, die es zu Hause für ein Zweiteinkommen erledigte. Vor einigen Jahren schloß die letzte Hemdenfirma Deutschlands, die in Franken für C&A und namhaftere Firmen die Kragen an die Hemden annähte: Das wird jetzt in Moldawien erledigt.

Und in Polen haben die Landwirte nicht mehr genug Erntehelfer zur Verfügung, weil diese nach England und Italien abwandern – nicht mehr in die BRD! –; denn dort bekommen sie bessere Löhne. Die Polen fliegen also inzwischen tatsächlich chinesische Erntehelfer ein. Da fasse ich mir doch an den Kopf und frage mich: Wann kommen die denn auf der anderen Seite der Erdkugel wieder an? Hier in Deutschland holt man sich inzwischen Spargelstecher aus der Ukraine – und ich bin einfach nur noch fassungslos. Manchmal denke ich, die ganze Welt ist ein Irrenhaus, und ich stehe mittendrin. Das ist doch nicht richtig!

Wir sind aber selber schuld; denn *wir* sind es ja, die die Aktien kaufen. Wobei ich betone: Ich habe keine einzige.

Wir müssen Arbeit neu werten!

Wenn Sie mich nach einem Lösungsansatz für das Ganze fragen, zögere ich; aber ich weiß, daß z.B. etwas mit dem Arbeitsbegriff nicht stimmt. Wir sind einfach in ganz neue Verhältnisse hineingeraten, und wir sind ihrer nicht Herr. Früher wurde ich Schuster, weil es meine Fähigkeit war, und ich blieb Schuster. Heute ist im Arbeitsleben nichts mehr von Dauer, bis auf ganz wenige Bereiche; und von Schering über die Telekom bis hin zu den Banken hört man eine Horrormeldung nach der anderen: Entlassungen, Entlassungen; einstellen – rausschmeißen. Das heißt aber: Bis auf die Beamten haben die Menschen keinerlei Planungssicherheit, was sich wiederum auf die Kreditvergabe auswirkt; denn da werden ja Sicherheiten gefordert. Die Katze beißt sich also überall in den Schwanz.

Und wenn ich höre, die Arbeitslosigkeit sei zurückgegangen, dann weiß ich sofort, wie die Statistiken gerechnet werden: Wenn ein Ein-Euro-Jobber zehn Tage krank war, mußte er früher aus der Maßnahme herausgenommen werden; heute darf er 30 Tage drinbleiben, was 20 Tage Gewinn für die Statistik bedeutet: Er ist nicht arbeitslos! Wenn ich das hochrechne, bin ich bundesweit sofort auf 500.000. Statistisch kann man also sehr viel schönen.

Der Arbeitsbegriff läßt mir aber keine Ruhe, denn auch wenn ich kein Lösungskonzept habe, weiß ich trotzdem, daß ein Umdenken erforderlich ist. Die Moral muß sich ändern, wir müssen Arbeit neu definieren und ganz neu werten! Wir müssen uns klarwerden, daß es keine Schande ist, die Straße zu kehren!

Wir müssen umdenken!

Wenn ich auf die junge Generation schaue, sehe ich, daß wir Ansprüche herangezüchtet haben, die sich gar nicht erfüllen lassen. Wir überstrapazieren das soziale Netz, was ich hanebüchen finde; aber auch hier habe ich nicht den idealen Gegenvorschlag. Jeder Bezirk Berlins hat z.B. eine Schule, in der diejenigen sind, die mit dem Hauptschulabschluß nicht zurechtkommen. In einer neuen Schulmaßnahme wird jetzt versucht, diese 17- bis 18jährigen für den Hauptschulabschluß zu qualifizieren; gleichzeitig bekommen sie aber Hartz IV. Hartz IV ist viel und wenig zugleich: Es ist aber immer mehr als dasjenige, was sie auf der unteren Berufsskala verdienen können. Wie will ich also jemanden zur Arbeit motivieren, wenn a) die Arbeitsplätze nicht da sind und b) die Jungens für Knochenarbeit und Frühaufstehen weniger Geld bekommen als bei Hartz IV?

Damit will ich keinesfalls sagen, daß Hartz IV zu hoch ist, denn das wäre Problembär-Denken. Ich will aber sagen, daß wir umdenken müssen! Arbeit muß ihren Wert wiederbekommen, denn sonst sitze ich eben lieber zu Hause und ziehe mir den ganzen Tag Talkshows unterschiedlichsten Niveaus rein, wobei ich nach und nach verblöde und unfähig werde, irgend etwas zu tun. Ich habe also kein Patentrezept; aber ich behaupte ja auch nicht, eines zu bieten. Ich versuche aber, mir an entscheidender Stelle Gehör zu verschaffen und an anderer Stelle zu helfen.

Ratlosigkeit in den entscheidenden Fragen

Wer aber behauptet, Patentrezepte anbieten zu können, sind die Politiker! Doch die stürzen sich lieber auf Raucher, Dicke – und bald wahrscheinlich auf Brillenträger. Die Regierung legt in der Frage der Arbeit und Arbeitslosigkeit nichts als Ratlosigkeit an den Tag! Wenn auch nur einer dort sich mit der gleichen Intensität auf die Frage der Arbeit stürzte, wie er sich auf die Raucher stürzt, wäre das doch toll! Statt dessen wird nur Vernebelungstaktik produziert: Jeder hat zu allem irgendein Statement. Politiker denken eben nur im eigenen Etat und in Wahlperioden; Zusammenhänge und der Blick fürs Ganze sind ganz und gar verlorengegangen. Früher gab es zwar unerträgliche Elefantenrunden, aber es waren wenigstens Elefantenrunden; heute sitzen dort nur noch Leichtgewichte. Bei einer Wahlbeteiligung von 37 Prozent fühlt sich mit einem Mal jeder als Sieger; niemand macht sich aber doch sinnvolle Gedanken oder arbeitet originelle Programme aus.

Ich kann die Wahlmüdigkeit gut verstehen, denn wieviel Schaden hat allein ein Mann wie Hartz angerichtet! Das ist hanebüchen. Außerdem gehen Skandale quer durch die politische Landschaft, deren Imageschaden in null Komma nichts abgeschüttelt wird. Man bezichtigt einen Politiker der Wahlfälschung – und drei Tage später ist er wieder ministrabel? Vom kleinen Mann erwartet man aber Steuerehrlichkeit – und daß er den Gürtel enger schnallt?

So etwas zieht Schaden an der Gesamtbevölkerung nach sich, und diesen Schaden kann man gar nicht mehr gutmachen. Da braucht man sich über eine niedrige Wahlbeteiligung nicht zu wundern.

Alles wird komplizierter

Daß die BRD aber inzwischen auf der Korruptionsskala so weit oben steht, hat in meinen Augen auch mit dem Arbeitsbegriff zu tun und damit, wie man Arbeit wertet. Auch die Moralfrage stellt sich neu; denn so etwas wie Berufsethik – etwa Kaufmannsehre o.ä. – geht immer mehr den Bach runter. Ich sage also: An den entscheidenden Stellen stimmt das Ganze nicht.

Statt sich z.B. wirklich den Fragen des Miteinanders zu stellen, läßt man alles immer komplizierter werden. In Dänemark bekam ein Minister, der in eine Rangelei geriet, als man aus Jux sein Namensschild am Haus abschrauben wollte, tüchtig eins auf die Nase; das entstandene Verfahren wurde aber wegen Geringfügigkeit eingestellt. Derjenige, der dem BRD-Kanzler eine Ohrfeige gegeben hat, sitzt aber für ein halbes Jahr ein! Ich finde es auch nicht richtig, den Kanzler zu ohrfeigen; aber das ist für mich ein Zeichen dafür, daß die Frage des Miteinanders nicht mehr stimmt. Mir gefällt die dänische Variante wesentlich besser.

Das Miteinander kommt zu kurz

In einer Veranstaltung mit Maybrit Illner mußte ich mir von Herrn Steinbrück einen Rüffel gefallen lassen, als ich wagte zu sagen, daß in der BRD der Mittelstand immer mehr verarmt. Er sagte doch tatsächlich ganz empört, daß ich doch wissen müsse, daß die SPD seinerzeit eine Steuerreform hatte.

© GNU Foto: Qualle

Peer Steinbrück

Der einzelne zieht sich, statt seine Macht zu nutzen – die er hat! –, immer mehr in den Einkommenserwerb zurück. Der Mittelstand schmilzt, die Gruppe der Armen wird größer, die der Gutverdienenden auch – und die Schere geht immer weiter auseinander. Ärmere und Mittelstand verweigern sich aber immer mehr dem Sozialgedanken. Das Miteinander muß aber von uns allen anders gewichtet werden! Ich renne ja auch meiner Arbeit hinterher und kann mich nicht soviel um meine kranke Mutter kümmern, wie ich es gerne tun würde. Wir haben also alle füreinander keine Zeit mehr, weil wir alle an uns selber denken müssen.

Generation der Ansprüche

Unserer Jugend wird gleichzeitig eingebleut, sie müsse viel erleben; die Fitneßcenter und Spaßbäder werden immer größer, die Handys immer raffinierter. Alles, was man aber machen muß, um cool zu sein, kostet Geld. Schon für eine vierköpfige Familie sind Zoobesuch mit U-Bahn-Anfahrt und einem kleinen Eis hinterher gar nicht mehr zu bezahlen. Die Lehrer wundern sich aber, daß die Eltern eintägige Klassenfahrten nicht finanzieren können, und organisieren lieber weiter Klassenfahrten nach Wien, statt mit den Kindern in den Harz zu fahren. Aber warum sollte auch eine 13jährige in den Harz wollen, wenn sie mit vier Jahren schon auf Mallorca war? Denn dahin kann ich ja für 99 Euro zum Shoppen fliegen.

Daß ich mich mit dem neuesten Handy stundenlang mit meinem Kumpel per SMS darüber verständige, wo man sich nun vielleicht trifft – um hinterher zu keinem Ergebnis zu kommen, weil nur Sinnlosigkeiten ausgetauscht worden sind, ist das eine; schlimm genug. Daß es aber zwanzigmal soviel kostet wie eine mündliche Verabredung und daß es auch noch von der Werbung forciert und als Selbstverständlichkeit verkauft wird, ist das andere. So wird die Konsumhaltung also schon herangezüchtet, und man kauft sich mit Geld, das man nicht hat, Dinge, die man nicht braucht, um Leuten zu imponieren, die man nicht mag. Die Jugend soll lebensfroh und konsumfreudig sein, denn sonst stagniert die Wirtschaft.

Gleichzeitig ist das Minderwissen hanebüchen. Genau die, die nur noch über SMS kommunizieren, sind nämlich diejenigen, die hinterher keinen Dreizeiler mehr schreiben können. Der Unterricht hat den Bezug zum Leben verloren, und die Institution Schule fördert auch nur begrenzt, das Leben zur Tür hereinzulassen.

Ich habe oft mit Schülern und Lehrern zusammengearbeitet, einfach weil ich wichtige Dinge zu sagen hatte. Als mich z.B. ein Mathematiklehrer zu Veranstaltungen mit Schülern, Eltern und Lehrern einlud und mich für Fort- und Weiterbildungen engagierte, da waren meine Veranstaltungen immer gut besucht, und die Nachfrage war groß. Das Ganze endete in einer Veranstaltung in Kassel, wo ich vor 150 Schuldnerberatern über die hier berührten Zusammenhänge gesprochen habe – woraufhin die Rektorin den Mathematiklehrer zurückgepfiffen hat: Es sei zuviel, was er da mache. Sie sagte alle weiteren Veranstaltungen ab. In einem Wirtschaftsunternehmen hätte der Mathematiker Beförderung und Gehaltserhöhung bekommen – hier wurden ihm die Stunden gekürzt, worauf er alles bleibenließ.

Als dann beim Bildungssenator Böger meine Veranstaltungen angefragt wurden, sagte er, es sei kein Bedarf, denn Jugendliche könnten sich vor dem Alter von 18 Jahren nicht verschulden. Das war besonders weitsichtig gedacht vom Bildungssenator! Es gibt ja auch ein 19. Lebensjahr – aber dafür fühlte er sich nicht mehr verantwortlich. Ich erlebe bei meiner Arbeit 22jährige, die Schulden über 22.000 Euro haben: Die hätten sich bestimmt gefreut, wenn ich ihnen vier Jahre vorher ein wenig Einblick in die Zusammenhänge gegeben hätte.

Schuld an den Schulden?

Ich höre von besonders schlauen Journalisten immer wieder die Frage, ob der einzelne, der in die Schuldenspirale gerät, nicht selber schuld sei. An dieser meistens etwas besserwisserischen Haltung kann man aber eines gut erkennen: welchen Schuldbegriff die Leute haben! Schuld ist in *meinen* Augen derjenige, der grob fahrlässig oder mit dem Willen und Wissen, die Rückzahlungen nicht leisten zu können, einen Kredit aufnimmt. Das stimmt aber nur in den allerwenigsten Fällen!

Ich erlebe, daß die Rückzahlungsmoral sehr hoch ist, und ich kenne kaum einen Fall, in dem der Kreditnehmer nicht zu Beginn felsenfest überzeugt gewesen wäre, den Kredit zurückerstatten zu können. In Deutschland gibt es eine extrem hohe Rückführung der Kredite. Ich weiß von einem ehemaligen Sparkassenvorstand, daß die Ausfallrate bis vor kurzem unter zwei Prozent lag! Den Banken geht es also nicht schlecht. Die Deutsche Bank bietet ja inzwischen bei Rossmann in der Fotoabteilung Mitnahmekredite an; die Angst kann also nicht allzu groß sein und das Geschäft nicht allzu klein.

Man führt sich auch nicht vor Augen, daß das Verbraucherinsolvenzrecht trotz Restentschuldung in Deutschland sehr streng ist! In Amerika kostet Sie das ganze Verfahren 186 Dollar, und in zwei Jahren sind Sie schuldenfrei. Bei uns durchläuft das Ganze nach dem Versuch der außergerichtlichen Einigung und der Schuldenbereinigungsphase die sogenannte Wohlverhaltensphase des Schuldners, die ursprünglich sieben Jahre betrug, inzwischen sechs. Die Zahl sieben war übrigens ganz bewußt gewählt und bezog sich auf die sieben mageren Jahre, die den sieben fetten Jahren folgen – es ist also ein alttestamentarisches Motiv, was wiederum auf das Schuldprinzip hindeutet. In dieser Zeit wird alles, was über der Pfändungsgrenze liegt, einem Treuhänder anvertraut, der das Geld an die Gläubiger verteilt.

© YORCK
Philipp Veit
Freskenzyklus der Casa Bartholdy in Rom, Szene: Die sieben fetten Jahre.
1816–1817, Fresko, Berlin, Alte Nationalgalerie

© YORCK
Friedrich Overbeck
Freskenzyklus der Casa Bartholdy in Rom, Szene: Die sieben mageren Jahre.
1816–1817, Fresko, Berlin, Alte Nationalgalerie

An Ideen mangelt es nicht

Zu meiner Arbeit als Schuldnerberater kann ich sagen: Sie macht mir großen Spaß. Das liegt daran, daß ich Ungerechtigkeit noch nie ertragen habe – und mir nie vorstellen könnte, auf der Seite der Staubsaugervertreter und Überreder zu sein. Es ist mir viel wohler dabei, mit konkreter Hilfe mein Brot zu verdienen als auf andere Art. Das verlangt Erfindungsreichtum und unkonventionelle Lösungen; und das liegt mir.

Ich arbeite weitgehend in Eigenregie, weil wir ein Verein sind, der wie eine Art GbR funktioniert, was vom Senat sehr clever ist: Mit der Auslagerung der Schuldnerberatung läßt er alle Risiken bei mir als dem Vorsitzenden. Ich habe den Mietvertrag unterschrieben, habe den Kopierer gekauft usw., und im Ernstfall springe ich mit meinem Geld ein. Das Mobiliar habe ich eigenhändig vom Kulturverband der DDR hier heruntergetragen, während man dort auf dem Bezirksamt inzwischen alles neu hat. Meine junge Mitarbeiterin, die inzwischen die zweite Vorsitzende und meine künftige Nachfolgerin ist, ist vor zehn Jahren hier eingestiegen und ganz und gar unentbehrlich geworden. Wenn sie irgendwann einmal ihre Überstunden nähme und sagte: Ich bleibe jetzt ein Vierteljahr zu Hause – dann müßte ich mir sagen: Gott sei Dank hat sie sich nicht ein ganzes Jahr genommen. Wir wirbeln also wirklich mit Begeisterung.

Es mangelte mir auch nie an Ideen: Ich war einer der ersten, der eine Fachtagung zum Thema „Jugend und Schulden" gemacht hat. Ich gab Postkarten heraus, entwarf Plakatserien, ging an Schulen, auf Veranstaltungen, hielt Vorträge; und seit über zehn Jahren habe ich keinem einzigen Journalisten – egal ob von der Bildzeitung oder vom Tagesspiegel – die Tür gewiesen. Ich habe jeden Fernsehauftritt wahrgenommen, egal ob mit oder ohne Geld – und die meisten waren ohne Geld. Es war mir einfach sehr wichtig, die Botschaft nach außen zu transportieren.

Hätte ich auf dem Bezirksamt gearbeitet, dann hätte ich mich mit meinen Ideen mühsam nach oben arbeiten müssen. Mein Abteilungsleiter hätte sie als seine verkauft, und der Stadtrat hätte sie vermutlich zurückgewiesen. Das hätte alle Kreativität zerstört. So brauche ich mich nur zu fragen: Habe ich die Idee? Habe ich das Geld? Hilft mir jemand? An Ideen mangelt es mir nie, am anderen schon eher.

Ganz oben steht die Würde

Das, was wir hier in der Schuldnerberatung tun, ist größtenteils Sozialarbeit; es hat etwas Pastorales, etwas Psychologisches, manchmal auch etwas Medizinisches; etwas Pädagogisches hat es sowieso – und es ist sehr zeitaufwendig und nicht monetär. Das unterscheidet uns z.B. von einem Rechtsanwalt, der außerdem keine anderen Rechtsgebiete kennt als das eigene.

Wenn sich hier bei mir Juristen oder Betriebswirte bewerben, so gehen sie meistens davon aus, daß sie mit ihrer Qualifikation wuchern können – aber ich desillusioniere sie sehr schnell und sage: Hier wirst Du ein Jahr lang nicht viel mit der Juristerei anfangen können; es geht erstmal ums Menschsein, um Erfahrungen auf bestimmten sozialen Gebieten und um ganz andere Fähigkeiten. Wir müssen die Menschen ja da abholen, wo sie stehen – und sie stehen oft sehr vereinsamt, werden durch Mechanismen wie Arbeitslosigkeit in die völlige Isolation getrieben und wechseln oft mit niemandem ein Wort.

Jeder, der kommt, soll hier frei atmen dürfen; die Belastung ist ohnehin groß genug, und das Wasser steht ihm bis zum Hals. Wir bekommen sehr viel Leid zu Gesicht, und eines steht ganz oben: Die Menschen dürfen nicht das Gefühl haben, ihre Würde zu verlieren. Die Frau, die mir gegenübersitzt, wird nicht selten zu Hause vom besoffenen Mann geprügelt, und deswegen muß ich ihr Luft zum Atmen geben. Das heißt nicht, daß ich nicht bisweilen ein hartes Wort spreche! Denn wenn die Menschen mitunter etwas mißbrauchen, ist es ihr Recht auf Dummheit. Wenn ich jemandem einen Musterbrief an die Hand gebe, und er schreibt in seiner Abschrift „Musterbrief" darüber, dann wird mir klar, daß ich bisweilen den IQ einer Schrankwand aufbringen muß, um nachzuvollziehen, was alles möglich ist. Ich bringe diesen IQ dann aber auch auf, und ich verletze dabei nie die Würde des anderen.

Wenn jemand am Ertrinken ist und um Hilfe schreit, kann ich ihn ja nicht anbrüllen: „Wie kommst Du Blödmann denn in die Mitte des Sees, wo Du nicht schwimmen kannst! Wärst Du eben am Ufer geblieben!" – sondern ich muß reinspringen und ihn rausholen. Hinterher kann ich sagen: „In Zukunft bitte nur noch mit dem Boot oder mit Schwimmflügeln!" – vorher nicht.

Wir haben also inzwischen eine sehr hohe Akzeptanz, obwohl natürlich keiner wirklich gerne kommt. Es wächst ohnehin der Bedarf enorm, weil die Situation insgesamt krisenhaft ist, und das Beratungsangebot kommt nicht hinterher.

Das schaffen wir irgendwie!

Die Menschen kommen aus unterschiedlichen Gründen, aber eines eint sie alle: Der berühmte Kreditunfall, der durch den Eintritt eines unerwarteten Ereignisses hervorgerufen wird: Krankheit, Scheidung, Arbeitslosigkeit. Bei Kreditaufnahme hatten diese Menschen nicht vor, den Gläubiger zu betrügen; sie waren im festen Glauben: Das schaffen wir irgendwie. Und in diesem „irgendwie" liegt das Problem. Diese Schuldner sind die sogenannten Krisenschuldner.

Krise zieht Krise nach sich

Was die Arbeitslosigkeit betrifft, so gab es ja 2005 bundesweit 40.000 Firmenpleiten, im Jahr davor 36.000. Die Arbeitswelt hat sich stark verändert, und mit 40 gehöre ich u.U. schon zum alten Eisen. Wenn ich aber 50 bin und dreimal krank war, finde ich vielleicht nie wieder den Einstieg, weil mein Arbeitgeber nur darauf wartet, mich loszuwerden.

Krisen dauern unterschiedlich lange, und vielleicht kann ich mich aus eigener Kraft befreien. Aber Krisen haben es leider meistens an sich, daß eine Krise die nächste nach sich zieht: Ich bin arbeitslos geworden, mein Mann sitzt ohnehin schon zu Hause, das Geld reicht nicht, es gibt Ehestreit, er fängt an zu saufen, vielleicht droht Scheidung, aufgrund der Krise komme ich meinen Zahlungsverpflichtungen nicht mehr nach, das Einkommen ist weg oder halbiert, die Kredite sind mit oder ohne eigenes Verschulden zu hoch dimensioniert, und alles gerät in einen Strudel.

Jetzt setzen die Banken die Schrauben an; ganz besonders tut sich da die Citi-Bank hervor. Statt sich die Lage wirklich anzuschauen und zu sagen: Du setzt jetzt ein Jahr aus, bis Du wieder im Lot bist – oder: Du zahlst statt 400 Euro monatlich nur 100 – sagen sie: Ganz oder gar nicht! Der Kredit wird nach zwei ausbleibenden Raten gekündigt und fällig gestellt!

Und damit beginnt der Kreislauf des Schwachsinns: Wenn ich die letzten drei Male meine 400 Euro nicht zahlen konnte, die Forderung aber fällig wird, woher soll ich denn dann die 35.000 nehmen? Was interessiert es die Banken! Verzugszins und Mahnverfahren fallen an, das Betreibungsverfahren beginnt zu laufen – was wiederum dazu führt, daß Zahlungsverpflichtungen kippen; es ist also der klassische Fall eines völlig unfruchtbaren Dominoeffekts.

Und jetzt geht es weiter: Beim Beitreiben zählt nicht etwa der olympische Gedanke – also: Dabeisein ist alles –, sondern nur der erste Gläubiger bekommt Geld. Er weiß also, daß es ums Ganze geht; denn nur wer an erster Stelle pfändet (falls überhaupt etwas zu pfänden ist), hat Aussicht, etwas zu bekommen. Bei den früheren Schuldenfällen ohne Insolvenzverfahren war das sehr kraß.

Aber auch unser heutiges Insolvenzverfahren ist oft nicht der adäquate Weg! Die Gesetzeslage verschärft sich also für den Schuldner; er findet keinen Weg aus der Spirale, eine Vielzahl von Zusatzkosten und Absicherungsforderungen stürmt auf ihn ein. Für ihn tritt eine verheerende, für den Gläubiger eine Muß-Situation ein: Wenn er nichts tut, geht er leer aus. Die Schulden steigern sich also hoch und höher – und welcher Arbeitgeber stellt so jemanden ein? Die Arbeitslosigkeit bleibt also, die der Auslöser der Krise war.

Wie groß ist die Not?

Mit solchen Krisenfällen haben wir also zu tun, und die Menschen rennen uns die Bude ein. Während wir aber früher lange Wartezeiten angeben mußten, habe ich die Sache dadurch verkürzt, daß ich die Menschen anfangs einen Fragebogen ausfüllen lasse, denn die Zeit soll nicht sinnlos mit Fragesituationen verplempert werden, wo sie doch für ganz anderes gebraucht wird. Ich reiße aber niemandem den Kopf ab, wenn er diesen Bogen unvollständig ausfüllt, weil er es nicht besser kann; es ist trotzdem sinnvoll, denn es schafft Bewußtsein bei meinem Gegenüber. Inzwischen haben wir durch diese Vorarbeit höchstens Wartezeiten von zwei bis drei Wochen, und das ist schon sehr zeitnah und wird nirgendwo anders erreicht. Ich kann mich also ganz dem Schuldner zuwenden, weil ich schon vor der ersten Begegnung ein Bild der Lage habe, und kann im Gespräch herausfinden: Was kann er selber machen? Wie groß ist die seelische Not? Was kann ich für ihn akut, mittelfristig und langfristig tun? Und da bin ich sehr findig.

Ich zeige den Menschen zu Beginn einen Musterordner für ihre Unterlagen und warte ihre Reaktionen ab. Zuckt jemand zusammen und ist völlig paralysiert – oder greift er nach dem Ordner, sieht ihn sich neugierig an und sagt: „Klar, das erledige ich"? Entsprechend kann ich ihn fordern und sein Eigenpotential hervorlocken – oder ich muß eben feinfühliger vorgehen und ihm eine stärkere Hilfeleistung anbieten.

Im Umgang mit Banken und Behörden bin ich ja ziemlich unerschrokken, und die Zeit, die ich investiere, um zu guten Lösungen zu kommen, macht sich für den Schuldner auf jeden Fall bezahlt. Er muß sie ja nicht bezahlen und ist trotzdem gefordert.

„Raus aus den Schulden" – die Sendung auf *RTL*

Was die Staffeln im Fernsehen betrifft, die auf *RTL* ausgestrahlt werden, wirft man mir bisweilen vor, es handle sich um Sozialporno, oder es sei alles zu einfach dargestellt. Das sehe ich aber ganz anders. Natürlich würde man aus einem Gespräch, wie wir beide es hier führen, viel mehr lernen – aber das wäre dann ein Fall für ein juristisches Seminar bei *ARTE* mitten in der Nacht; und die 500 Menschen, die ich damit erreichen würde, wären nicht diejenigen, die ich ansprechen will. Ich kann auch dem Zuschauer nicht zumuten, die intensiven Beratungsgespräche mit anzusehen, die ich mit den Menschen vor und nach den Aufnahmen habe.

Ich habe ja sozusagen als Serviceleistung in jeder Sendung verschiedene Botschaften, die einen erzieherischen Wert haben, der dem Zuschauer nützt, nicht mir. In der letzten Sendung konnte ich meine Kritik an der Politik unterbringen, die die Beratung einfach nicht genug fördert – was nach sich zieht, daß die Menschen unseriösen Insolvenzberatern auf den Leim gehen, die sie schröpfen, statt ihnen zu helfen.

Die lebensnahen Lösungen, die ich mit den Banken bespreche, beschleunigen sich durch das Fernsehen. Das sind Ergebnisse, die ich auch von hier aus erzielen würde; aber es würde einen längeren Schriftverkehr erfordern, den ich normalerweise nicht scheue, denn ich arbeite mit viel Einsatz.

Diesen Einsatz leistet ein Rechtsanwalt nicht, und wenn ja, dann mit vergleichsweise hoher Gebühr. Ein unseriöser Insolvenzberater leistet ihn schon gar nicht. Von dieser Sorte kreuzten aber einige nach der ersten Sendung bei mir auf und boten mir an, die Klienten zu übernehmen, die mir zuviel würden. Es gebe auch ein Honorar, das sich sehen lasse und über das man verhandeln könne! Na, ich danke bestens.

Das Geschenk bin ich!

Im Zusammenhang mit den Sendungen ist mir wichtig, daß diejenigen, die von mir dort beraten werden, kein Geld dafür bekommen. Es mag eitel klingen, ist aber ganz anders gemeint, wenn ich sage: Das Geschenk bin ich! – Sie bekommen aber eine Aufwandsentschädigung, und ich nehme die selbstauferlegte Verpflichtung zur Nachbetreuung sehr ernst.

Und wer meint, die Sache sei geschönt, der soll nur richtig hinsehen: Bei der ersten Staffel – als es sich um die verwahrloste Familie handelte, deren

Foto: RTL

Peter Zwegat bei der Arbeit

ältester Sohn auf mich zugekommen war, weil er den Pilotfilm gesehen hatte, und der Angst um seine Mutter hatte – war alles noch viel krasser als gezeigt! Es war die reinste Knochenarbeit.

Dort lag ja das Drama vor, daß Frau und Kinder den Tod des alkoholkranken Vaters als Befreiungsschlag empfunden hatten. Er war mit dem Hammer in der Hand auf der Jagd nach Frau und Kindern durch die Wohnung gerannt, wobei er Löcher in die Wände schlug und die Wohnung zerlegte. Man kritisierte mich später dafür, daß ich drei Ein-Euro-Jobber aufforderte, die Löcher in der Wand zu verputzen, damit die Familie mit einem Eimer selbstgekaufter Farbe die Wand streichen konnte: Es verstoße gegen die Positivliste. Die Familie konnte sich aber einen Maler gar nicht leisten! Ich sorgte dort auch dafür, daß die Caritas drei Leute schickte, die die in der Wohnung verstreuten Möbelteile so zusammenzimmerte, daß jedes Kind wieder ein Bett hatte.

Ich mußte also, während vier Kinder plärrten und zwei Hunde kläfften, mit der Frau sprechen, bei der Bank Zeit herausschinden, damit die Familie zu sich finden konnte, mußte das Jugendamt beeinflussen, damit der jüngere Sohn, der nicht mehr zur Schule ging und schon dreimal bei der Polizei davongelaufen war, nicht eingeknastet wurde, und gleichzeitig mußte Beratung stattfinden. Solchen Begebenheiten begegnet man bei den Dreharbeiten. Und wer sagt, die Sache sei geschönt, der muß nur drei Häuser weitergehen, denn da sieht es genauso aus.

In der Regel ist also nichts getürkt, wenn natürlich auch die Begrüßungsszenen bisweilen fünfmal aufgenommen werden müssen und verschiedene Einstellungen zehnmal gedreht werden, weil einmal ein Flieger übers Haus fliegt, ein andermal, wenn ich gerade vier Sätze gesagt habe, ein Kind mit der Fahrradklingel auf sich aufmerksam macht und das nächste Mal ein Laster vorbeifährt usw. Außerdem kann ich natürlich von einem Menschen, der Gott sei Dank einen Job hat, nicht verlangen, daß er sich ewig für Dreharbeiten Zeit nimmt. Ich muß also meistens über das Wochenende drehen, denn sonst sagt ihm der Arbeitgeber: Also hör mal, nun ist es aber genug. Wenn ich aber sage: Sie müssen darüber nachdenken, ob Sie Ihr Auto abschaffen! – dann muß auch Zeit zum Nachdenken sein; also kann ich erst vier Tage später weiterdrehen.

Solche Dinge hat man da also zu lösen, und es ist auch für die Klienten eine harte Belastungsprobe. Die Produktionsfirma fragt mich aber in der Regel, wie ich es haben will; das erleichtert alles und ermöglicht, daß wir effizient und menschlich arbeiten.

Jetzt finde ich es nicht mehr schrecklich!

Die Mutter der beschriebenen Familie rief mich übrigens an, nachdem sie die Staffel gesehen hatte, und sagte mir, sie finde den Film ganz gräßlich – und zwar deswegen, weil der völlig übermüllte Keller zu sehen gewesen sei. Ich sagte darauf: „Frau Reinholdt, es sah aber doch genauso aus! Aber das viel Wichtigere an dem Film ist, daß man sieht, daß Sie tolle Arbeit geleistet haben." Diese Frau schaut nämlich inzwischen ganz anders in die Welt; und wenn sie auch die Briefe, die sie bekommt, nicht versteht, so öffnet sie sie inzwischen wenigstens und liest sie mir am Telefon vor. Als sie den Film am zweiten Tag gesehen hat, fand sie ihn dann auch gut, rief mich an und erzählte es mir.

Schlechte Startchancen – gut ausgeschöpft!

Daß ich also diese Arbeit, die eine starke soziale Komponente hat, leiste und inzwischen im ehemaligen Osten arbeite – was ich schon kurz nach der Wende tun wollte, zunächst aber nicht durfte –, ist auch ein wenig meiner eigenen Geschichte geschuldet. Ich bin 1950 im Ostteil Berlins geboren – und zwar als Sohn eines Volkspolizisten in einem katholischen Krankenhaus an einem Aschermittwoch. Vopos waren 1950 nicht besonders gut gelitten, und mein Vater war zuletzt Grenzgänger, der im Westen arbeitete, aber im Osten lebte. Die letzten drei Jahre ging das gut; dann wurde mein Vater angeschwärzt, und wir „machten" in einer Nacht- und Nebelaktion „rüber" in den Westen; ein Jahr vor dem Mauerbau, als ich gerade zehn Jahre alt war.

Mir war sofort nach der Wende glasklar, daß die Situation im Osten ganz furchtbar werden würde; denn nach dem Mauerfall war dem Westen kein Trick zu alt, um nicht raubritterartig im Osten einzufallen und ihn, leider meist erfolgreich, anzuwenden. Der Senat reagierte aber zunächst nicht auf meine Vorschläge und bot mir erst 1992 fünf Bezirke zur Auswahl, von denen ich Friedrichshain wählte.

Als 1986 die sechste Schuldnerberatung Westberlins eröffnete, bei der ich mitarbeitete, steckte die Schuldnerberatung ja noch in den Kinderschuhen – eher noch in Füßlingen! – und wurde von überhaupt niemandem ernst genommen, sondern lächelnd in die „Sozialfuzzi"-Ecke geschoben. Erst allmählich merkte man, daß die Menschen nicht mit ihrem Geld zurechtkamen und im Sozialbereich aufliefen.

Heute hingegen hat die Schuldnerberatung eine sehr hohe Akzeptanz; und nicht umsonst habe ich hier eine Einladung zu einer Veranstaltung zur Kreditreform liegen. Vor zehn Jahren wäre es undenkbar gewesen, zu einer solchen Tagung einen Schuldnerberater einzuladen. Man arbeitet aber einfach effizient und nutzt unsere Kompetenz; und selbst die Banken greifen immer wieder auf uns zurück. Im Zuge der Insolvenzverfahren ist es oft besser, uns zuzustimmen und lieber weniger Geld zu bekommen, als das Eintreiben weiter mit der Keule zu betreiben und leer auszugehen. Man nimmt unsere Dienstleistungen gerne an! Das hat unsere Position gestärkt.

Haushalten!

Dennoch wird in die verschiedensten Beratungsformen zuwenig investiert bzw. werden sie immer weiter beschnitten. Wir wissen alle, wie viele alleinstehende Mütter es gibt, und ich habe täglich hier welche sitzen. Die Anzahl der Beratungsstellen für alleinstehende Mütter ist in unserem riesigen Bezirk aber von früheren 24 auf drei oder vier geschrumpft. Kosten sparen ist das eine; aber wenn die Sache gegen null geht, erhebe ich doch den mahnenden Finger!

Vielleicht erlaubt die Politik mir ja einen gutgemeinten Ratschlag: Ökonomischer, als nur auf den eigenen Etat und die Legislaturperiode zu starren und im Sozialen immer weitere Streichungen zu vollziehen, wäre es, den gesamten Beratungsbereich zu unterstützen. Das Geld, das man sich diese Stellen kosten läßt, spart man an anderer Stelle unbedingt ein; das ist doch vollkommen klar. Wenn wir also schon von Haushalten sprechen, empfehle ich, hier umzudenken; es wird sich bezahlt machen – oder als Unterlassungssünde rächen.

Oft weist aber die Politik ja genau das von der Hand, was auf der Hand liegt.

Wir können die Welt, wie sie sich unserem Alltagsbewußtsein darbietet, nicht als ein Endgültiges hinnehmen. Die Welt nicht, und auch uns selber nicht (...) Aber ein Vorhang verdeckt uns das Geheimnis. Manchmal lüftet er sich ein wenig, im Traume. (...) Unsagbar Herrliches und ungeahnt Furchtbares offenbart sich in Traumesspielen. Verborgene Seelenkräfte zeigen sich da an. Mit Staunen sehen wir, was wir an Edlem wie an Gemeinem in uns tragen. (...) Jeder Mensch ist ein Drama!

Rudolf Frieling

Schleichende Vergiftung

Interview mit Mathias Wais

von Wolfgang Weirauch

Mathias Wais, *geb. 1948 in Stuttgart. 1968–76 Studium der Psychologie, Judaistik und Tibetologie in München, Haifa (Israel) und Tübingen. 1974–76 Lehranalyse und psychoanalytische Seminare. 1976–78 Tätigkeit als Neuropsychologe. 1977–78 u. 1981–84 Ausbildung in Verhaltenstherapie. 1978–81 Neuropsychologe an der Rehabilitationsklinik Neckargemünd. 1981–84 Neuropsychologe am Rehabilitationskrankenhaus für Kinder und Jugendliche in Gailingen/Bodensee. 1984–85 Leben und Arbeiten in der Dorfgemeinschaft Lehenhof (Bodensee); dort Fortbildung in Heilpädagogik und Sozialtherapie.*

Seit 1985 Leiter der „Beratungsstelle für Kinder, Jugendliche und Eltern" in Dortmund. Arbeitsschwerpunkte: Biographieberatung, sexueller Mißbrauch, Jungenpädagogik, Erziehungsberatung, Tätertherapie, Notfallpsychologie. Seit 1994 Mitarbeit im Modellprojekt „Ambulante Therapie mit Sexualstraftätern" des Justizministeriums NRW. – Mathias Wais ist verheiratet und hat zwei Kinder.

Buchveröffentlichungen u.a.:

- *„Biographiearbeit – Lebensberatung" (Verlag Urachhaus, Stuttgart 1996),*
- *„Trennung und Abschied. Der Mensch auf dem Wege" (Verlag Johannes M. Mayer, Stuttgart 1998),*
- *„Sexueller Mißbrauch" (Verlag Gesundheitspflege Initiativ, Esslingen 1999),*
- *„Töte, Lama, noch einmal. Karma-Thriller" (Verlag Johannes M. Mayer, Stuttgart 1999),*
- *„Kindheit und Jugend heute – Sinn und Unsinn der Erziehung" (Verlag Johannes M. Mayer, Stuttgart 2000),*

– *„Ich bin, was ich werden könnte" (zus. mit U. Meinardus, Verlag Johannes M. Mayer, Stuttgart 2001),*
– *„Neuropsychologie für Ergotherapeuten. Grundlagen und Behandlung" (verlag modernes lernen, Dortmund 2001),*
– *„Als Marilyn Monroe in den Himmel kam. Diskurs über die moderne Biographie" (Verlag Johannes M. Mayer, Stuttgart 2005).*

Anschrift: Beratungsstelle für Kinder, Jugendliche und Eltern, Hesseweg 24, D-44328 Dortmund.

Noch immer gehört der sexuelle Mißbrauch von Kindern und Jugendlichen zu den Tabuthemen unserer Gesellschaft – und das, obwohl geschätzt wird, daß annähernd jedes vierte Mädchen und jeder neunte Junge in irgendeiner Form sexuell mißbraucht werden. Mitten unter uns werden Seelen manipuliert und nicht selten sogar zerstört! Mitten unter uns geraten Menschen in Lebenskrisen, die oft das ganze Leben andauern. Es ist an der Zeit, daß wir nicht länger wegschauen!

Der Neuropsychologe und Sozialtherapeut Mathias Wais berichtet in dem nachstehenden Interview über die Formen des sexuellen Mißbrauchs, die Täterstrategie, die leiblichen und seelisch-geistigen Folgen für die Opfer, über die Täter- und Opfertherapie und wie man sich als Außenstehender verhalten kann, wenn man in seiner Umgebung mit sexuellem Mißbrauch konfrontiert wird.

Wolfgang Weirauch: Was verstehen Sie unter einer Lebenskrise?

Mathias Wais: In eine Lebenskrise kommt ein Mensch, wenn die Strategien, die ihn bisher getragen haben, mehr oder weniger zusammenbrechen und man nicht mehr auf routinierte Handlungsstränge zurückgreifen kann. Bei dem einen kann es zum körperlichen oder auch zum psychischen Zusammenbruch führen; bei einem anderen wird daraus der Ansporn, neue Lösungswege zu suchen.

Der Täter schleicht sich in das Kind ein

W.W.: In eine solche Lebenskrise führt der sexuelle Mißbrauch seine Opfer. In einer Ihrer Veröffentlichungen vergleichen Sie die Situation des sexuellen Mißbrauchs mit der Situation einer Wohnung, die man nie richtig bezieht und die deshalb einen Bahnhofscharakter bekommt, weil immer ein anderer Zugang hat. Können Sie das einmal etwas genauer erläutern?

M. Wais: Dieses Bild bezieht sich auf das eigene Körpergefühl, die Kontrolle über den eigenen physischen Leib. Der Täter ist derjenige, der immer mehr über den Körper und das Wesen des Kindes verfügt, indem er sich mehr und mehr einschleicht. Meist manipuliert er das Kind so stark, daß das Kind die Taten des Täters bejaht oder gar selber will. Und wenn sich diese Vorgehensweise über Monate oder Jahre hinzieht, hinterläßt sie bei dem Kind das Gefühl, daß sein Körper gar nicht ihm gehört, daß es gar nicht über seinen Körper verfügen kann, sondern daß andere über seinen Körper verfügen.

Das Kind erkennt sich nicht als Opfer

W.W.: Wie definiert man genau sexuellen Mißbrauch?

M. Wais: Juristisch ist sexueller Mißbrauch etwas anderes als psychologisch. Juristisch geht es dabei um den Geschlechtsverkehr in jeder Form. Aber man spricht juristisch auch von sexuellem Mißbrauch, wenn Kinder in offensichtlicher Weise von Erwachsenen zu sexuellen Betätigungen herangezogen werden, wie z.B. zum gemeinsamen Schauen von Pornos. Psychologisch fängt der Mißbrauch viel früher an und kann sich auch in einem Bereich halten, der nicht juristisch relevant wird – also wenn z.B. die Beziehung zwischen dem Mißbraucher und dem Kind nach und nach erotisiert wird, wenn der Täter das Kind an sich bindet und die Beziehung allmählich sexualisiert. Die eigentlichen Übergriffe bewegen sich dabei in einem Rahmen, der juristisch noch nicht wirksam ist – z.B. wird das Kind auf den Schoß genommen und gestreichelt. Langfristig gesehen sind diese Übergriffe genauso schlimm wie sexuelle Handlungen im engeren Sinne des Wortes.

Bei einer direkten Vergewaltigung dagegen erlebt sich das Kind als Opfer. Natürlich ist das schlimm; aber das Kind kann sich gegen diesen Übergriff innerlich wehren. Wenn sich der Täter aber nach und nach – um noch einmal das Bild der Wohnung zu nehmen – einschleicht, kann sich das Kind gar nicht als Opfer erkennen. Das ist aus psychologischer Sicht mindestens genauso gravierend wie der direkte sexuelle Übergriff.

W.W.: Sobald man sich näher mit dem sexuellen Mißbrauch beschäftigt, hört und erfährt man von immer mehr Fällen in der eigenen Umgebung, in der man es überhaupt nicht für möglich gehalten hätte. Ist es so, daß der sexuelle Mißbrauch in den letzten Jahrzehnten zugenommen hat, oder ist man allgemein nur wacher geworden?

M. Wais: Das kann ich nicht klar beantworten. Mißbrauch gab es eigentlich in allen Kulturen und allen Kulturepochen. Ob der sexuelle Mißbrauch tatsächlich in den letzten Jahren zugenommen hat, vermag ich nicht genau zu sagen; sicherlich aber ist die Kommerzialisierung durch das Internet verstärkt worden. Viele Täter stellen Bilder von Kindern ins Netz, und in diesem Bereich gibt es auch organisierte Kriminalität. Ob der private Mißbrauch auch zugenommen hat, ist nicht sicher erforscht; auf jeden Fall ist man wacher geworden.

Der Täter baut eine Vertrauensbeziehung auf

W.W.: Wie kommt es, daß die meisten Täter aus der Bekanntschaft oder Verwandtschaft des Kindes stammen?

M. Wais: Etwa ein Drittel der Mißbrauchsfälle findet im innerfamiliären Bereich statt – durch den Vater, Großvater, Bruder usw. Die anderen zwei Drittel der Täter sind entweder schon im Nahraum des Kindes oder arbeiten sich dort hinein. Sexueller Mißbrauch ist zugleich auch ein Beziehungsmißbrauch, d.h. der Täter baut sich allmählich eine Beziehung zum Kind auf. Der Mißbrauch beginnt nicht damit, daß ein Kind unsittlich angefaßt wird, sondern damit, daß eine Vertrauensbeziehung aufgebaut wird, die dann erst im Laufe von Wochen oder Monaten zunehmend sexualisiert wird. Der nicht verwandte Täter begibt sich zunächst in den sozialen Nahraum des Kindes hinein, was so weit gehen kann, daß sich ein solcher potentieller Täter eine Wohnung in einer Gegend mit vielen Kindern sucht und zunächst mit den Eltern nachbarschaftliche Beziehungen aufbaut. Als netter Nachbar gehört er bereits zum sozialen Nahraum des Kindes. In der ersten Zeit macht er harmlose Sachen mit dem Kind, spielt mit ihm, bringt ihm das Fahrradfahren bei usw. Ein wesentlicher Teil des Mißbrauchs ist, daß bereits eine Beziehung vorhanden ist – wie im familiären Bereich – oder daß allmählich eine Beziehung aufgebaut wird.

Primär keine sexuelle Motivation

W.W.: Welche Motivation haben Täter, wenn sie Kinder mißbrauchen?

M. Wais: Die meisten Täter – außer den pädophilen – haben keine primäre sexuelle Motivation. Das muß man sich klarmachen! Die sexuellen Übergriffe springen natürlich ins Auge und lösen Empörung aus; aber dem Täter geht es eigentlich um die Manipulation selber. Er geht

© YORCK

Jean-Baptiste-Camille Corott

Mädchenakt in Landschaft, 1835–1840, Paris, Musée du Louvre, Cabinet des dessins.

durch den Beziehungsaufbau so mit dem Kind um, daß das Kind mit der Zeit dasjenige macht und sogar subjektiv will, was *er* will. Das ist sein eigentlicher Gewinn. Die Täter haben oft ein biographisches chronisches Ohnmachtsgefühl, und das Ziel ist es, dieses zu kompensieren. Aber dieses Ohnmachtsgefühl kompensiert sich nicht durch eine Vergewaltigung, sondern indem man sich nach und nach einschleicht und von dem noch instabilen und werdenden Ich des Kindes Besitz ergreift. Es ist eine Art schleichende Vergiftung des Opfers. Die sexuellen Vorgänge, zu denen es dann in späteren Phasen der mißbräuchlichen Beziehung kommt, sind so etwas wie ein I-Tüpfelchen, aber nicht das eigentliche Ziel. Das ergibt sich eigentlich auch logisch; denn sexuelle Praktiken – wie die, mit einem Kind zu masturbieren oder sich durch es oral befriedigen zu lassen – könnte der Täter woanders mit geringerem Aufwand bekommen.

Pädophile suchen das Kind als Sexualpartner

W.W.: Aber steht nicht doch bei denen, die Kinder kaufen, die Sexualität im Vordergrund?

M. Wais: Das sind u.a. die Pädophilen, und bei ihnen ist es wohl anders. Sie suchen im Kind tatsächlich Sexualpartner, und sie haben die Ideologie, daß eigentlich jedes Kind Sexualität suche, daß diese aber in unserer Gesellschaft unterdrückt werde. Nach Ansicht der Pädophilen befreien sie die Kinder zu ihrer Sexualität. Das ist noch eine etwas andere Motivationsschiene. Die Pädophilen beschränken ihre Sexualkontakte auf Kinder, während die anderen Kindesmißbraucher auch sexuelle Beziehungen zu Erwachsenen haben. Aber auch bei den Pädophilen geht es nicht ausschließlich um Sexualität; denn auch sie meinen, sich um die Kinder zu kümmern, sie zu befreien usw.

Man muß das unterscheiden, vor allem auch, wenn man mit den Tätern arbeitet. Wenn man z.B. einen Vergewaltiger vor sich hat, geht es um eine kurzfristige, aggressiv getönte und spontane sexuelle Befriedigung. Mißbraucher und auch Pädophile würden niemals als erstes sexuelle Kontakte aufbauen. Ausnahmen sind hier nur diejenigen, die z.B. nach Thailand fahren und dort ein Kind mieten.

Auch Pädophile bauen immer eine Beziehung zum Kind auf, arbeiten auch sehr oft in sozialen und ehrenamtlichen Berufen, in denen mit Kindern gearbeitet wird – was natürlich jetzt nicht heißt, daß man diejenigen, die mit Kindern arbeiten, gleich des Mißbrauchs verdächtigen darf. Trotzdem findet man die Pädophilen überwiegend in diesen Bereichen, also z.B. als Jugendleiter. Und hier bauen sie ihre Beziehungen auf, so daß es für das Opfer letztlich das gleiche ist, ob der Täter ein Pädophiler oder ein sonstiger Kindesmißbraucher ist.

Frauen als Täter

W.W.: Meist denkt man, daß die Täter ausschließlich Männer sind. Aber es gibt auch Frauen unter ihnen – was man vordergründig vielleicht nicht vermuten würde. Wie kommt das?

M. Wais: Meine berufliche Erfahrung mit Täterinnen ist gering, aber ich kenne einige Fälle. Vielleicht kann ich hier ein Beispiel geben: Eine Lehrerin fährt mit ihrer sechsten oder siebten Klasse für eine Woche an die Nordsee, liegt dort am Strand in der Sonne, holt einen Schüler zu sich und läßt sich von ihm mit Sonnenmilch eincremen und nimmt dabei das Oberteil ihres Bikinis ab. Der Junge ist zugleich befangen, fühlt sich aber auch ausgezeichnet. Hinterher fragt sie ihn: „Na, war es schön?“ Auch hier kann man vermuten, daß die Frau Lust daran hat, auf irgendeine Weise Macht über den Schüler auszuüben, indem sie seine beginnende Sexualität nutzt und in einer unzulässigen Weise anspricht.

Ich weiß aber nicht, ob das durchweg für weibliche Täter so gilt. Es ist ohnehin schwierig, da in unserer Kultur – z.B. bei der Körperpflege – die Frauen eher die Grenzen der Intimität überschreiten können; und es gibt Frauen, die diesen situativen Zusammenhang für ihre eigene sexuelle Erregung nutzen. Das sind dann Frauen, die z.B. einen Säugling vor sich haben, mit seinem Schniedel rumspielen und das irgendwie aufregend finden. Auf diese Weise können kleine Kinder in eine sexuelle Beziehung hineinwachsen, die von den Müttern oder Pflegerinnen aufgebaut wird. Zu der Motivlage dieser Frauen traue ich mich aber nicht, pauschal etwas zu sagen. Aber es sind häufig auch solche Frauen, die selbst in ihrer Biographie entsprechende Übergriffe erlebt haben – also scheint hier ein mehr oder weniger bewußter Kompensationsversuch vorzuliegen. Wenn man als Frau lange so etwas erlebt hat, könnte es eine Art Rache am männlichen Geschlecht sein, wenn man selbst zur Täterin wird.

W.W.: Nehmen wir an, daß der Vater die eigene Tochter mißbraucht und die Mutter davon Kenntnis hat und dies stillschweigend duldet. Wieso gilt die Mutter dann nicht auch als Täterin?

M. Wais: Juristisch gilt sie nicht als Täterin. Darüber hinaus ist sie in einem Solidaritätskonflikt, denn der Vater ist zugleich der Partner, den sie sich einstmals ausgesucht hat. Moralisch ist sie natürlich genauso eine Täterin. Auf der anderen Seite gibt es sogar diejenigen Mütter, die aktiv mitmachen oder das Kind dem Vater zuführen, auch wenn das eher selten ist. Häufiger ist der andere Fall, den Sie davor beschrieben haben.

Grooming – Die Täterstrategie

W.W.: Mich interessiert besonders die Täterstrategie im Vorwege des Mißbrauchs bzw. der sich allmählich aufbauende Mißbrauch. Woher rührt die Täterstrategie des bewußten Einschmeichelns, und wie geht das vor sich?

M. Wais: Ein potentieller Täter wird zuerst in Gegenwart der Bezugsperson des Kindes, also z.B. der Eltern, auftreten und das Kind dann irgendwann einmal in den Arm nehmen oder ihm über den Kopf streicheln. Wenn die Eltern dabei sind, ist es für das Kind in Ordnung, daß dieser Nachbar es in den Arm nimmt. Zur Täterstrategie gehört es, die Umgebung des Kindes einzuwickeln.

In einem weiteren Schritt kann es dann situativ geschehen, daß die Eltern den Nachbar fragen, ob er nicht einmal für eine Stunde auf das Kind aufpassen könne, da sie zum Einkaufen müßten usw. Oft ist es so, daß er sich so beliebt macht, daß er die Anfrage, sich mit dem Kind zu beschäftigen, gar nicht selbst stellen muß. Er hat seinen Gewinn darin, daß der Wunsch nach weiterem Kontakt gar nicht von ihm selbst ausgeht. Vielleicht wird er auch als Babysitter eingespannt; aber auch in dieser Situation wird er sich nicht gleich sexuell an das Kind heranmachen.

Erst nach mehreren solcher Kontakte wird er eine Situation schaffen, in der er z.B. sagt: „Es ist aber sehr heiß heute, wir sollten duschen. Wir kennen uns jetzt gut, wir mögen uns auch, und deshalb erlaube ich Dir, daß wir gemeinsam unter die Dusche gehen." Vielleicht schamponiert er dann dem Kind die Haare und bekommt es geschickt so hin, daß das Kind den Wunsch äußert, dem potentiellen Täter auch die Haare zu shampoonieren. Er baut es also zu ersten sexuellen Handlungen auf, die dem Kind gar nicht bewußt werden. Vielleicht seift er das Kind ein, bekommt dadurch eine Erektion oder sogar einen Orgasmus – aber das Kind muß das nicht unbedingt merken. Er baut also eine Vertrautheit auf, die er allmählich ins Intime zieht.

Manche machen auch einen Tauglichkeitstest – so nennen sie es selbst –, indem sie in einer Spielsituation dem Kind scheinbar zufällig zwischen die Beine fassen und prüfen, wie es reagiert. Wenn das Kind sich ablehnend verhält oder sich zurückzieht, weiß der Betreffende, daß dieses Kind aufmerksam ist bezüglich Überschreitungen; und dann zieht er sich zurück, weil er weiß, daß dieses Kind es wahrscheinlich weitererzählen wird. Wenn das Kind aber eine gute Beziehung zu diesem Mann hat, ist es sehr gut möglich, daß das Kind diese erste Berührung annimmt – und dann hat es den Tauglichkeitstest im Sinne des Mannes bestanden. Man nennt das Grooming – das Aufbauen einer Art Kontrolle über die Eltern und das Kind. Und das geschieht weit bevor es überhaupt zu sexuellen Handlungen kommt.

W.W.: Das ist ja eine ungeheuer perfide Strategie, irgendwie auch recht intelligent. Sprechen sich die Täter in bezug auf diese Strategie untereinander ab, oder wissen sie so etwas instinktiv?

M. Wais: Diese Frage beschäftigt mich auch. Ich arbeite auch mit Tätern im Gefängnis; aber diese stammen eher aus sozial schwachen Schichten und sind meist recht ungebildet. Auf der anderen Seite wirken ihre Strategien in der Tat sehr intelligent. M.E. sind ihre Strategien etwas Instinktives, nichts bewußt Ausgedachtes. Es sind Menschen, die mit einer Art Survival-Technik vor dem Hintergrund chronischer Ohnmachtsgefühle Strategien gelernt haben, ihre Ohnmacht zu kompensieren, indem sie andere Menschen manipulieren.

Wenn man mit Tätern in einer Gruppe zusammen arbeitet, geht es u.a. darum, diese Strategien herauszuarbeiten. Dann wird den Beteiligten diese Strategie bewußt, und sie können auch darüber sprechen. Aber während des Tathergangs ist es kein gezieltes Abarbeiten strategischer Schritte. Es geht sehr intuitiv vor sich, wirkt aber irgendwie teuflisch.

W.W.: Was ist das für eine Eigenschaft im Menschen, die ihn dazu bringt, andere – meist Schwächere – zu manipulieren?

M. Wais: Man kann auch in die Bereiche der Gesellschaft schauen, die gar nichts mit sexuellem Mißbrauch zu tun haben. Und dort wird man viele Menschen finden, die in ähnlicher Weise das Ziel haben, Kinder zu manipulieren – allerdings nicht vor sexuellem Hintergrund. Dabei meine ich nicht die vordergründige Machtausübung, indem man ein Kind schlägt oder mit der Faust auf den Tisch haut, sondern indem man z.B. einem Kind ein schlechtes Gewissen einredet: daß die Oma beleidigt schaut, wenn das Kind den Kuchen nicht essen will; indem man Kindern einredet, daß man besser wisse, was gut für sie sei; daß sich die Mutter bekümmert über das Hören lauter Musik gibt und z.B. äußert, daß das Kind dies im Grunde seines Herzens gar nicht wolle. Diese Manipulationstechniken sind in unserer Gesellschaft gar nicht ungewöhnlich, und auf so etwas greifen die Mißbraucher zurück und verwenden es für ihre speziellen Ziele.

Mit einer Antenne für manipulierbare Kinder

W.W.: Ist denn das Ziel der Strategie der Mißbraucher nicht doch der sexuelle Mißbrauch in irgendeiner Form?

M. Wais: Letztendlich schon. Aber man darf sich das nicht so vorstellen, daß die Täter ihre Strategie so genau ausfeilen, daß sie wissen bzw. beschließen, daß sie mit diesem bestimmten Kind nach sechs Monaten sexuellen Verkehr haben werden. Die Täter laufen mit einer Antenne für Kinder herum, die manipulierbar sind – das sind z.B. zuwendungsbedürftige Kinder, Kinder, die von zu Hause nicht genügend Liebe erfahren usw. Diese Kinder werden von den Tätern angebaggert, mit dem Generalziel, sie zu manipulieren; aber die Täter arbeiten ihre Strategie nicht Schritt für Schritt ab. Sie versuchen, wie weit sie kommen; manchmal kommen sie weiter, manchmal nicht.

Die allermeisten Täter mißbrauchen mehrere Kinder, im Durchschnitt acht. Einige Täter mißbrauchen auch sehr viel mehr, wie z.B. der Priester aus England, der kürzlich aufgeflogen ist und der Hunderte von Ministranten sexuell benutzt hat. Das ist zwar ein extremer Fall; aber die meisten Täter sind ständig dabei, sich in der Nachbarschaft und im Bekanntenkreis nach entsprechenden Kindern umzusehen. Wenn sie ein Kind finden, das manipulierbar ist, steigen sie ein. Wenn sie aus ihrer Sicht „Glück" haben, machen sie weiter; wenn sie „Pech" haben, beenden sie die Beziehung. Das ist der Unterschied zu einer Vergewaltigung. Ein Vergewaltiger wird dadurch aufgereizt, daß sich das Opfer wehrt, während der Mißbraucher dann sofort aufhört.

Die drei Tätertypen

W.W.: Gibt es bestimmte Charaktermerkmale eines Menschen, die ihn dazu prädestinieren, zum Mißbrauchstäter zu werden?

M. Wais: Es gibt zum einen die sogenannten Konflikttäter – das sind Mißbraucher, die aus einem aktuellen biographischen Konflikt heraus, z.B. einer Ehekrise, auf die Idee kommen, sich an einem Kind schadlos zu halten. Bei einer Therapie hat dieser Täter die beste Prognose.

Dann gibt es den sogenannten regressiven Täter – das sind Männer, die in ihrer Sexualität in der Pubertät oder Vorpubertät stehengeblieben sind, die die Bravo als Onaniervorlage benutzen und selbst subjektiv noch Kinder sind und dann aus ihrer subjektiven Sicht Gleichaltrige für ihre Sexualität suchen. Sie bewegen sich subjektiv unter ihresgleichen. Sie können 30 oder 40 Jahre alt sein, in ihrer inneren Reife sind sie aber zwölf oder 14.

Dann gibt es noch den soziopathischen Typ. Das sind Männer, die mit dem Thema Mißbrauch sehr offensiv umgehen, und sie glauben, daß sie ein Recht auf Sexualität mit Kindern haben. Ein Täter, der mehrere seiner Töchter mißbraucht hatte, sagte mir z.B. einmal: „Was ich gesät habe, darf ich auch ernten." Diese Täter wissen natürlich auch, daß ihre Taten verboten sind, und deswegen schüchtern sie die Kinder oft ein.

Subjektiv tun sie etwas, was ihnen zusteht. Diese Täter sind nach meinen Erfahrungen eigentlich nicht therapierbar.

Kein Schuldbewußtsein bei den Tätern?

W.W.: Dieses angeblich nicht vorhandene Schuldbewußtsein bei den zuletzt genannten Tätertypen interessiert mich besonders. Sie scheinen doch die intelligenteren Täter zu sein und müßten doch wissen, was sie einem Kind antun.

M. Wais: Sie wissen es schon, aber es ist ihnen gleichgültig.

W.W.: Und sie haben wirklich kein Schuldbewußtsein?

M. Wais: Nein. Aber das haben alle Mißbrauchstäter nicht. Ein Teil der therapeutischen Arbeit ist es, daß die Täter Opferempathie lernen.

W.W.: Wie macht man das?

M. Wais: Indem man mit den Tätern einzelne Opferbeziehungen aufbaut und rekonstruiert, und dann baut man dieselbe Situation aus der Sicht des Kindes auf: „Was hat das Kind empfunden, als es in die Dusche eingeladen wurde? Was hat das Kind empfunden, als Sie ihm ‚erlaubt' haben, Ihren Penis zu waschen?" Das ist ein Versuch, um zu erreichen, daß die Täter nachträglich Opferempathie lernen.

W.W.: Wir haben vorhin besprochen, daß die Täter mit einer relativ intelligenten Strategie an das Kind herantreten. Könnte es nicht auch so sein, daß diese Täter eine ähnliche Strategie draufhaben, der ganzen Welt vorzuspielen, daß sie ihre Schuld nicht einsehen, um vor der Welt besser dazustehen?

M. Wais: Das kann ich nicht grundsätzlich zurückweisen. Sie haben insofern recht, als diese Manipulationsstrategien auch auf uns Therapeuten angewendet werden; natürlich nicht mit sexuellem Ziel. Selbstverständlich wollen die Täter auch uns einwickeln, also z.B.: „Herr Wais, Sie sind doch auch ein Mann. Wenn da eine barbusige 14jährige vor Ihnen am Strand entlangläuft, bekommen Sie doch auch Gefühle!" Auf diese Weise versuchen Sie uns zu manipulieren und mit in ihre Strategie einzubeziehen. Diese Strategien sind auch der eigentliche Gegenstand der Tätertherapie. Man muß ständig auf der Hut sein und zurückweisen, daß man z.B. zum Kumpel des Täters gemacht wird.

Wenn die Therapie einigermaßen gut läuft, entsteht bei den Tätern ein anfängliches Schuldgefühl. Jetzt können Sie natürlich sagen, daß dieses Schuldgefühl auch vorher vorhanden war; aber im Bewußtsein des Täters war es ganz gewiß nicht. Hätten diese Menschen eine Opferempathie, würden sie den Mißbrauch mit den Kindern nicht vollziehen. – Der Vergleich ist zwar nicht sehr geeignet, aber ein Folterer hat auch keine Empathie mit seinem Opfer; die Nazis hatten auch kein Schuldbewußtsein gegenüber den Juden, denn die Juden gehörten zu denjenigen, denen gegenüber man keine Schuld zu empfinden brauchte. Dies waren Objekte ihrer verzerrten Ideologie, mit denen man in bekannter Weise umgehen durfte. Bei den Mißbrauchern sind die Kinder auch nur Objekte, und jedes Schuldgefühl wird weggeblendet.

Das ist ein scheinbarer Widerspruch: Der Mißbraucher kann sich auf der einen Seite sehr gut in das Kind einfühlen, um es zu benutzen, und kennt das kindliche Denken sehr gut; aber er hat kein Empfinden für die Individualität des Kindes, für dessen persönliches Empfinden bezüglich des Mißbrauchs.

W.W.: Irgendwie ist das schwer einzusehen. Wenn sich z.B. ein Kind beim Mißbrauch wehrt oder gar schreit, wenn es erkennbar unglücklich ist oder sich schneidet, so ist es für mich unvorstellbar, daß der Täter dies nicht zur Kenntnis nimmt und sich bei ihm nicht ganz normale menschliche Gefühle, wie z.B. Reue oder Mitleid, regen.

M. Wais: Menschen können das ausblenden; das wissen wir auch aus der Geschichte. Wenn ein Folterknecht in einer Diktatur seine Opfer foltert, so hat er auch kein schlechtes Gewissen.

Man kennt das auch von der anderen Seite: Opfer von Vergewaltigungen, Folterungen und auch aus den KZs berichten oft darüber, daß sie diese Grausamkeiten nur überlebt haben, weil sie das körperliche und seelische Empfinden weggeblendet haben. Das sind Schutzmechanismen, Abspaltungen von ihrem Leib – was dem Körper geschieht, geschieht dem Körper, aber nicht dem menschlichen Wesen selbst. Nur durch diese Spaltung konnten viele Menschen überleben. Ähnlich ist es mit dem Mißbraucher. Ich kann nicht bestreiten, daß sein Schuldempfinden doch tief in ihm sitzt; aber bewußtseinsmäßig spaltet er es ab. Zur Tätertherapie gehört es, dieses Schuldbewußtsein nachträglich aufzubauen oder aus den unteren Seelenschichten hervorzuholen.

W.W.: Werden Mißbrauchsopfer später auch häufig zu Tätern?

M. Wais: Nach meinen Erfahrungen darf man diesen Zusammenhang nicht pauschalisieren. Unter den männlichen Tätern gibt es eine gewisse Anzahl, die als Kinder auch mißbraucht worden sind bzw. Opfer ähnlicher Übergriffe waren. Aber umgekehrt läßt sich das Phänomen Mißbrauch durch Männer dadurch nicht erklären, da die meisten männlichen

Täter keine entsprechenden Erfahrungen in ihrer Kindheit durchmachen mußten. Man kann hier also keine Kausalität bilden, obwohl sie in einzelnen Fällen vorliegt.

Oft ein lebenslanges Schuldgefühl

W.W.: Welche Wahrnehmungen hat das Kind vom Mißbrauch, wenn es ihn nicht begrifflich einordnen kann?

M. Wais: In der ersten Phase des beginnenden Mißbrauchs hat das Kind meist nur positive Wahrnehmungen, denn es bemerkt einen besonders freundlichen Menschen, der sich um es kümmert und der immer viel Zeit hat.

In der zweiten Phase, wenn das Intime beginnt, ist es für das Kind oft eine Auszeichnung; es ist eine Auszeichnung, wenn man als Acht- oder Neunjähriger in die Erwachsenenbelange mit hineingezogen wird. Der Täter macht es z.B. so, daß er von seiner früheren Ehe erzählt oder sich über seine Ehefrau beklagt – daß sie kein Verständnis für ihn habe und ihm nicht mehr den Bauch massieren wolle, wenn er Magenschmerzen habe –, woraufhin das Kind mit ziemlicher Sicherheit sagt, daß es dann dem Erwachsenen den Bauch massieren möchte.

Erst in der nächsten Phase, wenn es zu sexuellen Handlungen kommt, wird es dem Kind voraussichtlich komisch vorkommen, vielleicht auch eklig; oder es wird schmerzhaft sein, je nachdem, um welche sexuellen Handlungen es dabei geht. Aber dann ist es zu spät! Denn dann hat das Kind fast immer das Gefühl, daß es selbst schuld ist: „Ich wollte diese Beziehung; ich habe meine Eltern gefragt und durfte zum Nachbarn gehen; aber jetzt passieren dort so komische Sachen – also bin ich das Schwein." Das ist die Grundlage für das oft lebenslange Schuldgefühl, welches die Opfer haben.

Wir haben es also einerseits mit dem fehlenden Schuldbewußtsein der Täter zu tun, andererseits mit den meist lebenslangen Schuldgefühlen der Opfer. Die Erwachsenen, die als Kinder Opfer von sexuellem Mißbrauch waren, leben damit, daß sie sich als Kind sehenden Auges auf diese sexuelle Beziehung eingelassen haben. Das ist das nachhaltige Ergebnis der Manipulationstechniken des Täters. Der Täter geht mit dem Kind so um, daß das Kind von sich aus die sexualisierten Kontakte möchte. Und das schreibt sich in dem Bewußtsein des Kindes fest und bleibt oft lebenslang haften. In dieser Selbstzuschreibung der Vorgänge ist dieser Mensch dann gefangen.

W.W.: Wir sprachen schon über die Abspaltung des Bewußtseins bei den Opfern. Trotzdem ist es schwer zu verstehen, daß es immer wieder vorkommt, daß sich viele Opfer im späteren Leben nicht an den Mißbrauch erinnern können. Wie kann man das erklären?

M. Wais: Das kommt nicht selten vor und hängt mit dieser Bewußtseinsabspaltung zusammen. Kinder neigen oft auch dazu, diese Vorgänge zu derealisieren, d.h. sie glauben z.B., daß sie nur geträumt hätten – und oft noch mit der Konnotation: „Was muß ich für ein verdorbener Mensch sein, daß ich solche Schweinereien träume!" Man darf auch nicht den Tabu-Charakter und das immer vorhandene Schuldbewußtsein der Kinder vergessen; denn hier handelt es sich um etwas ganz anderes, als wenn ein Kind z.B. auf der Straße von einer Jugend-Gang verprügelt wird. Das Mißbrauchsopfer hat nicht das Gefühl, angegriffen zu werden.

Ein unauflösbarer Widerspruch

W.W.: Gehört es auch zur Täterstrategie, die Vorgänge des Mißbrauchs in ein Geheimnis zu kleiden, damit die Opfer hinterher nicht darüber sprechen bzw. die Vorgänge sogar vergessen?

M. Wais: Manche Kinder werden von den Tätern ausdrücklich unter das Geheimhaltungsgebot gesetzt: „Wenn du das deiner Mutter erzählst, ertränke ich dein Meerschweinchen oder verbrenne deine Puppe." Häufig ist das aber gar nicht nötig; denn in den ersten Phasen möchte das Kind über diese Begegnungen gar nicht sprechen, und später kann es das nicht mehr.

W.W.: Wird das Kind nicht völlig in seinen Gefühlen gelähmt, da es z.B. der liebevolle Vater oder Großvater ist, der so etwas macht, obwohl das Kind instinktiv spürt, daß an diesen Vorgängen irgend etwas nicht richtig ist?

M. Wais: Das Kind wird in einen nicht auflösbaren Widerspruch gestürzt. Denn der Täter ist nicht der böse, aus dem Gebüsch springende Mann, sondern der nette Großvater oder Onkel, der nun aber auch solche komischen Sachen mit ihm macht. Das ist mit ein Grund, warum die Negativ-Erfahrung abgespalten wird.

W.W.: Wenn die Kinder älter werden, vielleicht zwölf oder 14 Jahre alt, und den Mißbrauch einigermaßen begrifflich einordnen können, so kommt es auch in dieser Zeit nicht selten vor, daß die Opfer ihren Täter noch verteidigen oder ihn gar irgendwie lieben. Wie kommt das?

M. Wais: Zum einen ist es noch ein Nachklang der ursprünglich positiven Beziehung. Auch muß man sich klarmachen, daß die sexuellen

Handlungen für das Kind subjektiv nicht notwendigerweise schlimm sind. Das Kind wird auf den Schoß genommen und gestreichelt und hat das Gefühl, dem Täter seelisch und körperlich etwas Gutes zu tun; und später streichelt der Täter das Kind so zwischen den Beinen, daß es zum ersten Mal in seinem Leben einen Orgasmus bekommt. Das muß kein negatives Erlebnis für das Kind sein. Ich kenne nicht wenige Frauen, die mir erzählt haben, daß sie ihren ersten Höhepunkt zusammen mit ihrem Vater hatten. Das ist ein Hintergrund, weswegen sich die Opfer später nicht unbedingt und ausschließlich gegen den Täter aussprechen. Viele Opfer entschuldigen auch in späteren Jahren ihren Täter, und oft bleibt diese seelische Verbundenheit.

W.W.: Kommen die Opfer in späteren Lebensjahren nicht zu dem Punkt, daß sie ihre Täter absolut verdammen?

M. Wais: Nicht notwendigerweise. Es kommt natürlich vor, daß viele Opfer später dieses Thema umfassend aufarbeiten und sich total von ihrem Täter abgrenzen. Dieses nachträgliche Sich-Abgrenzen ist ein Teil der Therapie für ehemalige Opfer. Aber diese totale Abgrenzung suchen keineswegs alle Opfer. Es gibt sogar eine Reihe von Mißbrauchsopfern, die sich überhaupt nicht so stark über dieses Thema empören, wie sich die Öffentlichkeit darüber empört. Sie reden das Thema herunter, können oder wollen sich aber nicht klarmachen, wie sehr sie in der Hand des Täters waren.

Nach außen die heile Familie

W.W.: Wie kommt es, daß gerade solche Inzest-Familien nach außen die heile und glückliche Familie darstellen?

M. Wais: Das ist noch eine besondere Gruppe. Diese Familien zeichnen sich dadurch aus, daß sie nach innen sehr unabgegrenzte Beziehungen haben, nach außen aber sehr scharf abgegrenzte. Sie hüten Familiengeheimnisse, in die sie keine Außenstehenden hereinlassen. Das Jugendamt, Beratungsstellen oder Kinderärzte sind Feinde, aber innerhalb der Familie muß jeder für jeden da sein; besonders müssen die Frauen und Kinder für die männlichen Mitglieder da sein – so will es ihre Ideologie. Wenn man in dieser Ideologie aufwächst, nützen irgendwelche Diskussionen über Gleichberechtigung gar nichts. Man wächst damit auf, daß man als Mädchen oder Frau für die Männer zur Verfügung steht. Man findet das nicht immer schön, aber so schlimm ist es dann auch wieder nicht – so oder ähnlich wird in diesen Familien gedacht. Wenn diese Frauen später

© Yorck
Edgar Germain Hilaire Degas
Kleine Tänzerin an der Stange, 1878–1880, New York, The Metropolitain Museum

eigene Familien gründen, suchen sie sich oft typischerweise wiederum Männer, die selbst Mißbraucher sind. Hier gibt es ganze Mißbraucher-Generationen. Das sind Frauen, denen der Ernst ihrer biographischen Erfahrung nicht klar ist.

W.W.: Wie ist es zu deuten, wenn sich ein Mißbrauchsopfer schneidet?

M. Wais: Das sind Mißbrauchsopfer, die nicht aus diesem Zwiespalt herauskommen: Einerseits wird ihnen mehr und mehr klar, was mit ihnen geschehen ist, andererseits haben sie aber noch die Bindung an den Täter. Aus dieser Konfliktspannung kommen sie nicht heraus. Ein anderer Motivhintergrund ist, die Leiblichkeit, die für den Täter von Interesse war, zu zerstören oder irgendwie unattraktiv zu machen. Das ist auch ein Hintergrund der Magersucht, daß man sich die weiblichen Formen abhungert, damit man nicht mehr attraktiv ist. Bei Selbstverletzungen sind meist aber noch weiter gehende Übergriffe sexueller oder gewalttätiger Art in der Familie vorgekommen; aber das ist schwer zu beurteilen. Vor allem muß man immer wieder betonen, daß jeder Mißbrauchsfall ein individueller ist, den man nur schwer mit anderen vergleichen kann. Ein weiterer Grund für die Selbstverletzung kann auch die Bestrafung sein, weil man fühlt oder zu wissen glaubt, daß man an dem Mißbrauch selbst schuld sei. Oder es kann ein Versuch sein, durch die Selbstverletzung die eigene Leiblichkeit wieder zu fühlen.

Folgen fürs Leben – eine pathologische Willenswahrnehmung

W.W.: Welche Folgen hat der sexuelle Mißbrauch in der weiteren Biographie des Opfers?

M. Wais: Auch hier lernen wir die verschiedensten Folgen kennen. Es gibt ehemalige Mißbrauchsopfer, die ein völlig normales und befriedigendes Sexualleben als Erwachsene haben. Es gibt solche, die ein völlig gestörtes oder gar kein Sexualleben haben. Es gibt diejenigen, die die Erfahrungen noch ausweiten und in die Prostitution gehen. Und es gibt diejenigen, die dann zu irgendwelchen sadistischen Formen neigen. Aber ich möchte betonen, daß es auch viele ehemalige Mißbrauchsopfer gibt, die völlig normale und gute Ehen mit einem entsprechenden Sexualleben führen. Man kann nicht voraussagen, was später alles geschehen wird. Auch nicht jedes Opfer braucht notwendigerweise eine Therapie.

W.W.: Können Sie etwas dazu sagen, in welcher Weise ehemalige Mißbrauchsopfer den Willen anderer Menschen wahrnehmen?

M. Wais: Wenn man als Kind viele Jahre durch einen Täter manipuliert wird, bekommt man allmählich ein Sensorium für den Willen des anderen, den man dann aber typischerweise nicht als den Willen des anderen wahrnimmt, sondern als den eigenen. Das ist das Entscheidende! Das ist dann z.B. die Frau, die mit vorauseilendem Gehorsam zu wissen meint, was ihr Mann am Abend möchte – was man sich früher, und auch teilweise heute noch, in unserer Kultur als zum typischen Frauenbild passend vorstellte. Aber diese Wahrnehmung des Willens des anderen ist pathologisch. Gesund wäre eine sensible (oder gar hellsichtige) Willenswahrnehmung des anderen Menschen, die aber beinhaltet, daß man ganz genau weiß, daß es sich um den Willen des anderen Menschen handelt! Die Manipulationstechnik des Täters führt aber gerade zu einer Verwischung der Ich-Grenzen und kann sich später so äußern, daß man das, was man von außen erlebt, als das Eigene wahrnimmt. Oft nimmt man auf diese Weise gerade die Schattenseiten eines Menschen wahr.

W.W.: Was geschieht, wenn Mißbrauchsopfer Kinder bekommen? Sind sie dann besonders wachsam für einen etwaigen Mißbrauch ihrer Kinder – oder gerade nicht?

M. Wais: Wir kennen beides. Wenn die erwachsene Person sich mit diesem Teil ihrer persönlichen Geschichte nicht auseinandergesetzt hat, besteht eher die Gefahr, daß diese Eltern nicht wachsam sind; vielleicht wählen sie sogar unbewußt Partner, die Mißbrauchsneigungen haben. Wer sich dagegen mit der persönlichen Situation auseinandergesetzt hat, wird wach oder gar überwach sein. Hier kommen auch Übertreibungen vor, in dem Sinne, daß z.B. jeder Mann verdächtig scheint.

W.W.: Welche Rolle spielt die Scham des Opfers über den früheren Mißbrauch in späteren Lebensjahren?

M. Wais: Die Opfer fühlen sich jahrelang nach dem Mißbrauch schuldig und schämen sich dementsprechend. Sie durchleiden also genau das, was der Täter nicht fühlt. Diese Scham kann sich auf Intimität und Sexualität ausweiten. Wer über längere Zeit mißbraucht worden ist, sollte sich unbedingt mit diesem Kapitel seines Lebens auseinandersetzen, um sich davon distanzieren zu können. Dann kann man im späteren Erwachsenenleben relativ unbefangen sein. Nicht jedes Mißbrauchsopfer ist davon über Jahrzehnte belastet. Andererseits gibt es aber auch Mißbrauchsopfer, die so derangiert sind, daß sie in der Psychiatrie landen. Das kann sich in Verfolgungswahn und Depressionen äußern.

Mißbrauch ist nicht gleich Mißbrauch, und vieles hängt davon ab, wann es damit beginnt. Gleichzeitig hängt es sehr von der Dauer des Mißbrauchs ab. Außerdem hängt es davon ab, ob es innerfamiliärer oder außerfamiliärer Mißbrauch war. Aus all diesen Faktoren kann man bestimmte Wahrscheinlichkeiten herausrechnen. Wenn eine Frau z.B. zwölf Jahre von ihrem Stiefvater mißbraucht worden ist, so hat sie ein sehr dickes Paket zu tragen, das sich mit Sicherheit auch auf ihre späteren Beziehungen auswirkt. Wenn jemand aber durch seinen Sporttrainer einige Male unsittlich angefaßt worden ist, muß daraus nicht langfristig eine Traumatisierung folgen.

Angriff auf das Ich

W.W.: Inwiefern ist der sexuelle Mißbrauch ein Angriff auf das noch unvollkommene Ich eines jungen Menschen?

M. Wais: Das ist der Kern des Traumas. Der Kern des Traumas sind nicht die sexuellen Schweinereien, sondern die Erfahrung, über mehr oder weniger längere Zeit von jemandem instrumentalisiert zu werden. Die Ich-Funktion, die darin besteht, daß man über seine seelischen Eigenschaften, seine Wahrnehmung und auch über seinen Leib selbstbestimmt verfügen kann, wird durch diese Manipulation unterlaufen. Aus psychologischer Sicht ist diese Beschädigung der Ich-Funktion das eigentliche Trauma. Dadurch kommen die Abgrenzungsprobleme vieler ehemaliger Opfer im späteren Leben zustande, indem sie sich entweder zuwenig oder zuviel abgrenzen. Damit hängt auch zusammen, daß man keine exakten Erinnerungen an die Zeit des Mißbrauchs mehr hat, daß man also die Vorgänge des Mißbrauchs derealisiert. Das kann sich auch in späterer Zeit zu fast wahnhaften Vorstellungen ausweiten, daß die Opfer z.B. ständig nicht vorhandene Bedrohungen in ihrem Umkreis sehen.

W.W.: Die Ich-Fähigkeit wird ja auch beschädigt, weil die kindlichen Opfer manipuliert werden, aktiv mitzumachen, und weil ihnen unangenehme Dinge von Personen zugefügt werden, die sie eigentlich lieben.

M. Wais: Diese Zusammenhänge sind für das Kind nicht zu verstehen, selbst für einen Außenstehenden nicht. Auf jeden Fall ist das der Anker dafür, daß es zu entsprechenden Realitätsverzerrungen kommen kann. Andererseits kann man auch wieder staunen, wie die Opfer gar nicht selten sehr stabil aus diesen Mißbrauchsverhältnissen herauskommen. Manche landen in der Psychiatrie, andere erarbeiten sich eine erstaunliche Souveränität. Letztere sind aber diejenigen, die eine Therapie gemacht haben, die die früheren Vorgänge reflektiert oder sich mit anderen ausgetauscht haben.

W.W.: Wir haben schon darüber gesprochen, daß sich bei den Opfern der Wille des Täters ein Stückweit des Willens des Opfers bemächtigt – das ist ja fast eine Art seelischer Vampirismus oder eine Vorstufe zur schwarzen Magie, bei der auch darauf abgezielt wird, den Willen des Magiers an den Willen anderer zu setzen.

M. Wais: Das könnte man so sehen. Auf jeden Fall ist es eine Annullierung des Willens und der Ich-Funktion des Opfers. Und das Teuflische an der Angelegenheit ist, daß es der Betreffende zunächst einmal überhaupt nicht bemerkt. Noch als Erwachsener kann sich das ehemalige Opfer oftmals auch nicht so weit von den Taten distanzieren, daß es sich klarmacht, daß sein Ich unterwandert worden ist. Wenn diese Menschen später die Zusammenhänge mehr oder weniger erkennen, bemerken sie nicht, daß sie in ihrer Jugend schleichend vergiftet worden sind.

Was sollte man als Außenstehender tun?

W.W.: Wenn die Mutter erfährt, daß ihr Mann das gemeinsame Kind mißbraucht – wie sollte sie reagieren?

M. Wais: Auf jeden Fall sollte sie sich zuerst mit dem Kind solidarisieren, und sie sollte zunächst einmal dem Kind glauben und nicht davon ausgehen, daß es irgend etwas erfindet. Natürlich wissen wir auch, daß Kinder Realität und Phantasie vermischen können; aber jeder Erlebnisbericht ist auf jeden Fall ernst zu nehmen. Die Mutter sollte dann eine Fachberatungsstelle aufsuchen. Darüber hinaus sollte sie akut darauf achten, daß kein unbegleiteter Kontakt zwischen Vater und Kind stattfindet, bis die ganze Angelegenheit aufgeklärt ist. Die Aufklärung sollte sie weitgehend Fachleuten überlassen – wobei ich darauf hinweisen muß, daß auch Fachleute nicht immer alles aufklären können. Es kommt nicht selten vor, daß ein Mißbrauchsverdacht aufkommt, der aber wie das Hornberger Schießen ausgeht.

Oft berichten die Kinder von dem Mißbrauch fragmentarisch, und sie stellen es so dar, daß es der Nachbar war, obwohl es in Wirklichkeit der eigene Vater gewesen ist. Es kann aber auch andersherum sein, daß z.B. der Nachbar oder Kinderarzt der Mißbraucher war und das Kind den eigenen Vater beschuldigt. Durch die Verschiebung der Täterperson ist der Vorgang des Mißbrauchs für das Kind eher aushaltbar.

W.W.: Wenn nun aber feststeht, daß der Vater der Täter ist, dann entsteht doch eine entsetzlich beklemmende Situation. Sollte man die Partnerschaft beenden, oder sollte man zumindest den Kontakt zwischen Vater und Kind gänzlich unterbinden?

M. Wais: Eigentlich legt der gesunde Menschenverstand eine Trennung nahe; aber in der Realität ist es meist anders. Die Frauen ringen dann ihrem Mann das Versprechen ab, so etwas nie wieder zu tun, und dann ist das Thema für sie oft erledigt. Solche Reaktionen erleben wir leider sehr häufig, und auch von seiten des Jugendamts wird nicht immer richtig mit dieser Frage umgegangen.

Fachlich sauber wäre bei erwiesenem Mißbrauch durch den Vater, daß zumindest kein unbegleiteter Kontakt zwischen Vater und Kind mehr stattfindet, und das so lange, bis sowohl mit dem Kind als auch mit dem Vater therapeutisch gearbeitet worden ist. Nach zwei oder drei Jahren kann dann ein Punkt kommen, an dem sich die Therapeuten des Kindes und des Vaters zusammensetzen und überlegen, wie und in welcher Form eine gesunde familiäre Zusammenführung wieder möglich ist. Die Zeit der Distanz muß nicht lebenslänglich sein, aber bei akuter Gefahr und noch nicht genügender Aufarbeitung muß der Kontakt zwischen Vater und Kind eingeschränkt bleiben.

W.W.: Wie verfährt man als Familie, wenn der Täter ein Onkel oder der Großvater ist?

M. Wais: Auf jeden Fall unterbindet man sofort den Kontakt zum Großvater oder zum Onkel. Darüber hinaus sollte man die Täter sofort mit den Aussagen des Kindes konfrontieren, auch damit der Betroffene die Chance hat, seine Meinung darzustellen. Solange hier ein ungeklärter Verdacht bleibt, sollte auf jeden Fall jeglicher unbegleiteter Kontakt unterbunden werden; und wenn der Verdacht zur Gewißheit wird, sollte man den Kontakt zumindest für eine gewisse Zeit ganz unterbinden.

Es ist nur schwierig, dem Kind diese Vorgänge zu erklären, da der Opa auch nach der Aufdeckung des Mißbrauchs für das Kind der gute Opa ist. Das Kind versteht deswegen nicht ohne weiteres, warum es nicht mehr zum Opa darf. Deswegen schlagen wir hin und wieder den begleiteten Kontakt vor. Das bedeutet, daß bei einem einstündigen Treffen am Sonntagnachmittag beispielsweise die Mutter immer dabei ist. Andererfalls kann das Kind mitunter den Kontaktabbruch sogar als eine Art Bestrafung erleben – denn nun hat es der Mutter über die Geschehnisse erzählt, und als Folge darf es nicht mehr zum Opa. Vor allem dann, wenn die Übergriffe nicht schmerzhaft oder eklig waren, empfindet das Kind dies häufig als eine Bestrafung.

W.W.: Soll man den Opa oder den Onkel anzeigen?

M. Wais: Wenn man dies vorhat, muß man es auf jeden Fall vorher sehr ernsthaft mit dem Kind besprechen, denn das Kind ist in diesem Fall meist der einzige Zeuge. Es muß also vor der Polizei und vor dem Gericht aussagen, was bei kleinen Kindern bis etwa zum sechsten Lebensjahr vollkommen sinnlos ist. In der Regel halten sie diesen Befragungen durch offizielle Personen nicht stand.

Wir raten etwas älteren Kindern zu einer Anzeige, wenn davon auszugehen ist, daß der betreffende Täter weitere Kinder mißbrauchen wird. Dann versuchen wir, dem Kind zu erklären, daß das zum Schutz anderer Kinder sinnvoll ist. Schon mit Kindern im zehnten Lebensjahr kann man über solche Zusammenhänge reden.

Vor einiger Zeit hatte ich den Fall eines Lehrers, der einen Jungen mißbraucht hat. Da man davon ausgehen konnte, daß dieser Lehrer auch weitere Kinder mißbrauchen würde, konnte ich den Jungen überzeugen, vor Gericht offen auszusagen. Auf der anderen Seite muß man wissen, daß die Befragungen durch die Polizei oder die Gerichte nochmals zu Traumatisierungen bei dem Kind führen können.

W.W.: Wenn man als gänzlich Außenstehender vom sexuellen Mißbrauch eines Kindes erfährt – wie soll man reagieren?

M. Wais: Wenn es Freunde von mir wären, würde ich z.B. die Mutter ansprechen; wenn es Nachbarn sind, kann man das Jugendamt ansprechen. Nur muß man wissen, daß in dem Moment, in dem ein Jugendamt-Mitarbeiter bei dieser Familie klingelt, alle – inklusive das sexuell mißbrauchte Kind – aus allen Wolken fallen. Und sie werden dieses Einwirken von außen als zudringlich empfinden. Insofern wäre es gut, wenn man solche Vorgänge wenigstens ein bißchen mit dem Kind vorbereiten könnte. Wenn eine Lehrerin z.B. von einem Mißbrauchsfall erfährt und sich eine Anzeige o.ä. überlegt, so sollte sie diese Vorgänge vorher gründlich mit dem Kind besprechen. Einfach jemand von außen in die Familie zu schicken, bringt meist nichts, weil bei dieser Konstellation die Kinder oft keine Aussage machen.

Wenn der Täter freigesprochen wird

W.W. Die Situation könnte sich aber doch insofern zuspitzen, daß man z.B. weiß, daß der Mißbrauch in der Familie weitergeht – oder man weiß, daß der Kontakt zum Täter nicht abgebrochen wird oder das Kind nicht in eine gute Therapie geht. Wie reagiert man als Außenstehender in einem solchen Fall?

M. Wais: Dann muß man abwägen. Man muß sich im klaren sein, daß man mitunter dem Kind aus seiner Sicht nichts Gutes tut. Auf der anderen Seite möchte ich zu der Anzeigenfrage noch hinzufügen, daß es Anzeigen gibt, die nicht zu einer Verurteilung, sondern zu einem Freispruch führen. Das kann dann geschehen, wenn das Kind vor Gericht nicht klar aussagt oder sich widerspricht. In Deutschland gilt dann im Zweifelsfall die Unschuld des Angeklagten. Wenn der Täter dann freigesprochen wird, ist das für das Kind sehr schlimm. Der Täter hat dann seinen Freibrief, und dieser paßt in das Schema der Derealisierung – denn eine offizielle Stelle im Gericht hat sogar festgestellt, daß nichts vorgefallen ist. Deswegen würde ich bei Mißbrauchsformen, bei denen es nicht im engeren Sinne zu sexuellen Handlungen gekommen ist, von Anzeigen abraten. Die gesamte Erotisierung, das Betatschen und ähnliches ist zwar psychologisch sehr schlimm, juristisch kann man daraus aber kein Kapital schlagen.

W.W.: Wenn man als Außenstehender von einem sexuellen Mißbrauch erfährt – nehmen wir an, es ist ein Jugendlicher im Alter zwischen zwölf und 16 Jahren, und man ist einigermaßen gut mit ihm bekannt –, sollte man diesen Jugendlichen auf den Mißbrauch ansprechen, oder sollte man andere Wege wählen, um diesem Menschen zu helfen? Oder sollte man warten, bis der Jugendliche einen selbst anspricht?

M. Wais: Spontan würde ich zu letzterem raten. Wenn die Angelegenheit noch nicht ganz aufgedeckt ist oder wenn sie intern gehalten wird, könnte man das Mädchen oder den Jungen ansprechen. Man kann z.B. damit beginnen, daß man von einer schlimmen Geschichte gehört habe; und man kann dem Kind oder Jugendlichen eröffnen, daß man bereit ist, mit ihm darüber zu sprechen. Aufdrängen würde ich mich aber nicht.

W.W.: Wie geht man mit Klassenkameraden oder anderen Mitschülern um, wenn diese von dem Mißbrauch eines Klassenkameraden wissen?

M. Wais: Wenn die Klasse davon weiß oder gar darüber tratscht, muß man offen darüber sprechen. Das hängt von der Klassenstufe ab; aber man kann mit einer Klasse allgemein über das Phänomen des Mißbrauchs sprechen. Den einzelnen privaten Fall sollte man allerdings nicht an die Öffentlichkeit zerren, denn dann würde man das Opfer bloßstellen. Aber es ist sehr sinnvoll, aus einem konkreten Anlaß heraus mit einer Klasse über Mißbrauch zu sprechen; und das sollte man sogar mehrfach tun.

In der Therapie Abgrenzungsfähigkeiten lernen

W.W.: Welche Therapie empfehlen Sie Mißbrauchsopfern? Was machen Sie persönlich in der Therapie mit den Opfern, wenn die Kinder im Alter von sieben oder 14 Jahren sind?

M. Wais: Wenn es etwas ältere Jugendliche sind und eine Vertrauensbeziehung entstanden ist, wird man einige exemplarische Mißbrauchssituationen rekonstruieren und besprechen. Man erarbeitet dies aus Sicht des Opfers. Dabei kann man die Empfindungen – z.B. Ekel oder Schmerz – thematisieren, so daß der Jugendliche nachträglich lernt, einer solchen Situation standzuhalten und sein Ich nicht zu verlieren. Jugendlichen und auch Erwachsenen kann man dann die Strategien des Täters erläutern, um dem dauernden Schuld- und Schamgefühl vorzubeugen. Diese Menschen sollten erkennen, daß sie schon längst Opfer waren, bevor sie es selbst bemerkt haben.

Darüber hinaus sollte eine ganz konkrete Abgrenzung erfolgen. Das kann man z.B. durch einen Brief erreichen, den man über mehrere Therapiesitzungen hinweg entwirft – einen Brief an den Täter, in dem das Opfer einige Übergriffe benennt und sich im nachhinein dagegen verwahrt und ihm die Verantwortung dafür zuspricht. Darüber hinaus kann man auch eine symbolische Abgrenzung mittels Kunsttherapie erreichen, indem man diese Abgrenzungen malt oder auch gestisch darstellt. Wichtig ist bei allem, daß man es lernt, sich abzugrenzen – auch gegenüber unterirdischen Willensvermischungen im späteren Lebensalter. Auch in der Heileurythmie gibt es bestimmte Gesten, die man für diese Abgrenzung lernen kann.

Mit älteren Jugendlichen und Erwachsenen arbeitet man also die Übergriffssituationen durch, reflektiert die Täterstrategien und übt das Erwerben von Abgrenzungsfähigkeiten.

Beim kleineren Kind ist die Therapie schwieriger. Ich persönlich bin kein Kindertherapeut. Mit Kindern arbeitet man eher auf einer symbolischen Ebene, z.B. mit einem Kasperletheater oder mit irgendwelchen Spielfiguren. Mit diesen Figuren konstelliert man Szenen, die Übergriffssituationen nahekommen. Aber man führt die Figuren so, daß in der Szenerie eine Abgrenzung für das Kind, eine für das Kind schützende Situation herauskommt. Man hofft dadurch, daß das Kind durch den sich wiederholenden Vorgang aufnimmt, daß es sich schützen kann. Verbal psychologisieren sollte man nicht mit kleinen Kindern. Man kann ihnen auch nicht die Täterstrategien erklären.

Wenn sich ein Mißbrauchsfall in Luft auflöst

W.W.: Welche Arbeit machen Sie konkret? Mit welchen Opfern haben Sie es vorwiegend zu tun?

M. Wais: Das beginnt mit wenigen Opfern im Alter von vier bis fünf Jahren und reicht eigentlich bis ins hohe Alter. Knapp 20 % der Mißbrauchs-

© YORCK

Edgar Germain Hilaire Degas

Knabenakt mit erhobenen Armen und gespreizten Beinen, 1859–1860,

New York, The Metropolitain Museum

opfer bei uns sind Jungen. Bei Mißbrauchsverdachtsfällen gehen wir als Team heran; denn es sollte niemand denken, daß er einen Mißbrauchsfall allein aufklären kann. In diesem Team ist einer von uns die Bezugsperson für das Kind, eine andere Teamperson ist diejenige, die mit der Familie spricht, und eine ist die Kontaktperson zum Jugendamt. Eine solche Teamarbeit führt häufig zu einer Aufdeckung, aber nicht immer.

Am schlimmsten für uns Fachleute auszuhalten ist es, wenn sich ein Mißbrauchsfall in Luft auflöst. Gerade die kleinen Kinder äußern sich nicht konkret, sondern werden uns wegen irgendwelcher Verhaltensauffälligkeiten oder Sexualisierungen im Kindergarten überstellt. Wenn man dann mit dem Kind – z.B. über das Malen – ins Gespräch kommt, berichtet es Fragmente, wie z.B.: „Zu dem Opa gehe ich nicht mehr." Wenn ich dann frage, warum nicht, äußert sich das Kind meist nicht mehr, und das Gespräch ist zu Ende. An einer anderen Stelle, vielleicht drei oder vier Wochen später, äußert das Kind dann beiläufig, daß der Opa weißes Blut habe. Wenn man als Therapeut diese Fragmente zusammenfaßt und sie dem Kind wieder erzählt, kann es gut vorkommen, daß es antwortet, daß es alles, was es in den letzten Wochen berichtet habe, nur erfunden habe. Das Kind zieht dann also einen Teil der Aussagen zurück. Ich antworte dann meist, daß ich mir gut vorstellen könne, daß das Kind sich wünsche, daß alles nur ausgedacht sei. Dann lasse ich die Angelegenheit vorerst ruhen, greife sie aber später nochmals auf. Mit kleinen Kindern bekommt man also nicht schnell Klarheit.

W.W.: Werden die kleineren Kinder also nicht vorwiegend wegen eines Mißbrauchsverdachts zu Ihnen geschickt?

M. Wais: Nein, häufig sind zuerst Verhaltensauffälligkeiten an der Tagesordnung. Sie werden dann vom Kindergarten oder der Schule zu uns geschickt; neulich z.B. ein Junge aus der 2. Klasse, der fortwährend im Unterricht onanierte. Wenn Jugendliche kommen, sind diese meist schon im Zustand einer gewissen Verwahrlosung – sie schwänzen die Schule, sind bei den Punkern untergetaucht, ritzen sich u.v.m. Darüber hinaus gibt es aber auch beim Erstgespräch bereits Verdachtsmomente für einen Mißbrauch – z.B. eine Mutter, die den Nachbarn verdächtigt, ihr Kind mißbraucht zu haben.

Die Täter werden zur Therapie gezwungen

W.W.: Sie erwähnten vorhin, daß sie auch mit Tätern arbeiten. In welchem Zusammenhang erfolgt diese Arbeit?

M. Wais: Das hat mit unserer Beratungsstelle eigentlich gar nichts zu tun; denn mein zweites berufliches Standbein ist meine Arbeit im Gefängnis. Zusätzlich habe ich bis vor kurzem in einer Einrichtung gearbeitet, in der Täternachsorge gemacht wurde. In beiden Situationen ist es so, daß die Täter zur Therapie gezwungen werden. Kein Täter macht freiwillig eine Therapie – zumindest habe ich noch nie einen kennengelernt. Wenn dies außerhalb des Gefängnisses stattfindet, sind dies meist Männer, die eine Therapieauflage bekommen haben. Beispielsweise sind sie zu drei Jahren Gefängnis verurteilt worden und beantragen nach zwei Jahren einen Erlaß der Reststrafe; manchmal bekommen sie auch diesen Erlaß, aber mit der Auflage, eine Therapie zu machen, und der Bewährungshelfer hat die Aufgabe zu kontrollieren, ob diese Therapie auch stattfindet. An dieser Stelle steigen wir ein. Die Männer sind also bei uns unter Zwang.

W.W.: Wie läuft diese Therapie ab?

M. Wais: Es ist eine Gruppentherapie, und ähnlich wie bei der Opfertherapie geht es darum, die Mißbrauchssituationen zu rekonstruieren: wie die Beziehung zum Kind aufgebaut wurde, wie das Grooming ablief, wie die Übergriffe im einzelnen aussahen usw. In einem zweiten Schritt geht es um den Erwerb der Opferempathie, vor allem aus Sicht des Kindes. Erst wenn man so weit ist, kann man, etwas breiter angelegt, auf die biographischen Hintergründe zu sprechen kommen – auf die Frage, warum der Täter auf die Idee gekommen ist, ein Kind auf diese Weise zu manipulieren und zu mißbrauchen.

Bei der Einzeltherapie im Gefängnis ist es ähnlich. Hier haben die Täter allerdings keinen formellen Zwang, bekommen aber von der Gefängnisleitung eine Aussicht auf Hafterleichterung, wenn sie sich einer solchen Therapie unterziehen. Das ist das Motiv dieser Täter, an einer Einzeltherapie teilzunehmen. Auch diese Therapie verläuft ähnlich. Auf jeden Fall wird man immer zu Beginn einer Therapie vom Täter verlangen, daß er sich mit diesem Teil seines Lebens konfrontiert. Auf keinen Fall redet man erst einmal – wie man das früher gemacht hat – lange Zeit über die Biographie des Täters, was dieser alles an Schlimmem erlebt hat, um dann am Ende eventuell über den Mißbrauch zu sprechen. Das funktioniert so nicht, weil eine solche Vorgehensweise die Täter dazu einlädt, die Therapeuten ähnlich manipulativ zu benutzen wie vordem die Kinder.

W.W.: Erleben Sie Einsicht bei den Tätern, oder zaubern diese Ihnen nur etwas vor?

© Yorck Albrecht Dürer

Kopf eines Knaben, um 1503, London, The British Museum

M. Wais: Dieser Arbeit stehe ich sehr skeptisch gegenüber, und ich habe nicht den Eindruck, daß wir hier sehr effizient arbeiten. Trotzdem finde ich diese Arbeit sinnvoll. Denn wenn ich von zehn Tätern nur zwei von zukünftigen Mißbrauchstaten abbringen kann, habe ich immerhin etwas erreicht. In Holland gibt es Untersuchungen, die besagen, daß durch diese Therapien die Rückfallwahrscheinlichkeit von 80 % auf 50 % gesenkt wird. Das sind zwar nur kleine Brötchen, aber es ist nicht *nichts*.

W.W.: Ist eine solche Arbeit nicht total frustrierend?

M. Wais: Es gibt sicherlich schönere Arbeitsplätze, aber diese Arbeit ist notwendig. Mein Motiv ist vor allem die Prävention. Ich kenne Täter, die bis zu zehn Jahre im Gefängnis saßen und sich gleich nach ihrer Entlassung wieder an das nächste Kind heranmachten.

W.W.: Haben Sie den Eindruck, daß die Gewalt gegenüber Kindern und das Brechen sexueller Tabus in den letzten Jahren angestiegen sind?

M. Wais: Hier spielen die Medien eine große Rolle, und im Internet gibt es nichts, was es nicht gibt. Es gibt eine allgemeine Entgrenzung auf dem sexuellen Gebiet in immer breiteren Bevölkerungsschichten. Ob das aber den Mißbrauch erklärt, kann ich nicht beurteilen. Dadurch, daß die Entgrenzung im Öffentlichen stattfindet – so könnte es auch sein –, braucht man sich nicht mehr entsprechend im Verborgenen zu verhalten. Es gibt hier schlimme Verzerrungen und Zeiterscheinungen, die aber für meinen konkreten Fall in der Therapie keine Bedeutung haben. Die Motive der Täter sind sehr individuell und in der eigenen Geschichte begründet. Auch diese Motive haben eher mit Scham und Ohnmachtsgefühlen zu tun – nicht damit, daß man heute an jeder Ecke Pornos schauen kann. Deswegen möchte ich hier noch einmal betonen, daß dem Mißbrauch nicht primär ein sexuelles Motiv zugrunde liegt.

Die Verantwortung übernehmen

W.W.: Wie steht es mit dem Schicksalsverhältnis zwischen Täter und Opfer? Sollte man beide in irgendeiner Weise zusammenbringen, z.B. indem der Täter sein Opfer um Entschuldigung bittet?

M. Wais: Wenn man nach einer langen Therapie den Täter zu einer echten Entschuldigung bringen kann, so ist das sehr sinnvoll. Aber diese Entschuldigung muß wirklich langfristig erarbeitet und darf nicht nur beiläufig ausgesprochen werden. Diese Entschuldigung kann in Form eines Briefes oder in einer direkten Begegnung erfolgen. Wichtig in unserer Therapie ist es, daß der Täter am Ende der Therapie die Verantwortung für seine Taten übernimmt. Denn damit macht er alle seine Strategien rückgängig, die gerade darin bestanden, dem Kind die Verantwortung zuzuschieben. Ein großer Schritt ist erreicht, wenn der Täter nach Ende der Therapie rückblickend sagt: „Ich habe für alles, was geschehen ist, die Verantwortung." Wenn das Opfer dies hören möchte, kann er ihm diese Einsicht vermitteln. Ein solches Verhältnis wäre menschlich sauber.

Immer einen Schritt voraus

von Brigitte Christiansen*

Wer meine Biographie ein wenig kennt, meint, ich könne zum Thema Lebenskrisen und dazu, wie sie erfolgreich überwunden werden, einiges beitragen. Meine Kindheit war geprägt von Geldsorgen, einem alkoholabhängigen Vater und einer schwachen coabhängigen Mutter. Ich erlebte die Kindheit einer ältesten Tochter einer typischen Alkoholikerfamilie und entwickelte früh Strategien, damit zurechtzukommen. Ich möchte nicht meine ganze Biographie erzählen, sondern einzelne prägende Erlebnisse; vor allem auch solche, die mir geholfen haben, in schwierigen Situationen nicht gänzlich zu verzweifeln.

Wenn ich an meine Kindheit zurückdenke, kommen in erster Linie viele Erinnerungen an ein unglückliches, trauriges Kind, das sich immer weggewünscht hat aus der eigenen Familie. Sicher habe ich auch schöne Momente mit meinen Eltern erlebt; doch diese Momente waren immer von der Angst überschattet, daß sich die Situation jederzeit wieder ändern kann. Es gab keine Zuverlässigkeit; jeder schöne Moment konnte sich sofort ins Gegenteil verwandeln – aufgrund der Trunksucht meines Vaters.

Ich hatte das Glück, viele Begegnungen außerhalb meiner Familie mit anderen Menschen zu erleben, und diese haben mein seelisches Immunsystem dermaßen gestärkt, daß ich heute als Erwachsene in einer aus meiner Sicht gesunden Partnerschaft und Familie leben kann.

Als Lebenskrisen bezeichne ich Situationen oder Lebensphasen, in denen Handlungsstrategien fehlen, mit den jeweiligen Situationen umzugehen oder zurechtzukommen. Mir fallen wenige Situationen in meinem Leben ein, in denen ich nicht mehr weiter wußte oder mir etwas gänzlich Neues einfallen lassen mußte. Schon seit frühester Kindheit habe ich Strategien entwickelt, in meiner Alkoholikerfamilie zu überleben. Ich nutzte jede Chance, die sich mir bot, jede Situation für mich günstig zu entscheiden. Das gelang mir nicht immer; aber ich habe immer versucht, aus meinem unglücklichen Leben – wie ich es damals empfand – das Beste zu machen. – Heute sehe ich mich als einen handlungsorientierten Menschen, der in den Augen seiner Mitmenschen oftmals zu schnell

---

* geboren 1960 in Hamburg, aufgewachsen an verschiedenen Orten in Schleswig-Holstein, Abitur 1980 , Studium der Pädagogik ,verheiratet, zwei Töchter, lebt und arbeitet in der Nähe von Salzburg. (Name von der Redaktion geändert.)

handelt. Oft bin ich mehr als einen Schritt voraus, erahne viele Situationen, Entwicklungen und Beziehungen intuitiv, fast hellsichtig. Das ist für mich heute im Sozialen nicht immer einfach. Als Kind war diese Fähigkeit überlebenswichtig, entscheidend. So stoße ich manchmal, z.B. bei der Entwicklung neuer Projekte, ein Team vor den Kopf. Dann wird mir diese Eigenschaft manchmal lästig. Ich merke, daß ich inzwischen fast zu still geworden bin und diese Fähigkeit dann oft nicht nutze.

Zwei Erlebnisse fallen mir allerdings sofort ein, in denen ich wirklich in eine tiefe Krise geraten bin. Mit 13 Jahren bin ich überfallartig mitten in der Nacht im Schlaf von meinem betrunkenen Vater überfallen und vergewaltigt worden. Was unmittelbar im Anschluß und in den nächsten Tagen nach diesem Erlebnis geschah, daran fehlt mir jede Erinnerung; diese Zeit ist wie weggeblasen. Mit 35 Jahren wurde mir bewußt, daß ich seit dem Überfall langsam, aber sicher in eine Schmerzmittelabhängigkeit geruscht bin. Meine Leben ohne Schmerzmittel zu organisieren stellte mich vor gänzlich neue Aufgaben, und ich mußte mir Strategien überlegen, ohne Schmerzmitel in Streßituationen zurechtzukommen.

Kindheitserinnerungen

Ich versuche einfach, den Alltag zu bewältigen, gehe zur Schule, als sei alles normal, wie immer. Aber nichts ist normal, nie wieder ist auch nur irgend etwas wie vorher. Meine Erinnerungen verschwimmen, alles ist undeutlich, unwirklich. Ich vertraue meiner Erinnerung nicht mehr und mir dadurch auch nicht mehr. Was stimmt? Was stimmt nicht? Habe ich jeden Bezug verloren? Wer bin ich? Ist das alles wirklich wahr um mich herum, oder stimmt das auch nicht? Was ist passiert? Warum ist es passiert? Warum habe ich es nicht verhindert? Ist es wirklich passiert? Spinne ich? Es kann nicht sein, das gibt es nicht! Meine Periode bleibt aus, das kann nicht sein. Bin ich schwanger? Vom eigenen Vater? Gibt es nicht! Gibt es doch? Ich bin dreizehn Jahre alt und aufgeklärt, wenn auch nur durch die *Bravo* und Schmuddelzeitschriften, die bei uns rumliegen. Eigentlich habe ich ein Gespür für Dinge, die in Ordnung und die nicht in Ordnung sind. Nun habe ich diesen festen Boden unter den Füßen verloren; ich weiß es nicht mehr und zweifle an allem, auch an meiner Existenz.

Ich bin dreizehn Jahre alt und stehe auf einer Verkehrsinsel einer stark befahrenen Kreuzung meiner Heimatstadt (als meine Heimatstadt bezeichne ich die Stadt, in der ich zur Schule ging und später studierte).

Ich weiß nicht mehr weiter, weiß nicht, wohin, weiß eigentlich nicht mehr wirklich, wer ich bin. „Bist du es?“ Ein Freund, mein Sandkastenfreund aus lang vergessenen, glücklichen Kindertagen, spricht mich an. Ich will mich mit ihm unterhalten, verabreden. Noch ein Lächeln, und schon ist er weg. Wir haben uns davor vier Jahre nicht gesehen und auch danach nie wieder. Wer war es wirklich? Ich erzähle jedem, daß ich ihn getroffen habe, keiner versteht meine Freude. Ich bin traurig darüber, daß ich nicht weiß, wo ich ihn wiederfinden kann.

Dieses Erlebnis gibt mir Halt für die nächsten Wochen bis zu meiner Konfirmation. Auf die Konfirmation lebe ich zu. Mein Vater lehnt sie ab, versucht, mich bis zum letzten Moment damit zu erpressen, daß ich das Geld, das die Konfirmation kosten würde, geschenkt bekäme, wenn ich bereit wäre, auf dieses „oberflächliche Ereignis“ zu verzichten. Für mich ist die Konfirmation Haltepunkt. Ich entscheide mich für meine Religionszugehörigkeit, für meinen Glauben, der mir Halt gibt. Nach der Konfirmation habe ich nicht nur das Gefühl, religionsmündig zu sein: Ich fühle mich meinem Vater überlegen.

Zum Zeitpunkt meiner Konfirmation liegt der Überfall vier Monate zurück. Zu meinem täglichen Brot gehört seitdem eine erhöhte Aufmerksamkeit, damit es nicht wieder passiert. Der Überfall geschah nachts im Schlaf, seither habe ich Einschlaf- und Durchschlafstörungen, panische Angst im Dunkeln, überhaupt Angst. Ein Arzt diagnostiziert Migräne. Mein Zimmer kann ich abschließen, es liegt strategisch günstig für mich, trotzdem bleibt die Angst. Ich durchsuche immer mein Zimmer, bevor ich mich schlafenlege – eine Angewohnheit, die ich bis heute habe, wenn ich nach langer Abwesenheit allein in unser leeres Haus zurückkehre.

Er ist immer hinter mir her, meistens betrunken. Aber nein – betrunken ist er nicht, das „gibt“ es nicht. Keiner weiß davon, niemand darf es wissen, nicht einmal wir selbst. Das Thema Alkohol ist tabu. Obwohl das Thema tabu ist, sind wir fortwährend damit beschäftigt. Immer aufpassen, daß er nicht trinkt. Darum ging es schon, seit ich denken kann.

Doch ab jetzt muß ich auch noch auf mich aufpassen, das ist neu. Immer auf der Flucht, ständig den Feind im Auge. Das Badezimmer absperren, aufpassen, daß er nicht hinterherkommt, aufpassen, daß er nicht merkt, wenn ich duschen will.

Ich brauche immer einen Fluchtweg, überlege, welche Tür abgeschlossen sein muß, welche offen bleibt. – Wir leben in einem verwinkelten alten Haus mit vier Ein- und Ausgängen. Der richtige Schlüssel muß immer parat liegen. Ich übe mich darin, alle Möglichkeiten im voraus zu denken, alle Situationen durchzuspielen.

Ich komme in mein Zimmer, schon wieder liegt er auf meinem Bett, halb ausgezogen. Ich hole meine Mutter: „Was machst du da?" Wer macht hier eigentlich was?

Einmal schafft er es tatsächlich, mich in der Badewanne zu erwischen. Er taucht mich unter in der Badewanne. Ist es nur Spaß oder bitterer Ernst? Ich merke, wie die Stimmung kippt und es ihm Spaß macht, mir Angst zu machen. Ich kämpfe um mein Leben, bekomme keine Luft, schlucke Wasser, ertrinke fast. Meine Mutter rettet mich tatsächlich einmal, aber hinterher ist nur Schweigen. Auch dieser Vorfall ist tabu.

Allmählich werde ich immer aufsässiger. Meine Eltern beschließen daher, mich bei einem Psychiater vorzustellen. Mit mir stimmt also etwas nicht! Ich kann es nicht glauben, weiß mich aber nicht zu wehren. Mein Vater bringt mich hin. Nach eingehender Untersuchung und diagnostischem Gespräch kommt die Wende: Der Psychiater holt mich zum Gespräch, mein Vater muß draußenbleiben. Der Psychiater erklärt mir sehr deutlich, daß ich okay bin, ich solle mir keine Sorgen machen und mir auch nichts anderes einreden lassen. Er wird meinen Vater in Behandlung behalten, der habe es nötig. Mit ihm werde er jetzt sprechen, ich könne ihn in einer Stunde abholen. Danach wieder Schweigen in unserer Familie. Nur hat sich geändert, daß wir jetzt aufpassen müssen, daß mein Vater die verschriebenen Tabletten nimmt. Er will sie aber nicht immer nehmen, denn mit Tabletten schmeckt ihm der Alkohol nicht, der ihm lieber ist als alles andere. Es ändert sich eigentlich nichts.

Nüchtern erscheint er ungefährlich, oder nicht...? Nüchtern kann er organisieren, charmant argumentieren, organisiert meine Mutter und meine kleinen Brüder weg. Dann ist er oft mit mir alleine, fängt an zu trinken, und für mich beginnt die Flucht. Ich fühle mich stark und werde aktiv. Ich rufe seinen besten Freund an: Dieser glaubt mir erst nicht, daß die Stuation für mich wirklich bedrohlich ist. Ich überzeuge ihn, er kommt und nimmt uns Kinder mit zu sich. Meine Mutter kommt und weint. Ich habe verraten, was sie in mühevoller Arbeit über Jahre verheimlicht hat. Ich bin 14 Jahre und spreche über Alkoholismus. Meine Mutter „kennt" das Wort nicht, weiß nicht, wovon ich spreche – also stimmt es nicht. Sie fragt mich immer und immer wieder, warum ich das getan habe. Ich hätte doch einfach verhindern können, daß er trinkt. Nun wissen es die Freunde, sie wissen etwas, was nicht stimmt, also habe ich gelogen.

Wo ist eigentlich meine Mutter? Sie ist immer da, trotzdem abwesend. Immer beschäftigt mit dem Gedanken, daß er nicht trinkt. Ihre ganze Sorge gilt der Aufrechterhaltung ihrer Ehe und dem Bild einer heilen Familie nach außen. Ich bin die älteste Tochter und habe die Verpflichtung, dabei zu helfen. In mir wächst die Frage nach der Verantwortung meiner Mutter. Ich sehe, wie meine kleinen Brüder seelisch verwahrlosen, und bin verzweifelt. Ich fühle mich verpflichtet, für meine Brüder zu sorgen, ersetze früh die Mutter, die mit anderen Dingen beschäftigt ist. Ich fange an, regelmäßig Schmerzmittel zu nehmen, gegen meine „Migräne". Oft frage ich mich, warum meine Mutter nicht einfach ihre Kinder nimmt und geht. Nein, wir können ihn doch nicht alleine lassen, er würde doch trinken, außerdem braucht sie ihn.

Bei uns stimmt was nicht, das weiß ich schon lange. Zu viele Dinge, über die nicht gesprochen werden darf: Alkohol am Steuer, Alkohol schon morgens, Führerschein weg, Schulden über Schulden, Silberbesteck im Pfandhaus, selbst der Ehering im Pfandhaus – darüber spricht man nicht, und hinzu kommt noch das Unaussprechliche.

Ich möchte darüber reden, will es aussprechen, aber darf es nicht, denn dann bin ich schuld. Bin ich schuld, wenn ich es ausspreche? Solange nichts gesagt wird, ist es wie ungeschehen. Es muß doch mal gesagt werden... immer wieder Schweigen.

Und dann noch die Angst ums Überleben, immer auf der Flucht, immer diese ekelhaften Annäherungsversuche, wenn er betrunken ist.

Ich male mir immer und immer wieder in meinen Phantasien aus, wie ein Leben ohne ihn sein würde. Darf man das? Ich habe ein schlechtes Gewissen, trotzdem.

Zwei Jahre nach dem Überfall – ich bin 15 Jahre, meine Brüder sind elf und vier Jahre alt – ist er tatsächlich tot, gestorben, einfach so, keiner weiß, warum. Die Ärzte stehen vor einem Rätsel. Ich weiß, warum; nur will es niemand hören. Er wollte oder konnte ohne den Alkohol nicht leben. Meine Eltern hatten das Geschäft aufgegeben, waren hoch verschuldet, und mein Vater arbeitete in der Firma seines besten Freundes – derjenige, der durch mich von der Alkoholabhängigkeit meines Vaters erfahren hatte. Er hatte meinem Vater unmißverständlich klargemacht, daß er, sobald er trinke, seinen Job los sei. Mein Vater war das erste Mal, seitdem er erwachsen war, ein halbes Jahr ununterbrochen trocken. Das hat er nicht ausgehalten. Sein Immunsystem ist einfach zusammengebrochen. Ein Organ nach dem anderen setzte aus.

Ich höre leise Stimmen, daß er sich aus der Verantwortung gestohlen hat. Keiner sagt es laut. Ich habe jahrelang ein schlechtes Gewissen, denn ich hatte mir nichts sehnlicher gewünscht als ein Leben ohne ihn. Ist er deshalb gestorben? Bin ich wieder schuld?

Ich habe gar keine Zeit, mich weiter damit zu beschäftigen, denn die nächste Lüge entsteht: Er war so ein guter Ehemann und Vater! Meine Mutter idealisierte ihn nach seinem Tod.

„Das stimmt nicht!", schreie ich, aber ich soll den Mund halten; über Tote spricht man nicht schlecht.

Na gut, denke ich; Hauptsache, er ist weg. Nun wird alles besser, hoffe ich. Bei aller Konzentration, mich vor meinem Vater zu schützen, habe ich meine Mutter vergessen, ihre Rolle als Coabhängige in dem Geschehen nicht durchschaut.

Immer diese Lügen, sie begleiten mich in meiner ganzen Kindheit. „Du lügst!" höre ich von meiner Mutter. Was nicht sein darf, ist einfach nicht wahr, deshalb ist es eine Lüge. Nach seinem Tod wird meine Mutter mein Problem, sie wiederholt ihre Ehe mehrfach auf ähnliche Weise, fast zwanghaft, als wolle sie sich und der Welt beweisen, daß es so in Ordnung sei.

Mein Vater, ein Quartalssäufer, fiel oft als Arbeitskraft aus, die ich früh ersetzen mußte. Von kleinauf mußte ich eigentlich den ganzen Tag arbeiten – oft waren es Strafarbeiten, die mein Vater mir aufgab. Ich war ihm zu frech, sagte ständig meine Meinung, besonders über ihn – was dazu führte, daß er mich mit Arbeit kleinzuhalten versuchte. Das war für ihn kein Problem, denn meine Eltern hatten ein kleines Lebensmittelgeschäft, in dem die Arbeit nie ausging. Einmal mußte ich so lange stehend arbeiten, bis sich meine Knie entzündeten und ich drei Wochen eingeschient im Bett lag. Auch war ich für meinen elf Jahre jüngeren Bruder von Anfang an fast alleine zuständig.

Mein Vater beleidigte mich oft mit dem Wort Mißgeburt – ich habe einen kleinen Geburtsfehler – und verglich mich mit einem Bastard. Wenn er gerade richtig betrunken war, prügelte er auf uns Kinder mit Kochlöffeln und Teppichklopfern ein. In mir regte sich immer der Widerstand. Mit vierzehn Jahren schlug ich mit einem nassen Waschlappen, den ich zufällig in der Hand hielt, voll in sein Gesicht zurück. Ich verweigerte jede Entschuldigung für mein Verhalten. Von da an hatte ich jedenfalls in der Hinsicht Ruhe – ich wurde nie wieder geschlagen. An dieser und vielen anderen Kleinigkeiten merkte ich, daß er eigentlich ein Feigling war.

Endlich 18 Jahre alt! Ich ziehe aus, habe Freunde, die mir helfen, außerdem bin ich im Überleben gut, das habe ich gelernt. Meine Mutter kann das nicht, ihr System bricht ohne mich zusammen. Ich bin schuld, daß sie den ersten besten Säufer heiraten muß, weil ich ausgezogen bin.

Wieder sage ich die Wahrheit: "Zieh aus, bist du wahnsinnig, er säuft, er ist brutal, was soll das?" Ihre Antwort ist erschreckend einfach: Ich habe sie alleingelassen mit den Jungs, sie mußte ihn heiraten.

Zurück ins Leben

Diese Erlebnisse haben mich einerseits oft traurig sein lassen; ich habe aber auch Fähigkeiten und Kompetenzen ausgebildet, die mir damals geholfen haben zu überleben. Ich habe versucht, die Ereignisse, Situationen, Begegnungen und Faktoren zusammenzutragen, die dazu beitrugen, dies alles so zu erleben und „gesund" zu bleiben. Andere Frauen erleben Ähnliches, Schlimmeres oder weniger Schlimmes, und ihr Leben ist völlig zerstört. Ich kenne beruflich bedingt viele Frauen, die aufgrund solcher Erlebnisse in Langzeittherapie, nicht bindungsfähig sind oder sogar in der Psychiatrie landen. Oft wiederholen Frauen die Erlebnisse ihrer Kindheit, indem sie entsprechende Partner heiraten und für sie selbst ungute Beziehungen eingehen.

In den verschiedenen Phasen meines Lebens waren es sicherlich unterschiedliche Strategien der Bewältigung, die nicht – wie eine Zahl auf die andere – hintereinander- oder nebeneinanderstanden. Sie durchdringen sich, haben ihren Beginn bereits oftmals kurz nach den Erlebnissen, verwandeln sich und wirken in anderer Form, mit anderen Menschen, in anderer Intensität fort. So wird man hier auch keine Aufzählung finden können, sondern eine Beschreibung von Lebenssituationen, die deutlich machen, daß der Weg nicht geradlinig ist und daß gewisse Verletzungen und Einschränkungen erst sehr viel später erkennbar sind, die dann aber, durch ihre Überwindung, auch eine Stärkung bedeuten.

Diese Stärkung verhalf mir in meiner Kindheit gewiß zu einer auch durch mein Äußeres und meine Art bedingten Beliebtheit bei Menschen außerhalb meiner Kernfamilie.

Fürsorgliche Erwachsene

Man sagt von mir, daß ich ein nettes kleines Kind war, daß ich bei Menschen im Umkreis und in meiner Verwandtschaft aufgrund der Familiensituation, in der ich steckte, Mitleid erregt habe.

Bedingt durch die Krankheit meiner Mutter und die berufliche Eingespanntheit beider Elternteile sowie der (totgeschwiegenen) Alkoholsucht meines Vaters verbrachte ich immer wieder lange Zeiträume bei meiner Großmutter und bei Tanten mit Cousinen und Cousins. Ich verreiste immer gerne und streckte schon sehr früh rechtzeitig meine Antennen aus, wo ich wieder einmal ein paar Wochen verbringen konnte. Um von zu Hause wegzukommen, bin ich schon im Alter von sechs Jahren allein weite Wege mit dem Zug gefahren. Meine Mutter gab mich bereitwillig ab; bei meinen Brüdern soll sie dies nicht zugelassen haben, sonst wären sie wahrscheinlich auch umsorgt worden.

Auch in unserem Dorf war ich als kleines Kind im Vorschulalter beliebt und hielt mich viel bei den Bauern im Dorf auf. Dort saß ich mit am Tisch, spielte im Stall, auf den Feldern und auf dem Heuboden und hatte auf diese Weise eine zweite sorglose Kindheit im Gegensatz zu den Sorgen zu Hause. So habe ich das Glück gehabt, neben meinen Eltern, die in erster Linie mit sich beschäftigt waren, fürsorgliche Erwachsene zu erleben – Erwachsene, die mich zum Teil liebten, zum Teil bemitleideten oder einfach nur mochten. Leider hörte die Fürsorge dieser Menschen nach und nach auf. Zum einen begrub mein Vater mich mit zunehmendem Alter – ungefähr ab Schulbeginn – mehr und mehr mit Arbeit zu Hause, zum anderen starb meine Oma, und mein kleinster Bruder, für den ich sorgen mußte, wurde geboren. So konnte ich ab meinem elften Lebensjahr auch in den Ferien nicht mehr weg. Ich versuchte, mich mehrfach dagegen zu wehren, doch mein Vater blieb hart: Ich hatte für meinen kleinen Bruder in den Ferien, am Nachmittag und im Sommer auch an den Wochenenden – meine Mutter arbeitete eigentlich immer – zu sorgen.

Die Familie meines Patenonkels blieb mir Vorbild. Sie zeigte mir in meinen Ferienaufenthalten dort, daß Familenleben anders aussehen kann, und stärkte mein Empfinden für Normalität. Dieses Glück, Menschen, insbesondere Familien zu kennen, bei denen es anders zuging als bei uns, hat mir Werte vermittelt, die sich unerschütterlich in mir festsetzten und mir gleichzeitig deutlich machten, daß bei uns irgend etwas nicht stimmte.

Gleich nach meiner Geburt war meine Mutter schwerkrank, so daß sie nicht für mich sorgen konnte. Vielleicht entwickelte sich deshalb zwischen uns beiden nie eine stabile, vertrauensvolle Mutter-Kind-Beziehung. Bei meiner Mutter suchte ich nie wirklich Schutz und Geborgenheit. Erwartet habe ich es schon von ihr, aber doch immer gewußt, daß sie nicht diejenige ist, die mir Geborgenheit geben kann. Diese Einsicht hat mich sicher vor traumatisierenden Enttäuschungen geschützt.

Die wichtigsten Frauen in meinem Leben waren meine Großmutter, eine Großtante und eine meiner Tanten, die mir die Geborgenheit gaben, die ich bei meiner Mutter nicht erlebte. Meine Großmutter lebt nun schon lange nicht mehr, und zu meiner Großtante, die nun schon über 90 Jahre alt ist, habe ich bis heute einen liebevollen Kontakt. Meine Tante habe ich vor ein paar Wochen nach 35 Jahren wiedergesehen und daraufhin eine liebevolle Postkarte bekommen, die für mich so aufbauend ist, daß andere, negative Erlebnisse dagegen unbedeutend werden. Alle diese Frauen waren sehr religiös und pflegten auch mit mir diese Religiösität. Eine gute Kinderbibel – wie mir ein Pfarrer der Christengemeinschaft später bestätigte – war lange mein ständiger Begleiter und liebstes Lesebuch. Im Grunde war und ist auch meine Mutter religiös, nur konnte und durfte sie es mir nicht vermitteln. Mein Vater lehnte jegliche Religiosität ab, zog sie ins Lächerliche und akzeptierte auch nicht, daß meine Mutter sich offen zu ihrem Glauben bekannte. Infolgedessen wurde mein jüngster Bruder auch nicht mehr getauft – eine Tatsache, die mir damals die Schwäche meiner Mutter auch in dieser Hinsicht deutlich machte und die sich zwischen uns stellte. Heute bin ich davon überzeugt, daß eine tiefe Religiosität seit frühester Kindheit mein seelisches Immunsystem so gestärkt hat, daß meine Seele den vielen Angriffen standhalten konnte.

Auch nach unserem Umzug in ein anderes Dorf – ein weiterer Versuch meiner Eltern, mit einem kleinen Geschäft erfolgreich zu werden, gab es wieder Erwachsene außerhalb der Familie, die für mich verläßliche und hilfreiche Personen darstellten. Ich kam auf ein Gymnasium weitab von dem Dorf, in dem ich lebte. Dort erlebte ich wieder Freunde, deren Zuhause anders war als das meine. Ich lernte Eltern kennen, die Bücher lasen, die mir Buchempfehlungen gaben und sich um ihre Kinder kümmerten. In mir entwickelte sich ein Ziel: Ich wollte das Abitur schaffen und studieren. Nach ca. zwei bis drei Jahren auf dem Gymnasium bekamen meine Eltern das Gefühl, sie würden mich verlieren. Sie konnten mit dem, was ich in der Schule lernte, nichts mehr anfangen. Es interessierte sie auch nicht wirklich – im Gegenteil. Dadurch, daß es in unserem Dorf nicht üblich war, auf das Gymnasium zu gehen, wurde ich dort zur Außenseiterin. Durch die viele Arbeit, die ich neben der Schule im Laden meiner Eltern zu erledigen hatte, fiel dies auch nicht weiter auf. Es interessierte meine Eltern ebenso nicht, wie ich von der Schule heimkam. Die letzten drei Kilometer, die durch einen Wald führten, mußte ich häufig zu Fuß gehen, da am Nachmittag kein Bus fuhr. Einem Mathematikprofessor, der in der Nähe wohnte, fiel das auf. Er verabredete sich häufig mit mir, um mich die letzten Kilometer mit heimzunehmen. Oft entschuldigte er sich dann bei mir, wenn seine Studenten ihn noch aufgehalten hatten. Mit ihm führte ich auf dem kurzen Weg viele interessante Gespräche. Er war es, der sich für meine Schule interessierte, er verstand die Inhalte, über die ich berichtete, und er war es, der mir bei Fragen weiterhelfen konnte. Diese regelmäßigen Begegnungen wurden mir wichtiger als ein Interesse meiner Eltern. Dieser Mann wurde über mehrere Jahre, wahrscheinlich ohne es zu wissen, ein zuverlässiger, fürsorglicher Erwachsener meiner Jugend, der mir gleichzeitig durch sein hohes Bildungsniveau einen Weg aufzeigte, den ich gehen wollte und den er mir zutraute.

Flucht in eine andere Welt

In dieser Zeit mußte ich nun mehr und mehr arbeiten und auf meinen kleinen Bruder aufpassen; ich hatte nicht mehr die Möglichkeit, äußerlich zu flüchten. Daher begab ich mich in die Welt meiner Träume und entwikkelte ein eigenes Leben außerhalb meiner Realität. Dann zog ich mich ganz bewußt in mein Zimmer zurück und entwickelte in meinen Phantasien ein anderes Leben, in dem in erster Linie mein Vater nicht mehr vorkam. Ich plante ein Leben, in dem ich die Zügel in der Hand hielt, in dem ich selbst die Gegenwart und Zukunft bestimmte. Für mich gehörten eine gute Schulbildung und ein Studium dazu. Diese Phantasiereisen waren für mich sehr erholsam, und ich konnte anschließend wieder gestärkt meine Arbeit in der Familie leisten. Nach dem Tod meines Vaters – ich war 15 Jahre alt – hörte ich mit diesen Phantasiereisen auf. Einerseits bekam ich Angst vor ihnen, da plötzlich, mit dem Tod meines Vaters, ein Bestandteil dieser Phantasie Realität geworden war. Andererseits holte mich nun die Realität ein; denn nun mußte ich allein für meine kleinen Brüder sorgen. Meine Mutter ging arbeiten, das Geschäft hatten wir nicht mehr – dafür einen Haufen Schulden; und abends war sie unterwegs.

Mein erster Mietvertrag

Mittlerweile hatte ich die Schule gewechselt – ein großes Glück für mich, wie sich herausstellte. Auf dieser Schule begegnete ich wieder Menschen, die mich in Hinblick auf mein weiteres Leben unterstützten. Hier, auf diesem Gymnasium, traf ich ältere Mitschüler, die auf dem zweiten Bildungsweg ihr Abitur machten, und viele arbeiteten neben dem Unterricht. Dort lernte ich Menschen kennen, die mir Freunde und zugleich Vorbild sein konnten. Da ich eine gute Schülerin war, war ich beim gemeinsamen Lernen mit den Klassenkameraden immer gerne gesehen. Es machte mir auch Spaß – einerseits weil ich auf diese Weise selbst am besten lernte, andererseits waren die meisten derjenigen, die Fragen an mich hatten, älter als ich. Das imponierte mir und stärkte mein Selbstbewußtsein. Auf der anderen Seite hatte ich mein zweites Leben mit meiner inzwischen alleinerziehenden Mutter, die mit ihrem Leben nicht zurechtkam und kaum zu Hause war. Ich war 17 Jahre alt und fühlte mich wie eine alte Frau, ich hatte „Migräne", hatte meinen ersten Hexenschuß und war psychisch am Ende, als ich viel zu spät zu einer Verabredung mit meinen Klassenkameraden erschien. Ich brach heulend zusammen. Meine Klassenkameraden, die bis dahin nicht wußten, wie es mir wirklich ging, machten mir Mut. An diesem Tag interessierte sich niemand mehr für Mathematik, sondern die Frage, wie und ob ich mein Leben selbst in die Hand nehmen kann, rückte in den Mittelpunkt. Heute bin ich besonders einer Klassenkameradin dankbar; damals war sie 28 Jahre alt und alleinerziehend. Sie rechnete mir vor, ob und wie es zu schaffen sei, und half mir bei der Organisation meines Auszugs. So unterschrieb ich meinen ersten Mietvertrag einen Monat, bevor ich 18 Jahre alt war. Die Vermieterin, eine 70jährige Frau, meinte, eine Unterschrift meiner Mutter sei da nicht nötig, ich sei durchaus in der Lage, dafür die Verantwortung zu übernehmen.

Antennen für das Verhalten anderer Menschen

Schon früh entwickelte ich Antennen für das Verhalten anderer Menschen. Ich mußte lernen, ihr Verhalten vorauszuahnen, um mein Verhalten entsprechend darauf abzustimmen. Damals half mir diese Fähigkeit, um mich rechtzeitig in Sicherheit zu bringen; heute hilft sie mir, Entwicklungen einzuschätzen, verstehen und handeln zu können. So durchschaute ich schon als relativ kleines Kind die Zusammenhänge in unserem Familiensystem, unsere Eingebundenheit im Dorf und die daraus resultierenden Verhaltensweisen. Wir taten als Familie alles, damit die Alkoholabhängigkeit meines Vaters nicht bemerkt wurde. Ich lernte z.B., so geschickt hinter der Ladentheke über meinen seinen Rausch ausschlafenden Vater hinwegzusteigen, daß die Kunden, die ich mit sieben Jahren bediente, ihn nicht bemerkten. Auf jeden Fall haben sie so getan.

Damit das Familienbild nach außen stimmte, mußte ich früh für mich und auch für meine Brüder Verantwortung übernehmen und entwickelte so die Bereitschaft, viel – und manchmal vielleicht zu viel – Verantwortung zu übernehmen. Letzlich ging es so weit, daß ich lange Zeit Verantwortung für Vorkommnisse übernahm, die ich gar nicht zu verantworten hatte. Die Auseinandersetzung mit der Frage, wofür ich wirklich verantwortlich bin und wofür mir die Verantwortung zugeschoben und aufgelastet wurde, hat lange gedauert und hält bis heute an. Mein Mann hat mein für ihn sicherlich manchmal überzogenenes Verhalten nie psychologisiert, sondern mir ein Recht auf „Normalität" zugestanden. Ich verhalte mich, wie ich will, und er reagiert darauf, ohne daß ich für seine Reaktionen verantwortlich bin. Er allein trifft die Entscheidung für seine Reaktion. Das war eine für mich schwierige Zeit, die mir half, mein Verhalten nicht immer auf ein eventuell späteres Verhalten eines anderen Menschen abzustimmen. Das, was ich damals in meiner Herkunftsfamilie gelernt hatte, war eine Vorgehensweise, die nur in dieses kranke Familiensystem paßte, nicht in eine zukünftige tragfähige Beziehung.

Vielleicht hat es mir geholfen, daß ich den Überfall nie verdrängt habe; ich habe ihn nie geleugnet, auch wenn es mir bis heute nicht leichtfällt, darüber zu reden.

Nun stell dich nicht so an

Als junge Frau schloß ich mich einer Selbsthilfegruppe und dem Frauennotruf an. Ich lernte viele Frauen kennen, die mein Schicksal teilten und deren Schicksal ich viel schlimmer fand als das meine. Das ging manchmal so weit, daß ich zu mir sagte: Nun stell dich nicht so an, es hätte noch viel schlimmer sein können.

Ich lernte Frauen kennen, die zwischen Psychiatrie und normalem Leben pendelten, und hatte das Gefühl, das meine ganz gut im Griff zu haben. Irgendwann wurde mir die dauernde Beschäftigung mit diesem

Thema zuviel, und ich zog mich zurück und dachte, das Thema sei für mich erledigt. Anfang der 80er wurde der Büchermarkt überschwemmt mit Literatur zum Thema des sexuellen Mißbrauchs, die ich verschlungen und inzwischen vernichtet habe. Allein die Tatsache, daß ich kein Einzelfall bin, hat mir geholfen, das Erlebnis einzuorden, zu überwinden. Insbesondere hat mir langfristig das Lesen über Alkoholismus und Coabhängigkeit geholfen, das Familiensystem unserer Alkoholikerfamilie zu verstehen und zu verarbeiten. Ich hatte viele typische Verhaltensweisen eines Alkoholikerkindes schon lange vor der Vergewaltigung. Vielleicht waren diese schon erlernten Strategien eine Art Überlebenstraining für das, was ab meinem 14. Lebensjahr einsetzte. Meine wichtigste Überlebensstrategie war wahrscheinlich, Hilfe von anderen Menschen zu holen oder Hilfsangebote zu erkennen und anzunehmen.

Auf den Hund gekommen

Zu den Dingen, die noch lange geblieben sind, gehörte eine unbändige Angst vor der Dunkelheit. Irgendwann hatte es sich entschieden, daß mein Mann beruflich viel unterwegs sein würde. Noch bevor er seine Tätigkeit begann, holte ich mir einen Riesenhund, vor dem ich selbst Angst hatte, aus dem Tierheim ins Haus. Dieser sollte mich beschützen und mir in meiner Angst vor der Dunkelheit beistehen. Mein Mann konnte mir zwar den Umgang mit diesem wohlerzogenen und gutmütigen Tier beibringen; die Angst, die ich vor ihm hatte, mußte ich selbst überwinden. Mir war klar, daß ich nur diese Chance hatte, die dunklen Nächte allein ohne Panik zu überwinden. Nach einem halben Jahr hatten wir es geschafft, und er wurde mir acht Jahre lang ein treuer Begleiter durch die Dunkelheit. Seitdem ist meine Angst vor der Dunkelheit im Normalbereich – nur ein Absuchen des Hauses und aller Schränke, wenn ich allein nach längerer Abwesenheit zurückkomme, ist mir geblieben. Das stehe ich halb lachend, halb weinend durch, solange es bleibt.

Immer wieder aber gab es auch Rückschläge – ich mußte mich mit eingestandenen oder auch uneingestandenen Folgen des Überfalls auseinandersetzen. Denn trotz aller Negativerfahrungen, die ich in meiner Familie mit Suchtmitteln hatte, lernte ich, daß ich eine kurzfristige Erleichterung durch Alkohol, Zigaretten und Medikamente erreichen konnte. Dies waren die Suchtmittel meiner Familie. – Ungefähr zu Beginn der Pubertät, so mit zwölf bis 13 Jahren, fing ich an, regelmäßig zu rauchen, Schmerzmittel zu nehmen und in immer kleiner werdenden Abständen auch Alkohol zu trinken. Ich habe versucht, durch mein provozierendes Verhalten eine Reaktion, eine Veränderung zu erreichen, merkte aber auch, wie mir die Flucht aus der Realität gelang. Ich habe Vollräusche erlebt, wollte damit provozieren und fand es gleichzeitig schrecklich. Genauso war es mit dem Rauchen; aber niemand in meiner Familie bezog dazu Stellung. Ich konnte öffentlich rauchen und wunderte mich, daß niemand es verbot. Es wurde – wie alles – einfach totgeschwiegen. Nur in bezug auf die Schmerzmittel kann ich mich genau erinnern, daß meine Mutter sie mir gegeben hat, obwohl ich sie anfangs gar nicht nehmen wollte. Sie erklärte mir unmißverständlich, daß ich dann selbst schuld sei, wenn ich Schmerzen hätte.

Das Baby und die Zigarette

In bezug auf Nikotin und Alkohol kam die Suchteinsicht als junge Erwachsene relativ schnell, und meine Lebensumgebung ermöglichte mir eine Abstinenz. Die Abstinenz gehörte sehr schnell zu meinem neuen Lebensentwurf. In bezug auf die Medikamente dauerte es noch, bis ich 35 Jahre alt wurde, daß ich darauf verzichten konnte. Immerhin hatte meine über alles geliebte Oma auch gut damit gelebt. Aber eines nach dem anderen.

Kurz nach dem Abitur bin ich schwanger geworden und stellte mir die Frage, was ich denn anders machen möchte, als ich es erlebt hatte. Dabei mußte ich sehr schnell bemerken, daß ich es nicht einmal schaffte, während der ersten Schwangerschaft mit dem Rauchen aufzuhören. Immerhin trank ich wenig Alkohol. Es war für mich, die sich doch so große Ziele gesetzt hatte, schon eine große Blamage – erst recht, weil ich von meinem Patenonkel darauf aufmerksam gemacht wurde.

Als meine Tochter noch ein kleines Baby war, nahm ich Rücksicht und rauchte nicht im gleichen Raum. Sie war gerade acht Monate alt, da erwischte ich mich mit der Zigarette in der einen Hand und ihr auf dem anderen Arm. In diesem Moment sah ich mich wie von außerhalb – ich sah mich wie von oben, war außerhalb meines Körpers – und fand mich eklig. Ich habe nicht nur sofort das Rauchen aufgegeben, sondern auch keinen Alkohol mehr getrunken, unsere Ernährung umgestellt und vieles mehr. Ich wurde in allem ein bißchen extrem; aber es hat geholfen, mein Leben zu verändern. Die Überwindung der Nikotinsucht – ich würde auch heute noch schnell rückfällig werden – war für mich ein großer Schritt in Richtung selbstbestimmtes Leben. Ich war nicht mehr abhängig von dem Glimmstengel meiner Hand, wurde nicht mehr nervös, wenn der Tabak ausging.

Mir schmeckt der Alkohol

Die Anerkennung meiner Suchtgefährdung in bezug auf den Alkohol fiel ungefähr in die gleiche Zeit. Ich bemerkte, wie ich auf Alkohol reagierte und daß ich sehr schnell in Gewohnheiten verfiel. Trank ich an einem Abend ein Glas Wein, so war am folgenden Abend sehr schnell das Bedürfnis da, wieder eines zu trinken. Denn es ist schon so, daß mir viele alkoholische Getränke einfach gut schmecken. Heute verzichte ich auf Alkohol, schon allein deshalb, weil ich den Geruch von Menschen, die Alkohol ausdünsten, nicht vertrage. Ich finde diese Ausdünstungen sogar bei mir selbst ekelhaft. Ich rieche dann wie mein Vater. Keinen Alkohol mehr zu trinken war der nächste wichtige Schritt in bezug auf die Suchtüberwindung und auf ein selbstbestimmtes Leben. Auf den Alkohol zu verzichten war schon deshalb leichter, weil er zu meinem neuen Lebensentwurf sowieso nicht mehr paßte. Ungefähr in der Zeit, als ich mit dem Rauchen und dem Alkohol aufhörte, lernte ich mit Anfang zwanzig eine anthroposophische Lebens- und Arbeitsgemeinschaft kennen, und dort spielte der Alkohol keine Rolle. Ich war dann ungefähr sieben Jahre lang sehr extrem in allem, was ich dachte und tat; doch es hat geholfen, mich von meiner Herkunftsfamilie zu distanzieren. Meine Familie, die mich schon immer etwas sonderbar fand, wurde darin bestärkt, und ich gefiel mir in dieser Rolle.

Schmerzmittel bis zum Zusammenbruch

Was blieb, waren die Schmerztabletten. Ich kann heute gar nicht mehr sagen, wie viele Schmerztabletten ich genommen habe. Auf jeden Fall waren es zu viele. Ich wurde nervös, wenn wir keine Schmerztabletten im Haus hatten. Ich kaufte die Tabletten immer in unterschiedlichen Apotheken, damit es keinem Apotheker auffiel, wie viele Schmerzmittel ich kaufte. War ich unterwegs in anderen Stadtteilen, Städten oder auf Reisen, kaufte ich Vorräte ein, damit niemandem, nicht einmal mir selbst auffiel, wieviel ich eigentlich brauchte. Die Kopf- und Rückenschmerzen wurden immer schlimmer, die Dosis immer höher. Ich probierte verschiedenste Mittelchen – alle rezeptfrei zu haben und trotzdem in die Abhängigkeit führend. Mit 35 Jahren brach mein Immunsystem völlig zusammen, ich fühlte mich elend und krank und war nicht mehr arbeitsfähig. Ich hatte mein ganzes Leben immer gearbeitet, war inzwischen berufstätige Mutter zweier Töchter und brach einfach zusammen. Das war mir entsetzlich peinlich, aber ich war am Ende. Ich war zehn Monate krankgeschrieben – davon vier Wochen zur Kur – und lernte, ohne Tabletten zu leben. Seitdem nehme ich keine Schmerzmittel mehr, die Abstände zwischen den Schmerzen werden immer größer. Inzwischen kann ich – leider immer erst im nachhinein – erkennen, was die Ursachen meiner Kopfschmerzen sind. Häufig ist es ein zu voller Terminkalender, oder ich habe wieder mal zuviel Verantwortung übernommen, die mir nicht gehört. Inzwischen habe ich gelernt, daß ich Termine streichen kann, wenn alles zuviel wird und ich merke, daß ich mir wieder einmal zuviel zugemutet habe. Ich kann immer noch nicht im Vorfeld reagieren, ich mute mir oft noch zuviel zu und muß dann nacharbeiten und Termine streichen, Zugesagtes absagen. Früher habe ich in diesen Situationen Tabletten geschluckt, die Zähne zusammengebissen und durchgehalten. Das mute ich mir nicht mehr zu und wünsche mir, irgendwann einmal rechtzeitig Nein sagen zu lernen. Ich bin aber bescheidener und nachsichtiger im Umgang mit mir geworden, wenn es nicht sofort klappt. Dann sage ich Termine ab oder verschiebe sie, erledige die Arbeiten eben später und erkläre, daß es mir wieder einmal nicht gelungen ist, mich abzugrenzen.

Die Türen schließen

Ich habe mir im Laufe meines Lebens viele Allergien zugelegt, weil ich nicht gelernt habe, mich abzugrenzen, sondern durchhalten wollte – und sei es mit Schmerzmitteln. Irgendwann, ich muß ca. 40 Jahre alt gewesen sein, ist mir aufgefallen, daß meine Angst mich gänzlich verlassen hatte und ich immer öfter vergaß, unser Haus abzuschließen. Zunächst fand ich dies sogar toll – Fenster und Türen auf, und ich gehe zur Arbeit, ich brauche nicht mehr abschließen. Mein Haus war, wie ich selbst, ohne Grenze. Jeder konnte rein. Ich bemerkte recht bald, daß dies nicht gut für mich war. Ich habe dann eines Tages angefangen, das Haus immer, wenn ich es verließ, ganz bewußt abzuschließen, und wenn ich ein offenes

Fenster sah, noch einmal zurückzugehen und es zu schließen. Ich bin fest davon überzeugt, daß mir diese Übung und meine morgendliche Heileurythmieübung zur Abgrenzung mehr geholfen haben als jedes Medikament bei der Überwindung meiner Allergien. Sie sind nicht weg, aber sie beeinträchtigen mich nicht mehr. Im Kollegium wurde ich nach einem halben Jahr der Übung angesprochen, warum ich auf einmal so unangreifbar wirke.

1.000 km sind genug

Auch zu meiner Ursprungsfamilie habe ich gelernt, mich abzugrenzen. Nach meinem Auszug habe ich noch ein paar Jahre damit verbracht, meiner Mutter – soweit ich konnte – aus der Entfernung zu helfen. Ich hatte ihr gegenüber ein schlechtes Gewissen und oft das Gefühl, ihr helfen zu müssen, vor allem was die Erziehung meiner beiden Brüder anging. Ich hatte oft das Gefühl, daß sie immer noch nicht in der Lage war, für Kinder zu sorgen. Als ich meine beiden Brüder mit sieben und 14 Jahren beim Anschauen eines Pornofilms erwischte, bekam letztendlich ich den Ärger, weil ich mich darüber aufregte. Ich könnte viele Beispiele aufzählen, bei denen es darum geht, daß ich einen „echten" Erwachsenen in meiner Ursprungsfamilie immer vermißt habe. Das Verhältnis zwischen meiner Mutter, meinen Brüdern und mir verschlechterte sich zunehmend; allein eine räumliche Distanz von heute mehr als 1.000 Kilometern hat mir geholfen, mich auch innerlich noch mehr von ihnen zu distanzieren.

Ein weiterer wichtiger Schritt, mich von meiner Familie zu lösen, war das komplette Ablegen meines Mädchennamens. Trotz Heirat habe ich noch lange Zeit meinen Mädchennamen in Form eines Doppelnamens „ertragen". Den Mädchennamen habe ich vor dreizehn Jahren beim Standesamt gelöscht und führe seither den Namen meines Mannes. Das war ein richtiger Befreiungsschlag. Meine Herkunftsfamilie ist durch den Alkohol kaputt, da gibt es nichts schönzureden. Zu meiner Mutter habe ich ein freundlich distanziertes Verhältnis, zu meinen beiden Brüdern gar keines mehr.

Wir sind als Familie zerstört; das habe ich akzeptiert. Meine Eltern sind, als ich ein Kind war, oft gefragt worden, ob ich wirklich zu dieser Familie gehöre – ich passe dort nicht hinein. Ich verspürte als Kind oft den Wunsch, in eine andere Familie zu gehören; zu einer Familie aus meiner näheren Umgebung fühlte ich mich hingezogen und habe heute wieder ein herzliches Verhältnis. Ich fühlte mich zu Familien hingezogen, die Entscheidungen trafen, Stellung bezogen, in denen kontrovers diskutiert wurde. Ich war beeindruckt, wenn Eltern bewußt für ihre Kinder eine Schule aussuchten, hörte von Gesamt- und Waldorfschulen und nahm mir vor, später als Erwachsene bewußte Entscheidungen zu treffen.

Mein Beruf?

Auch wenn es absurd erscheint, so habe ich letztlich einen Beruf gewählt, in dem ich immer wieder auf die eine oder andere Weise mit meinem Kindheitsschicksal konfrontiert werde. Ich habe mit alkoholabhängigen und mit obdachlosen Männern und Frauen gearbeitet, und ich arbeite mit Kindern, die sexuell mißbraucht wurden. Ich war tätig in Lehrgängen und in Heimen und bin dabei immer wieder Schicksalen begegnet, die mich an mein eigenes erinnern, ohne daß man die Schicksale miteinander vergleichen könnte. Einerseits bin ich damit nie recht glücklich gewesen, andererseits übe ich meinen Beruf mit großem Engagement aus. Auch da fühle ich mich an meine Kindheit erinnert. In der Arbeit im Laden meiner Eltern habe ich von den Kunden stets viel Lob und Anerkennung erfahren, wie auch als Erwachsene im Beruf von meinen Klienten, Schülern, Kindern, Kollegen und Vorgesetzten. Trotzdem bleibt für mich die Frage offen, ob es wirklich „mein" Beruf ist – oder habe ich ihn nur aufgrund meiner Erlebnisse ergriffen, weil ich ihn so ergreifen mußte, wie ich auch im Laden meiner Eltern half, weil ich es mußte? Oft habe ich das Gefühl: Es ist nicht meins!

Vom Engel geschickt?

Neben meinem Beruf und meiner Familie spielte die Religion und die Anthroposophie eine große Rolle. Hier fand ich immer wieder Anregungen, dasjenige, was ich erlebte, neu zu denken und andere Gesichtspunkte hinzuzuziehen. Zunächst lernte ich die Anthroposophie von ihrer praktischen Seite her kennen. Ich machte mit Anfang zwanzig Praktika in einer anthroposophischen Lebens- und Arbeitsgemeinschaft. Die Beschäftigung mit der dort praktizierten Waldorfpädagogik und mit den Gesichtspunkten, unter denen sich die Mitarbeiter mit den Kindern und Jugendlichen auseinandersetzten, faszinierte mich und machte mich neugierig, auch das eigene Schicksal aus einer anderen Perspektive zu betrachten. Gestaltet mein

Schicksal mich, oder gestalte ich mein Schicksal? Es hat mich getröstet, verwirrt, irritiert und vieles mehr, als ich anfing zu begreifen, daß ich das Drehbuch meines Lebens selbst mitgeschrieben habe. Alles erscheint im neuen Licht, wenn die Einsicht kommt, daß ich es selbst so geplant und gewollt habe. Vieles wird einsichtig, auch wenn es lange dauert, bis die Einsicht kommt. Lange Zeit stellte ich mir die Frage, warum ich dieses Schicksal habe, und wollte es nicht als das meine annehmen. Solange ich mir ein anderes wünschte, wurde ich immer kränker. Bei allen Ereignissen und Vorkommnissen, die ich habe erleben müssen, habe ich doch immer wieder erleben können, daß mir im richtigen Moment, in der richtigen Situation Menschen geschickt wurden, die mein Leben weiterbrachten, die eine andere, eine neue Richtung vorgaben. Diese Ereignisse empfinde ich als von meinem Engel geführte Begegnungen. Sie kamen immer dann, wenn sich tatsächlich die Krise manifestierte, und sie liefen immer ähnlich ab. Es waren immer Menschen, die ich aus der Vergangenheit kannte, mit denen ich in der Vergangenheit gelebt hatte, die aber in meinem aktuellen Leben keine Rolle mehr spielten. Dazu gehörte die Begegnung mit meinem Sandkastenfreund auf der Kreuzung, wenige Tage nach dem Überfall; die Begegnung mit meinem Klassenlehrer der zweiten Klasse, kurz bevor für mich der Wechsel zum Gymnasium anstand; mit einem alten Klassenkameraden in einer von einer Panikattacke gekennzeichneten Nacht. Plötzlich waren diese Menschen da und verschwanden dann auch wieder. Dann wieder konnte ich erleben, daß sich durch Änderungen im Leben neue Perspektiven auftaten. Während zweier Semester Medizinstudium fand ich niemanden, hatte keinen Anschluß, ich war entsetzlich einsam. Weil ich niemanden fand, der mir als alleinerziehender Mutter ein Freund sein konnte, brach ich das Studium ab. In der ersten Veranstaltung meines neuen Studiums traf ich meinen Mann.

So gibt es immer wieder Ereignisse, die mir deutlich machen, womit ich etwas zu tun habe, und die ich von Dingen unterscheide, die mich nicht nicht berühren, die fremd für mich sind.

Seitdem ich akzeptiert habe, daß ich weder die Vergangenheit noch die Menschen meiner Familie, mit denen ich zu tun hatte und habe, verändern kann, fällt mir mein Leben leichter. Ich habe kapituliert; dadurch kann ich meine Mutter nehmen, wie sie ist, obwohl ich immer noch nicht mit allem einverstanden bin.

Ich glaube, ich habe meine Erlebnisse zur rechten Zeit bewußt verarbeitet, so daß sie sich nicht in jeder Krisensituation störend in den Vordergrund stellen. Meinen negativen Kindheitserlebnissen habe ich viel von ihrer Wichtigkeit genommen, indem ich mich auf andere Dinge konzentriert habe, die auch in mir leben und die mindestens ebenso wichtig sind. Dabei hat mir geholfen, daß ich früh gelernt habe, Aufgaben zu Ende bringen, auch wenn es mir gerade schlecht geht. Inzwischen gestehe ich mir mehr Pausen ein, um Probleme anzuschauen und sie bewußt hochkommen zu lassen. Dann schicke ich sie aber auch wieder an den ihnen zustehenden Platz und arbeite in der Gegenwart und an der Zukunft. Zu vieles und intensives Schauen auf Vergangenes hat mich nie weitergeführt, sondern eher blockiert. Ich habe gelernt, daß ich nicht jedesmal anhalten kann, wenn ich wieder in alte Gewohnheiten und Verhaltensweisen zurückfalle. Trotzdem weitermachen, die anstehenden Aufgaben beenden – auch wenn es nicht so wird wie erwartet.

Schon früh war mir klar, daß ich mein Leben bewußter steuern wollte, als meine Eltern es taten. Sie lebten so ergeben, als könne man nichts im Leben selbst bestimmen. Oft forderte ich gerade meine Mutter auf, eine Entscheidung zu treffen, etwas zu ändern.

Heute bin ich mit meinem Leben zufrieden, auch wenn vieles anders oder besser vorstellbar wäre. Ein anderer Verlauf meines Lebens, insbesondere meiner Kindheit und Jugend, hätte meinem Leben wahrscheinlich eine Wendung gegeben, die ich nicht kenne. Viele Möglichkeiten sind vorstellbar; aber mein Lebensweg, mein bisheriges Schicksal hat mir die Entwicklungsmöglichkeiten gegeben, die zu sein, die ich heute bin. Ich bin fast fünfzig Jahre alt und habe den Eindruck, daß ich noch viel zu tun habe auf der Erde und daß ich meine eigentliche Aufgabe noch nicht ergriffen habe.

Was ich bis heute immer noch nicht verstehen und einordnen kann, ist die Vergewaltigung durch meinen Vater und sein Versuch, mich in der Badewanne zu ertränken. Diese beiden Begebenheiten kann ich nur schwer als von mir im Drehbuch meines Lebens selbst geschrieben annehmen.

Lieber eine Kerze anzünden, als die Dunkelheit zu beklagen.

Bernhard Grizmek

Um Himmels willen

Interview mit Bernd Junker, Monika Leifels, Eva Maas-Küstermann, Ulrike Ronnefeldt und Mandev Singh

von Peter Krause

Es gibt viele, unendlich viele Bilder der Ausgelassenheit und Freude, die uns tagaus, tagein präsentiert werden. Bemerkenswert ist, daß sie eine Wirklichkeit darstellen, die so, für sich genommen, eigentlich nur in Ausnahmen existiert. Die Welt der Unbeschwertheit und der grenzenlosen Freude existiert nur für Momente, für besondere Augenblicke. Es gibt niemanden, der nicht wüßte, daß das Leben von uns verlangt, die Freude und die Unbekümmertheit immer wieder von neuem zu bemerken und dort auch als Nahrung für die Seele zu genießen, wo eigentlich ganz klar eher die Sorge und die Furcht regieren wollen.

Jeder kann in eine Situation geraten, die krisenhaft ist: eine Krankheit, ein irgendwie gearteter Schicksalsschlag, einer der Momente, die uns Menschen nachdenklich machen, weil wir an ihnen leiden. Aber warum leiden wir? Meistens, weil wir unsere Vorstellung von dem, was aus unserer Sicht in diesem Moment sein soll, nicht erfüllt finden. Oder weil unsere betreffende Lebenssituation nicht der werbetechnisch aufbereiteten Idealverfassung gleicht und es insofern eine Abweichung von der allgemein verbreiteten Norm zu beklagen gibt. Wie weit müssen wir uns mit einer solchen Krisenerfahrung eigentlich identifizieren? Wie weit zieht uns eine aus unserer Kontrolle geratene Situation in ihren Bann?

In vielen Märchen und Erzählungen wird der Fall nach unten beschrieben, den wir Menschen erleiden können. Die Welt und das Leben, an das wir glauben, sind uns genommen. Eine Krankheit oder ein Mißgeschick brachte alles ins Wanken. Nun reagiert womöglich auch die Umgebung darauf, indem wir zu spüren bekommen, daß man uns nicht mehr so begegnet wie früher, daß man uns vielleicht sogar in Frage stellt oder gar meidet.

Ein weiser Mensch sagte einmal, die bitterste Medizin sei die beste. Nehmen wir an, es stimmt. Dann befinden wir uns während einer Krise in

Quelle + ©: www.gemeinschaftskrankenhaus.de Foto: Stephan Brendgen
Gemeinschaftskrankenhaus Herdecke

einer Situation, die eigentlich ein bereits eingeschlagener Weg zur Heilung ist. Wie können wir die Lage, in der wir uns während einer Krise befinden, als eine begonnene Entwicklung zur Besserung verstehen?

Krise als Chance?

Unser Leben hat seinen bisherigen Verlauf gehabt. Viele Jahre haben wir Spuren hinterlassen und manches zu Gewohnheiten werden lassen. Der Weg zur Arbeit war ein gewohnter, genauso wie das leibliche Wohlgefühl, die vertraute Umgebung, der gewohnte Freundeskreis. Das sind aber alles vergängliche Bestandteile unseres Lebens. Es genügt ein Kleines, diese Grundlagen unserer Lebenssicherheit zu erschüttern. Nehmen wir einmal die Arbeitswelt als Beispiel: Für eine Textilfirma genügt die Veränderung eines Trends, um viele Arbeitplätze zu verlieren. Ein Faktor, der von außen kommt, der sich der persönlichen Beeinflußbarkeit ganz entzieht, kann unser Leben vollkommen verändern. Oder ein anderes Beispiel: Eine Krankheit kann unsere Kraft so einschränken, daß das ganze kommende Leben unter anderen als den gewohnten Vorzeichen verlaufen wird. Und trotzdem ist da eine Kraft, die immer wieder von neuem Vertrauen schenken will. Es ist eine tief in uns wirksame Kraft; wir können sie ruhig die Kraft des Lebens nennen. Ja, es ist das Leben selbst, das uns immer wieder von neuem vertrauen läßt. Vertrauen ist Leben, Leben ist Vertrauen!

Krisen verstimmen, verärgern, spalten und erschüttern – aber sie können auch im positiven Sinne verändern und Dinge ermöglichen. So verbindet sich mit dem Blick auf Krisen – je nach Sichtweise – etwas vollständig anderes. Will man das Positive in einer Krise erkennen, bedarf es vor allem eines Mutes, der zugänglicher wird, wenn man den Menschen (sich selbst) auch als geistiges Wesen erkennen will. Krisen können zu einer solchen Sicht hinführen, ja sie geradezu herausfordern, wenn das gewöhnliche alltägliche Leben zur Erstarrung der Vorstellungen eines Menschen geführt haben. Dann eröffnen Krisen u.U. sogar ein Ringen des Menschen mit sich selbst.

Krisen erleidet jeder Mensch irgendwann einmal. Sie sind insofern Lebensbegleiter, die zu immer neuen Geburten anregen können, wo ursprüngliche Impulse, Hoffnungen und Wünsche durch was auch immer verschüttet wurden. Kleine Krisen lassen sich vom betroffenen Menschen selbst bewältigen; größere Krisen bedürfen einer Begleitung von Menschen, deren Beruf es ist, die entsprechenden Heilungsprozesse zu unterstützen oder auch anzuregen.

Das folgende Gespräch habe ich mit fünf Menschen geführt, die aus der Erfahrung als Therapeut bzw. Therapeutin sprechen. Was der eigentliche Hintergrund von Krisen sein kann, wird aus einem spirituellen Menschenbild heraus deutlich, das alle Gesprächspartner und Gesprächspartnerinnen miteinander verbindet.

Eva-Ulrike Maas-Küstermann, *geb. 1959. Ausbildung zur Eurythmistin und Waldorflehrerin, Dozentin und künstlerische Arbeit am Lehrerseminar Witten-Annen. Heileurythmiestudium, Weiterbildung in Biographiearbeit und kosmologischer Menschenkunde. Ist seit 15 Jahren als Eurythmistin und Heileurythmistin auf den psychiatrisch/psychotherapeutischen Stationen für junge Erwachsene und Erwachsene am Gemeinschaftskrankenhaus Herdecke tätig.*

Was ist eigentlich eine Krise?

Eva Maas-Küstermann: Was bedeutet eigentlich der Begriff Krise?

Peter Krause: Der Begriff Krise kommt aus dem Griechischen und bedeutet etwa „Entscheidung" oder auch „Beurteilung". In der Medizin hat man das früher z.B. im Sinne von „Zuspitzung" auf das Überwinden von fieberhaften Erkrankungen bezogen.

Bernd Junker: Das Wort „Krise" hat ja zunächst im allgemeinen eine negative Bedeutung. Man kann Krisen aber auch als Voraussetzung zur Entwicklung verstehen. Ich denke, daß die heutige Bewußtseinsverfassung insgesamt schon krisenhaft ist. Der heutige Mensch hat das frühere unmittelbare Sich-eingebettet-Fühlen in eine mit Sinn erfüllte Welt und in eine Gemeinschaft, die ihn trägt, in weiten Teilen verloren und muß sich diese Bezüge wieder selbst erarbeiten. Die Orientierungslosigkeit dieses Übergangszustands ist ja die Krise der heutigen Zeit, für die die aktuellen Schlagzeilen wie Klimaschutz, Bildungsmisere usw. nur die Symptome sind.

P.K.: Den Aspekt finde ich spannend. Es ist ja tatsächlich so, daß man mit „Krise" erstmal Negatives assoziiert. Das Positive der Krise ist auf Anhieb nicht verständlich. Dann ist Krise bzw. deren Ausmaß etwas Relatives: Wenn ein blühender Apfelbaum vom Frost erwischt wird, ist es ein Unterschied, ob der Baum in einem privaten Garten steht oder zu einer Plantage gehört. Das objektive Ausmaß der Krise ist dann unter Umständen sehr verschieden.

E. Maas-Küstermann: Krisen, im nachhinein betrachtet, sind etwas Wunderbares, wenn man sieht, was dadurch an Neuem in Erscheinung tritt. Anders ist es natürlich, wenn man selbst drinsteckt. Dann erlebt man die Krise als etwas Fürchterliches.

P.K.: Eine Krise führt oft dazu, daß man sich von etwas trennt. Oder trennt die Krise einen von etwas?

E. Maas-Küstermann: Nein, die Krise macht das nicht. Wenn ich das als Heileurythmistin von der Bewegung her ansehe, ist deutlich: Ich trenne mich selbst in der Krise von etwas. Das wird für den Therapeuten sogar schon dann sichtbar, wenn es der betreffende Mensch unter Umständen selbst noch gar nicht bemerkt hat. Es ist eine Art Geste: Da ist die Vergangenheit, und jetzt kommt etwas Neues.

P.K.: Dann wäre also die Krise eine Entwicklungshelferin.

B. Junker: Manche Krisen würden sich vielleicht aber auch vermeiden oder abmildern lassen, wenn man einen bestimmten Entwicklungsschritt

***Bernd Junker**, geb. 1967. Psychologischer Psychotherapeut. Psychologiestudium in Marburg, Psychotherapieausbildung für Verhaltenstherapie in Münster. Seit 2000 in der Abteilung für Psychiatrie und Psychotherapie des Gemeinschaftskrankenhauses Herdecke*

aus freien Stücken heraus schon vorher geht. Es ist ja auch möglich, sich in Freiheit von behindernden eigenen Anteilen zu trennen.

Aber natürlich gibt es auch solche Krisen, die von außen auf den Menschen zukommen, die man also nicht vermeiden kann: Tod von Angehörigen, Krankheit, Unfälle und was auch immer das Schicksal an uns heranbringt.

Durchstoßen zu etwas Neuem

P.K.: Können wir da vielleicht mal den Aspekt „Krankheit an Leib und/oder Seele" herausgreifen? Kann man da so weit gehen zu sagen, daß eine Krise nicht hätte kommen müssen, wenn der Mensch die betreffende Einsicht gehabt hätte, wenn er also eine Trennung aus freien Stücken vollzogen hätte?

E. Maas-Küstermann: Ein besonderer Entwicklungsschritt ist jede wirkliche Lebenssinnkrise. Es ist auch damit so, daß es nicht zu einer Krise kommen muß, wenn der Mensch die notwendigen Entscheidungen rechtzeitig getroffen hat.

Aber wenn der Moment verpaßt ist, wird man durch eine Krise darauf aufmerksam gemacht, daß da noch etwas zu erledigen ist. Die Krise schüttelt den Menschen wach.

B. Junker: Das muß nicht immer so sein, aber es ist ganz sicher eine Form für das Auftreten von Krisen: Verpaßte Entscheidungen können Krisen auf jeden Fall verstärken.

P.K.: Der Mensch bekommt also durch die Krise die Chance, etwas auf- oder einzuholen, was er aus freien Stücken – ohne die Krise – so nicht konnte? Und dann sagtest Du, Eva, daß die Krise im Rückblick sogar etwas geradezu Wunderbares sein kann. Das bedeutet u.U. ja auch, daß eine Krise etwas ganz Neues vorbereitet – also nicht nur das Liegengebliebene nachbereitet, sondern auch etwas Neues impulsiert.

E. Maas-Küstermann: In der Bewegung eines Menschen in einer Krise sieht man es ganz deutlich, daß unglaublich viel los ist. Wir kommen da zu einem Zeitaspekt der Krise. Da sind Dynamik und Tempo, die sichtbar werden – eben gar nicht die Erstarrung, die parallel dazu im Seelischen erlebt wird. Es ist ein Drang wahrnehmbar, durchstoßen zu wollen – ein Drang, den der betreffende Mensch vielleicht noch gar nicht als solchen erlebt.

P.K.: Du nimmst also in der Bewegung eine bereits eingetretene Krise wahr, aber der Mensch selbst ist sich dessen noch nicht bewußt?

E. Maas-Küstermann: Dieser sagt eventuell sogar, daß er so bleiben will, wie er jetzt ist – oder daß er wieder so werden will, wie er früher war. Er sieht gebannt auf die Tür, die sich gerade geschlossen hat und bemerkt nicht, wo sich eine Tür öffnet. Aber irgendwann kommt ein Moment, der so ist, als würde ein Knopf aufgehen; und dann kommt die neue Entwicklung allerdings sehr schnell. Aber das nur, weil sich vorher alles im „Sturm und Drang" vorbereitet hat. Das kostet viel Mut, sich zu sagen: Ich schwimme jetzt los, aber ich weiß noch gar nicht so genau, wo es langgeht und wo das andere Ufer ist. Das ist eine starke Mutfrage, bei der man als Therapeut nur vermitteln kann: Ich bin bei dir, ich begleite deinen eingeschlagenen Weg.

Das, was ich jetzt beschrieben habe, bezieht sich auf eine Krise, die einen selbst ganz persönlich betrifft. Es ist etwas anderes, wenn es eine Krise ist, die mehr von außen kommt, also z.B. wenn der Partner gestorben ist. Da muß jeder auch seinen Lebensweg neu finden; aber das hat eine andere Dynamik.

Borderline

B. Junker: Nehmen wir z.B. die Borderline-Patienten, die wir behandeln. Diese Patienten sind teilweise täglich in einer Krise.

P.K.: Woran bemerkt ein Borderline-Patient, daß er in einer akuten Krisensituation ist?

B. Junker: Das ist mitunter ganz schwierig, und es ist ein Teil der Behandlung, das möglichst früh zu bemerken. Diese Patienten merken oft erst dann, daß sie in der Krise sind, wenn sie fast schon die Rasierklinge in der Hand haben. Sie erkennen dann: Jetzt geht überhaupt nichts mehr; und dann setzt der Drang zur Selbstverletzung ein. Es ist schon ganz viel gewonnen, wenn diese Menschen merken, daß es sich zuspitzt und daß sie auf dem Weg in eine Krise sind.

P.K.: Borderline ist ein Krankheitsbild, das von Krisen begleitet wird. Die Krise ist nicht selbst die Krankheit, sondern sie begleitet die Krankheit.

B. Junker: Die Borderline-Störung wird ja als Persönlichkeitsstörung bezeichnet. D.h. sie wird als Persönlichkeitseigenschaft angesehen, als eine Veranlagung, auf bestimmte Ereignisse besonders intensiv, vor allem mit besonders starken Emotionen, zu reagieren. Diese Reaktionsweise führt im Leben der Betroffenen immer wieder zu Krisen. Dann ist es aber merkwürdigerweise so, daß im Leben dieser Menschen mitunter auch besonders viele krisenhafte Situationen von außen herankommen.

Für mich stellt sich aber auch die Frage, inwieweit sich hier Schicksalhaftes ausdrückt, das ich als Therapeut einfach akzeptieren und nicht hinterfragen sollte.

Das Positive an einer Krise

P.K.: Ich möchte das noch einmal differenzieren: Da ist eine Krankheit, und diese wird begleitet von Krisen. Dann ist da eine Außenwelt, die auch wiederum Krisen auslösen kann, wenn sie auf den Menschen wirkt. D.h. also: Der Mensch zwischen Krankheit und Außenwelt erleidet die Krise. Kann man dann also allgemein sagen, daß die Krise selbst nicht die Krankheit ist?

B. Junker: Bei Borderline-Patienten würde ich das so sehen. Wir haben es mit Erfahrungen zu tun, die im Leben der betroffenen Menschen immer wieder auftreten. Diese Menschen geraten immer wieder, zum Teil täglich, in Krisen. Deshalb kann man nicht sagen, es sei eine Erkrankung, die krisenhaft kommt und dann wieder geht.

E. Maas-Küstermann: Was die meisten Menschen erleben, ist kein Dauerzustand: Etwas kommt als Krise und geht dann wieder weg. Da ist es wichtig, das Hinschauen zu ermöglichen, was wirklich schwer ist. Hier kann man Aufmerksamkeit üben, denn es gibt eben viele Menschen, die in Krisen kommen, weil sie auf bestimmte Dinge einfach nicht geachtet haben. Wären sie aufmerksam gewesen, hätten sie vielleicht schon rechtzeitig gesehen, daß es schwer wird – am Arbeitsplatz z.B. Das haben sie aber nicht und sind dann völlig erstaunt, wenn der Job plötzlich weg ist. Sie haben einfach nicht hingeschaut, wobei die Borderline-Patienten dieses Erlebnis dauertonartig haben.

P.K.: Und daß der Mensch dann mit seiner Aufmerksamkeit darauf gelenkt wird, ist das Positive an der Krise?

E. Maas-Küstermann: Nicht nur das, sondern vor allem die Verwandlung eines Menschen durch eine Krise ist das Positive. Da kann ein Mensch völlig neu werden, wenn er durch eine Krise durchgegangen ist.

P.K.: Kann ein Mensch das wissen, wenn er mitten in einer Krise steckt? Es setzt ja ein starkes Seelenleben voraus, daß ein leidender Mensch weiß, daß er mitten in einer sehr positiven Entwicklung ist, während er sehr leidet!

B. Junker: In der akuten Krise ist ja vor allem die positive Entwicklung häufig noch gar nicht zu sehen. Ich denke dabei allerdings in erster Linie gar nicht an die Borderline-Patienten, sondern an die typischen Lebenskrisen, in denen die Art, wie man bisher sein Leben geführt hat, plötzlich nicht mehr trägt und etwas Neues gefunden werden muß. In dem Maße, in dem der neue Weg sichtbar wird, zeigt sich dann ja auch der Ausweg aus der Krise.

P.K.: Das eine sind die – wie Du es nennst – typischen Lebenskrisen, das andere die Krisen der Borderline-Patienten und deren eigenes heftiges Reagieren darin. Wie kann man diese Reaktionen ein bißchen besser verstehen?

B. Junker: Eine Borderline-Patientin bräuchte keine Rasierklinge, wenn sie sich wohlfühlen würde. Der Impuls, sich zu schneiden, resultiert aus diesem Bestreben, herauszuwollen. Und im Augenblick scheint es für sie keinen anderen Weg zu geben, als sich selbst zu verletzen. Um die Selbstverletzung zu vermeiden, muß der Patientin also ein neuer Weg aufgezeigt werden, wie sie aus solchen massiven Krisenzuständen herauskommen kann. Dieser neue Weg kann in der Regel nur mit viel Eigenaktivität erkämpft werden. Als Therapeut kann man dafür Wegweiser sein und Hilfestellungen geben; aber die Patientin muß letztlich ihren eigenen Weg finden und auch gehen.

P.K.: Darin liegt dann auch die Frage, die sich manch einer stellt: Warum erwischt es mich so hart? Warum bin ich so krank am Leib oder an der Seele? Warum hab ich in meinem Alter den Job verloren? Der betreffende Mensch hat, von sich aus betrachtet, den Eindruck, daß es eigentlich zuviel ist, was ihm zugemutet wird. Kann es sein, daß ein Mensch zuviel abbekommt, oder ist es eine Frage seiner Einsicht zu erkennen: Das genau ist das richtige Maß, und so kann ich damit umgehen?

E. Maas-Küstermann: Ich habe noch nie jemanden kennengelernt, dem mehr zugemutet wird, als er tragen kann, auch wenn sein subjektives Erleben war: „Ich schaffe es nicht". Aber das sieht man natürlich immer erst im nachhinein.

P.K.: Würdest Du das auch so weit gehen zu sagen, daß ein Mensch immer die Kraft hat, das zu bestehen, was ihm zugemutet wird?

B. Junker: Ich frage mich, ob das in meinem Beurteilungsvermögen liegt, ob etwas zuwenig oder zuviel ist, was jemand zu bewältigen hat, oder ob es nicht höhere Wesen sind, die das in der Hand haben.

Ich kenne schon Schicksale, bei denen ich mich frage, wie es sein kann, daß ein Mensch so etwas durchmachen muß. Es gibt Menschen, die sind als Kinder so schwer mißhandelt worden, wie ich es mir nicht hätte vorstellen können. Da traue ich mir nicht zu, zu beurteilen, ob das zuviel ist oder zuwenig ist, ob man das tragen kann oder nicht. Da ist zunächst zu akzeptieren, *daß* es so ist; und das ist schwer genug.

Die Traumatisierungen, die sich vor allem aus Mißhandlungen in der Kindheit ergeben, sind schon massiv und erheblich. Diese Menschen leiden häufig unter massiven Ängsten, vor allem auch in sozialen Beziehungen. Sie werden von den traumatischen Erinnerungen überflutet und können nicht schlafen. Aber ich glaube, es gibt eine Möglichkeit, wie sich das Ich des Menschen in ein Verhältnis zu diesen Folgen setzen kann, den Zustand der Lähmung überwindet und dann wieder seine eigenen Gestaltungsspielräume erkennt.

E. Maas-Küstermann: Das ist eben die entscheidende Frage: Wie stelle ich mich dazu?

B. Junker: Bei den Traumatisierten ist es ja so, daß sie in ihren Handlungsmöglichkeiten sehr viel eingeschränkter sind. Aber trotzdem gibt es da einen Spielraum, in dem sie anfangen können, ihre Situation zu gestalten.

P.K.: Wenn sich die Gestaltungsmöglichkeiten so verengen, entsteht die Frage, was denn das Besondere an diesem verbleibenden Spielraum ist.

B. Junker: Daß das Ich an dieser Stelle wieder aktiv werden kann.

P.K.: Ist das eine besondere Form von Freiheit?

B. Junker: Meinst Du, daß in dieser Situation eine besondere Form von Freiheit ermöglicht wird? Ja!

P.K.: Gibt es dafür ein Beispiel?

E. Maas-Küstermann: Ich hatte eine traumatisierte Patientin, die ich aufforderte, sie solle „Hoffnung" als Bewegungsgeste darstellen. Danach habe ich sie gefragt, wie geht es für sie weiter? Da meinte sie, bei ihr wäre die Folge „Enttäuschung". Da fragte ich sie: Und was kommt nach der Enttäuschung? Und sie sagte: Dann kommt „Mut"! Davon war ich sehr berührt.

B. Junker: Wenn ein Mensch schwer traumatisiert worden ist, immer wieder von diesen Ängsten heimgesucht wird und sich diesen Erinnerungen genauso ausgeliefert fühlt, wie er dem ausgeliefert war, was damals passiert ist, dann ist es ein wichtiger Moment, wenn er einen Weg findet, über diese Erinnerung eine Kontrolle zu bekommen. Da kann neuer Mut entstehen, nach einer erlittenen Enttäuschung.

Einerseits gibt es das Ohnmachtserlebnis, das aus den vergangenen Erfahrungen herrührt, und anderseits kommt der Mensch aus dem Ohnmachtserlebnis in die Tätigkeit. Er findet einen Weg, seine eigene Situation positiv zu verändern, und ist nun den Verhältnissen nicht mehr nur ausgeliefert, sondern kann wieder selbst tätig werden.

P.K.: Und dieser Spielraum würde diesem Menschen in dieser Qualität und in dieser Form sonst gar nicht bewußt werden?

Gemeinsam mit der geistigen Welt

B. Junker: Ich sage es noch einmal: Ich denke, man kann auch ohne traumatische Erlebnisse die eigenen Möglichkeiten entdecken. Und es gibt natürlich Verstrickungen, die in diesem Leben nicht mehr geordnet werden können und in das Nachtodliche mitgenommen werden müssen.

P.K.: Wie gehst Du als Therapeut damit um, wenn Du bemerkst, daß Du etwas berührst, was sich in diesem Leben nicht mehr klären läßt, sondern nur noch durch das Nachtodliche zu klären sein wird?

B. Junker: Ich lasse dann offen, was die Möglichkeiten in dieser Beziehung für diesen betreffenden Menschen in seiner Biographie noch sind.

E. Maas-Küstermann: Ob es sich noch erdet im Sozialen, was man gemeinsam mit einem Patienten erarbeitet hat, das ist eben die Frage. Das kann nur demjenigen anheimgestellt werden, der sagt, daß er da ist, wenn zwei in seinem Namen beisammen sind. Das ist wirklich eine sehr bedeutende Schicksalsfrage.

B. Junker: Grundsätzlich hoffe ich aber immer, daß das, was ich therapeutisch tue, von dem Menschen auch direkt aufgegriffen werden kann. Ob er das aber tut oder nicht, kann ich natürlich nicht vorhersagen. Das unterliegt seiner Freiheit. Ich arbeite aber eigentlich immer in dem Gefühl, daß meine Tätigkeit schon nicht umsonst sein wird. Das setzt natürlich voraus, daß zumindest ein Teil meines Tuns auch aus der nachtodlichen Perspektive heraus Bestand hat.

P.K.: Beginnt hier die Zusammenarbeit mit der geistigen Welt, in erster Linie mit dem Engel des betreffenden Menschen?

E. Maas-Küstermann: Ja; der Mensch kommt ja mit einem eigenen Plan zur Erde. Er hat ein geschnürtes Päckchen und sagt sich: Daran möchte ich arbeiten, dieses zu entwickeln. Im Laufe des Lebens wird das vergessen, und es tauchen dann Krisen auf, um daran nochmal zu erinnern. Es gibt bestimmte Lebensrhythmen, bei denen die Chance besteht, da nochmal hinzuschauen. Wenn man es verschläft, wird man vielleicht ein bißchen gerüttelt: Du wolltest es doch damals – arbeite jetzt daran!

Die Lebensmitte

B. Junker: Krisen, die sich vor dem Erreichen der 40 abspielen, haben häufig einen solchen Charakter und liegen dann um den sogenannten zweiten Mondknoten.

E. Maas-Küstermann: Es gibt diese Wiederholungsgeschichten. Man hat ein Lebensthema nicht bearbeitet, und dann kommt es wieder. Es ist immer wieder das gleiche, was da kommt. Z.B. hat eine Frau als Kind unter dem Vater gelitten, der Alkoholiker war, und sie heiratet später einen Mann, der ebenfalls Alkoholiker ist. Da wiederholt sich etwas. Es ist aber noch keine Umstülpung, keine Verwandlung, die eintreten würde, wenn ein Krisenauslösendes überwunden ist und dann anders werden kann.

Bei Frauen wirkt die Krise der Lebensmitte sehr stark verändernd. Ein Thema – neben den biologischen Veränderungen – besteht darin, etwas für die Welt tun zu wollen, nicht mehr so sehr auf sich selbst und die Familie sehen zu wollen; oder umgekehrt: Die Kinder sind aus dem

Haus, und die Frage taucht auf: Wer bin ich, was will ich noch bewirken in der Welt? Aber natürlich ist auch das „Jung und Faltenfrei" ein Thema: Wieweit wird man noch wahrgenommen als Frau? Es geht aber darum zu erkennen, daß nun andere Aufgaben Vorrang haben. Jetzt muß man nicht mehr die Schönheit repräsentieren. Es geht um neue Themen; die Frage nach Spiritualität taucht auch oft auf.

Bei den Männern muß ich leider sagen, daß ich oft Wiederholungen erlebt habe. Jemand braucht dann den Sportwagen, die neue, deutlich jüngere Partnerin – nur um irgendwann zu merken, daß es so doch nicht geht. Dann wiederholt sich alles wieder, und die Krise ist wieder da.

B. Junker: Ich erinnere mich da an die Werbung eines namhaften Sportwagen-Herstellers, in der sehr gekonnt die Hoffnung angesprochen worden ist, daß man mit dem beworbenen Auto wieder an die Kräfte der Kindheit herankommt: Die Erinnerung an das mit Begeisterung geführte Seifenkisten-Rennen des kleinen Jungen ging fließend in die Aufnahmen des neuen Sportwagens über.

© GNU Foto: Daniel Case

Seifenkistenrennen in Walden im US-Bundesstaat New York

E. Maas-Küstermann: Es kann sein, daß erfolgreich gestandene Männer vor einem stehen, die sagen, daß sie nicht mehr wissen, wo es weitergeht für sie. Das weiß der Therapeut natürlich auch nicht. Ich kann hier nur begleiten und beim Suchen helfen. Jeder Mensch muß es selbst herausfinden. Oder es ist wie mit dem Angler, der in seinem Fluß angelt und guckt: Was gibt es da, was gibt es dort noch anderes. Das ist die Eigenleistung, die erforderlich ist.

P.K.: Würdest Du also sagen, daß es Frauen leichter fällt, das Brett vor dem Kopf wegzukriegen, als Männern? Gehen Frauen leichter in die neue Lebensphase hinein, wo Männer eher dazu neigen, sich zurückzusehnen?

E. Maas-Küstermann: Es gibt auch Frauen, die sich liften lassen, also die vergehende leibliche Schönheit erhalten wollen; da will ich keine Schubladen öffnen. Aber wenn schließlich ein Mensch einen Therapeuten aufsucht, Schwäche zuläßt oder andere Menschen um Hilfe fragt, ist ein wichtiger Schritt getan, die neue Phase des Lebens auch zu akzeptieren.

P.K.: Und warum fällt es einem Menschen denn so schwer, um Hilfe zu bitten?

B. Junker: Wenn schon im aktuellen Knigge steht, daß man nicht mehr „Gesundheit" sagen soll, wenn jemand genießt hat, um diesen nicht auf eine Schwäche aufmerksam zu machen, dann macht das deutlich, wie schwer es gemacht wird, Krankheit oder schon Unpäßlichkeit zuzugeben. Es scheint eine gesellschaftliche Illusion zu sein, daß es möglich ist, daß ein Mensch ohne Schwäche leben kann.

In früheren Zeiten, im Mittelalter z.B., wurde den Menschen durch die christliche Kirche vermittelt, daß der Mensch grundsätzlich mit Sünde behaftet ist und auf der anderen Seite durch die göttliche Gnade in seiner menschlichen Unvollkommenheit auch bedingungslos angenommen wird. Man konnte sich also sagen: Ich bin unzulänglich, aber zugleich auch aufgehoben, getragen von der geistigen Welt und von der christlichen Gemeinschaft.

P.K.: Das war das Mittelalter. Und wie ist das jetzt?

B. Junker: Heute ist das Bewußtsein des unbedingten Angenommenseins nicht mehr in gleicher Weise gegeben. Ich denke, daß es darum sehr schwierig geworden ist, sich eigene Unzulänglichkeiten überhaupt einzugestehen. Diese Probleme kennen wir, glaube ich, alle, z.B. wenn wir vor uns und anderen eingestehen müssen, daß wir einen anderen Menschen ungerecht behandelt haben. Allerdings macht es diese Verleugnungstendenz gegenüber eigenen Unzulänglichkeiten auch so schwer, biographische Krisen zu bewältigen, weil die Probleme natürlich nicht verschwinden, indem wir die Augen zumachen. Wie ich eingangs erwähnt habe, ist es daher unsere heutige Aufgabe, die verlorengegangenen Bezüge zum Sinn des eigenen Daseins und zur menschlichen Gemeinschaft wiederherzustellen.

Das Leben im Leib als Krise für den Geist

P.K.: Die Krise kann ein lebenslanger Prozeß sein. Sie kann den Menschen begleiten, immer wieder an ihm rütteln. Ganz radikal gesprochen:

Wenn wir uns z.B. als geistige Wesen erleben, die wir ja eigentlich sind, können wir die Existenz im Leib an sich schon als Krise im Verhältnis zu unserer wahren, eigentlichen – nämlich geistigen – Natur erleben. Die Inkarnation in Fleisch und Blut ist insofern eine biographische Krise für das geistige Wesen, das ich als Mensch eigentlich bin. Und demgegenüber sagen wir kurioserweise trotzdem alle miteinander: Gott sei Dank, daß wir auf Erden leben dürfen!

Mandev Singh, *geb. 1967 in Stuttgart, Besuch der FWS Engelberg, Zivildienst in der Heimsonderschule Brachenreuthe, neunmonatige Indienreise, Medizinstudium in Lübeck, Anthroposophisches Studienseminar bei Frank Teichmann. 2000-06 klinische Tätigkeit im Gemeinschaftskrankenhaus Herdecke; Gebiete: Neurologie, interdisziplinäre Frührehabilitation, Abteilung für Querschnittgelähmte, Innere Medizin und Onkologie. Niederlassung in eigener Praxis am Gemeinschaftskrankenhaus für Sommer 2007 geplant. Verheiratet, ein Kind.*

Mandev Singh: Ja, und doch erleben wir gerade am schmerzvollsten diese Diskrepanz von „Geist im Leib" in unserer Seele, die als Bindeglied in diese Gegensätze täglich und für die ganze Lebensdauer eingespannt ist und bleibt. Die Seele ist der Bereich in uns, der immer wieder diese Not erlebt. Sie ist in jedem Fall betroffen: ob sich nun mehr materiell-existentiell etwas tiefgreifend verändert – wie z.B. ein Arbeitsplatzverlust oder eine schwerwiegende Erkrankung –, oder ob sich beispielsweise spirituell eine neue Sicht aller vertraut gewordenen Lebensumstände auftut, die ein Fortfahren in dem Bisherigen nicht mehr verantwortbar erscheinen lassen.

In jedem der beiden Bereiche treten unzählige, oft unvorhersehbare Ereignisse auf, und es erfordert eine wahre Kunst, diese zu integrieren, wo möglich auszubalancieren und da, wo nicht erreichbar, in ihrer Polarität auszuhalten. Und dazu kommt das riesige Gebiet des Seelischen als Reich für sich, da, wo es Ausdruck der gesamten Eigenart eines jeweiligen Menschen ist, und da, wo die Auffassung von dem, was beispielsweise „Wahrheit" sei, persönlich nuanciert erscheint. Hier entstehen viele zwischenmenschliche Konflikte, die nicht selten Quellen schwerster Krisen sind, für die sich weder materiell noch geistig eine schnelle Lösung finden läßt.

P.K.: Da geraten also zwei Menschen miteinander in eine Krise, weil sie sich nicht als primär geistige Wesen erkennen? Sie stoßen sich aneinander, einfach weil sie – zunächst unerkannt – mehr sind als Fleisch und Blut?

Monika Leifels, *geb. 1957. Dipl. Religionspädagogin, Counselor (grad.) für system. Gestalttherapie (BVPPT. Biografiearbeit und -beratung, Erwachsenenbildung und Fortbildungen) Tätig als pädagogisch-therapeutische Beraterin und Biographieberaterin, Fortbildnerin im Rahmen der beruflichen Fort- und Weiterbildung, Mitarbeiterin im bundesweiten Modell-Projekt „Pflegebegleiter"*

Monika Leifels: Die Erfahrung, daß wir als Mensch mehr sind als Fleisch und Blut, ist eine Grunderfahrung, die in jeder Krise sichtbar wird. Es ist dabei zunächst gleichgültig, ob diese Erfahrung durch einen anderen Menschen oder was auch immer ausgelöst wird. Letzten Endes steckt in einer Krise immer die Frage: Wer bin ich denn eigentlich wirklich, und wie kann ich zu dem werden, der ich wirklich bin? Und diese Frage kann zu der Erfahrung führen, daß ich als Mensch immer mehr bin als das, was ich mir und den anderen von mir zeige – daß ich also eigentlich ein geistiges Wesen bin.

Die eigenen Bedürfnisse und die Menschwerdung als Krise

P.K.: Es ist ja nichts Ungewöhnliches, daß eine Krise mit einem anderen Menschen einen zuerst dazu veranlassen kann, ihn abzulehnen, ihn zu verurteilen.

Ulrike Ronnefeldt, *geb. 1958. Ausbildung zur Gesundheits- und Krankenpflegerin, Trainerin für Gewaltfreie Kommunikation (M. Rosenberg) und für Rhythmik. Tätigkeiten: Mitarbeiterin im Team der psychosomatisch/psychotherapeutischen Station JONA am Gemeinschaftskrankenhaus Herdecke, Seminartätigkeit in „Gewaltfreier Kommunikation", Rhythmik und Achtsamkeit als Persönlichkeitsentwicklung, Teamkompetenz, Burnoutprophylaxe*

Ulrike Ronnefeldt: Im Konflikt von zwei oder mehr Menschen geht es immer um die Strategien, die von den Beteiligten gewählt wurden, um ihre jeweiligen Bedürfnisse zu erfüllen. Eine Krise ist da, wenn die Strategien nicht wirkungsvoll sind und wenn es keinen Ausweg zu geben scheint. Wenn es dann kracht, dann im Grunde deshalb, weil die Beteiligten die jeweiligen Bedürfnisse nicht erkannt haben.

Wenn sie aber dahin kommen, die Bedürfnisse – die eigenen und diejenigen der anderen – zu erkennen, dann können sie auch Wege aus einer Krise finden. Von solchen Wegen gibt es viele, nicht nur einen. Wir meinen oft, daß es nur einen einzigen Weg gibt; aber das stimmt so nicht. Es gibt immer mehrere, aus denen dann auch eine Win-win-Lösung möglich wird.

P.K.: Das können wir auf den eben besprochenen Gedanken anwenden. Der Mensch kommt als geistiges Wesen mit ureigenen Bedürfnissen und Impulsen auf die Erde und inkarniert sich in einem physischen Leib.

Da macht er ihm eine Offerte, indem er seine Bedürfnisse mehr oder weniger stark zu denen seines Leibes macht; denn der soll ihm ja als Werkzeug auf seinem Erdenweg dienen.

U. Ronnefeldt: In der heutigen Welt kommt jedes Kind, egal, in welche Familienkonstellation es geboren wird, mit dem Bedürfnis in die Welt, geliebt zu werden. Jedes Kind fühlt sich als wunderbar und liebenswert – und wird garantiert in der einen oder anderen Weise abgestoßen oder verletzt. Es erfährt Begrenzungen, aus denen sich ein Denken programmiert, das z.B. sagt: Wenn ich zu lebendig bin, gehöre ich nicht dazu – oder ähnliches. So etwas wird zu Glaubenssätzen, die man sein ganzes Leben mit sich trägt.

Es kann eine lebenslange Krise entstehen, wenn wir die traumatischen Erfahrungen der Kindheit lange mit uns herumschleppen; z.B. die eventuell daraus resultierende Verhaltensweise, sofort zu bemerken, was andere brauchen, und nicht zu erkennen, was man selber braucht. Auf diese Art kann der Mensch lebenslang in einer Art Krise sein.

Dann kann irgendwann eine auslösende Situation entstehen, die eine große Krise auslöst, die die Gelegenheit dazu gibt, das Ganze anzugucken und zu verwandeln. Dann wird die Krise zu einer großen Chance.

Die Geburtlichkeit des Lebens

M. Leifels: Unsere erlernten Verhaltensmuster werden zunächst nicht als krisenhaft erlebt. Jemand, der sich in ihnen eingerichtet hat, kann sich über eine ganze Zeit hinweg genau darin sicher und in Übereinstimmung mit sich selbst erleben. Es handelt sich allerdings um eine Strategie. Ich würde nicht sagen, daß jemand lebenslang in einer Krise ist. Es handelt sich vielmehr um eine Strategie, das Leben zu meistern. Die Krise ist m.E. der Punkt, an dem jemand mit dieser Strategie irgendwo anstößt, dann nicht weiterkommt und merkt, daß es die Strategie ist und eben nicht er selbst. Wer bin ich hinter der Strategie? Wenn diese Frage auftaucht, dann beginnt für mein Verständnis die Krise.

P.K.: Es gibt nicht wenige, die eine Krise als schweren, plötzlichen Schlag erfahren. Irgend etwas bricht plötzlich zusammen, und das Leben ist von jetzt auf gleich anders. Das ist auch eine Todeserfahrung.

M. Leifels: Wir nennen das eine Todeserfahrung; aber es ist die Frage, wie man das anschaut. Unter dem Erlebnis, daß nichts von dem, was bisher getragen hat, erhalten bleibt, also einfach ausgelöscht wird, ist das verständlich.

Wir können aber ebensogut einen anderen Blickwinkel einnehmen und das Geschehen als Geburt betrachten im Hinblick auf all das, was jetzt neu werden kann. Wir haben uns angewöhnt, unser Leben als Ganzes, als sterblich zu betrachten. Wir können es aber auch ebenso als geburtlich sehen. Das beginnt mit der leiblichen Geburt und führt dann u.U durch Krisen zu immer weiteren seelischen Geburten – ganz im Sinne Erich Fromms, der fragt, ob es uns gelingen wird, ganz geboren zu werden, bevor wir sterben. So nehmen wir einen Perspektivwechsel vor, der den Blick in eine ganz andere Weite eröffnet.

P.K.: Der leibliche Schmerz bei der leiblichen Geburt wird dann zu einem seelischen Schmerz in den Krisenerfahrungen. Sind das also auch Geburtswehen?

M. Leifels: Ja, ich denke, daß man das so ausdrücken kann.

P.K.: Dann gibt es aber auch eine Phase, die der Krise vorangeht. Im Bild gesprochen: eine Zeugung und eine Schwangerschaft, also ein Entstehen der Krise noch außerhalb des wachen Bewußtseins des Betreffenden. Wie kann die Vorgeschichte einer Krise erkannt werden? Was ist eigentlich die Vorgeschichte?

M. Singh: Das ist nicht leicht zu sagen. Es gibt Krisen, deren Vorgeschichte nicht lange zurückliegt, Tage oder Wochen; andere bereiten sich über Monate und Jahre vor. Und dann gibt es solche, deren Ursprung nicht in dem Zeitfenster zu finden ist, das wir gemeinhin überblicken, selbst wenn wir die früheste Kindheit miteinbeziehen. „Außerhalb des Bewußtseins des Betroffenen" könnte dann zweierlei bedeuten: Entweder die Zeugung der Krise liegt in einem Zeitraum, den der Betroffene nicht überblickt bzw. noch nicht einsehen kann, oder die Krise bahnt sich in Schichten seines Wesens an, die er bisher nicht kannte, für die er aber nach Ausbruch der Krise um so wacher ist. Das können Bereiche seines Körpers sein, die wegen ihres tadellosen Funktionierens nie ins Bewußtsein traten. Es können aber auch Schichten seiner Seele sein, die – ihm bisher unbewußt – sein Schicksal mitgestaltet haben. Gar nicht so selten haben Menschen davon eine dumpfe, manchmal sogar recht deutliche, fast prophetische Ahnung. Und dennoch gab die Ahnung vor Ausbruch der Krise für die Empfindung des Betroffenen noch nicht genügend Substanz her, um allein ihretwegen tätig zu werden. Ein mehr materielles Beispiel: Wie oft weiß ein Mensch, daß es gesundheitlich nicht richtig um ihn steht; und wieviel braucht es, bis er etwas unternimmt. Wie anders ist es dann, wenn die Katastrophe erst einmal ausgebrochen ist! Gerade auch Ärzte können hiervon, aus Erfahrung am eigenen Leib, manches berichten.

Spannungen

M. Leifels: Das läßt sich verdeutlichen, wenn wir uns bewußtmachen, daß wir uns in unserem Leben in der Spannung zwischen vier Polen bewegen, die so etwas wie unsere menschlichen Grundbestrebungen sind. Da ist zum einen unser Streben nach Individuation, der Wunsch, eine unverwechselbare, einmalige Persönlichkeit zu werden, der dem Wunsch, sich in ein größeres Ganzes einordnen zu können – z.B. eine Gemeinschaft mit anderen oder überindividuelle Zusammenhänge – gegenübersteht. Ein anderer Pol ist unser Streben nach Dauer, Sicherheit und Beständigkeit, der wiederum unserem Wunsch nach Veränderung und Wandlung gegenübersteht. In der Krise treibt dieses Spannungsverhältnis sozusagen auf eine Hochspannung zu und wird in aller Deutlichkeit sichtbar.

Wenn das Pendel zu sehr in die Richtung von einem dieser Pole ausschlägt, wenn ich zu sehr an meiner Sicherheit arbeite, spüre ich es vielleicht selbst noch nicht, aber von außen ahnt man, daß da etwas passiert, was irgendwann brechen muß.

Auch wenn man ausschließlich in das Gemeinschaftliche hineingeht, ohne die nötige Berücksichtigung von dem, was man selbst an Bedürfnissen hat, ist für Außenstehende auch sehr schnell zu sehen, daß da jemand an seine Grenzen geht und eine Krise herausfordert.

P.K.: Man ist manchmal also zu sehr beim anderen und vergißt das eigene Bedürfnis, zu dem dann eine Krise wieder hinführt?

U. Ronnefeldt: Ich denke jetzt z.B. an jemanden, der sehr in seiner Arbeit aufgeht, sich mit ganzer Kraft in sie hineingibt und dann plötzlich arbeitslos wird, oder sein ganzes Projekt bricht zusammen. Dann kann es natürlich zu einer großen Krise für diesen betreffenden Menschen kommen, der daran erkennt, daß er sein eigenes Bedürfnis nach Wertschätzung zu stark nur über die Schiene der beruflichen Tätigkeit hat laufen lassen. Plötzlich fühlt er sich wertlos, weil die Arbeit nicht mehr da ist, die ihm dieses Selbstwertgefühl bisher ermöglicht hat.

Abschied

P.K.: Es gibt viele Situationen, in denen etwas begonnen wird, nur um es irgendwann wieder zu lassen. Und dieses Lassen löst dann eine Krise aus. Es ist mit viel Freude und Hingabe verbunden, wenn man Kinder bekommt. Aber man weiß es schon von Anfang an, daß die Kinder irgendwann gehen werden. Und wenn sie dann gehen, löst das in nicht wenigen Fällen Krisen aus, sowohl für die Eltern als auch manchmal für die Kinder. Ebenso ist es doch erstaunlich, daß Soziologen einmal herausgefunden haben, daß die Wahl eines Lebenspartners von den Menschen unbewußt davon abhängig gemacht wird, ob man sich mit diesem Menschen optimal streiten kann. Die Harmonie steht am Anfang; aber jeder weiß, daß eine Beziehung zwischen zwei Menschen auch von Krisen geschüttelt werden wird.

U. Ronnefeldt: Ich sehe das aus dem Blickwinkel der Bedürfnisse: Wenn mein Partner plötzlich weg ist, entsteht für alle meine Bedürfnisse wie Liebe, Zugehörigkeit, Sexualität usw. eine Art großes Loch. Und dann geht es darum, wie ich für meine Bedürfnisse wieder neue Wege finden kann. Ich kann z.B. eine neue Zugehörigkeit finden, wenn ich beginne, wieder für dieses Bedürfnis zu sorgen, indem ich z.B. neue Freunde finde und mir eine Gemeinschaft suche.

P.K.: Und was rätst Du Menschen, die von ihren Gefühlen überwältigt sind?

U. Ronnefeldt: Wenn ein Mensch sehr aufgewühlt ist, so daß er nicht mehr im Hier und Jetzt sein kann, rate ich ihm z.B., sich ganz bewußt auf den Boden zu stellen, die Füße auf dem Boden zu fühlen, den Atem zu spüren. Dann kann es sein, daß da große Traurigkeit und ein Schmerz sind, die aber aushaltbar werden können, wenn er lernt, nicht bewertend hinzuschauen. Er muß es nicht zusätzlich dramatisieren, muß darin nicht versinken. Er kann aber lernen, sich das Schmerzhafte und Traurige ruhig anzusehen. Dann kann sich etwas verwandeln. Und so wie der Mensch auf die Erde gekommen ist, wie er in einem Leib angekommen ist, ist er eigentlich vollkommen. Er trägt alles Nötige in und mit sich. Es gilt dort ranzukommen, es auch bewußt erleben zu lernen.

Man kann nichts raten

M. Leifels: Man kann einem Menschen in einer Krise eigentlich nichts raten. Man kann als Therapeutin aber mitgehen, ihn in seiner Suche unterstützen und fördern. Über die ganz elementaren Dinge wie den Atem kann ein Mensch wieder damit beginnen, sich selbst zu fühlen. Es ist eben nicht mit einem Ratschlag, einer theoretischen Lösung getan. Die Lösung kommt vielleicht erst viel, viel später und wird dann vielleicht auch erstmal gar nicht als solche erkannt.

M. Singh: Ich erlebe es in den entscheidenden Momenten auch immer so, daß ich dem Gegenüber zunächst ohne jedes Wissen gegenüberstehe. Nicht auf das Antwort-Finden kommt es an, sondern auf den zuhörenden Prozeß, in dem der Zuhörer und auch der Sprechende wie zu einem Ohr zusammenschmelzen, das dem noch Unbekannten lauscht, was sich durch Ohnmachtserlebnisse hindurch artikulieren will.

Das ist ein so zarter Prozeß, daß es für den Therapeuten oft gar keine andere Aufgabe gibt, als diesem Zuhören immer ein bißchen mehr Raum zu geben, weiter nichts. Dieser Moment ist ein Geburtsvorgang, der geschieht, den ich jedes Mal erneut bestaune und bei dem ich nicht mehr reden will. Ich als Arzt gestehe mir dann ein, daß auch ich von dem Zutagetreten-Wollenden jetzt nichts mehr weiß. Ich schaue nur, daß alles in Bewegung bleibt. Und was dann kommt, ist das Besondere, ist das, was neu geboren werden will.

Der Volksmund kennt den Ausspruch „das Gras wachsen hören“; ich würde für unseren Aufgabenbereich sagen, daß es auf die Fähigkeit ankommt, das Werden – das in jeder Not sich formulieren will – wachsen zu hören.

Und wenn dann dank einem Gegenüber ein Mensch in Not dieses Werden von sich selber ahnend wieder hört, dann ist urplötzlich auch wieder ein Funken Hoffnung da, dort, wo eben nur erstickte Not zu existieren schien.

Hundertfach vergrößert

P.K.: Es gibt einen sehr weisen Spruch: „Die Seele verhält sich zum Problem wie die Zunge zum Zahn: Sie vergrößert hundertfach.“ Ein Problem erscheint für die beteiligten Menschen oft viel größer, als es eigentlich ist.

M. Singh: Und daher kann das Problem in seinen kleinsten Unebenheiten auch sofort wahrgenommen werden – wie schön!

U. Ronnefeldt: In der Sichtweise der gewaltfreien Kommunikation hat jedes Gefühl seine Berechtigung. So kann man es wie ein Signallämpchen für ein erfülltes oder nicht erfülltes Bedürfnis sehen: Habe ich ein angenehmes Gefühl, so ist ein Bedürfnis erfüllt; fühle ich ein unangenehmes Gefühl, so ist ein Bedürfnis nicht erfüllt. So ist jedes Gefühl willkommen und ein Wegweiser, mir deutlich zu machen, was mir fehlt, was ich brauche. Und wenn ich weiß, was ich eigentlich brauche, kann ich suchen, auf welchem Weg ich es erfüllen kann.

M. Singh: Wie schaffe ich es denn, dort hinzugucken?

U. Ronnefeldt: Alleine dort hinzugucken bedarf vieler Erfahrung und Übung. So ist es hilfreich, sich jemand Erfahrenem anzuvertrauen, der einen dabei unterstützt.

Krisenprävention

P.K.: Inwieweit ist eine Krisenprävention sinnvoll, indem man auf sich und sein Leben sieht, ohne akut in einer Krise zu stecken?

M. Singh: Diese Frage kann verschiedene Nuancen haben, je nachdem, was man unter Krise und Krisenprävention versteht. Um in einem Bild zu sprechen: Will man unter Krise allein etwas verstehen, was einer extrem schweren Bergbesteigung gleichkommt, die auf dem vor einem liegenden Weg nicht zu vermeiden ist, dann wäre „Prävention" eher gleichzusetzen mit Verhinderung der Konfrontation mit einer Aufgabe.

Nimmt man aber den Aspekt, daß als krisenhaft üblicherweise solche Extremsituationen angesprochen werden, die auch die Möglichkeit des folgenreichen Scheiterns in sich bergen, dann kann natürlich gegenüber der Absturzgefahr – die nur eine Möglichkeit des Scheiterns wäre – in hohem Maße Prävention getrieben werden

Auf sich und sein Leben sehen zu können ist eine Fähigkeit, die, wie jede Fähigkeit, erst durch Übung entsteht. Und da es in einer akuten Krise mit zum Schwierigsten gehört, gerade ruhig auf sich und die Umwelt schauen zu können, bedeutet eine solche Fähigkeit, die unter ruhigeren Bedingungen bereits geübt wurde, eine deutlich spürbare Erleichterung.

Allerdings reicht es zur Ausbildung einer sogenannten Krisenfestigkeit nicht aus, eine einzelne Fähigkeit besonders auszubilden – wie auch beim Bergsteigen das sichere Kletternkönnen für sich genommen nicht weit reicht.

Eine methodisch herausragende Schilderung zahlreicher Maßnahmen zur Ausbildung von Krisenfestigkeit ist in der Schrift „Wie erlangt man Erkenntnisse der höheren Welten?" von Rudolf Steiner gegeben, die ich alleine deshalb schon für ausgesprochen lesenswert erachte, selbst wenn jemand auf den Erwerb von höheren Erkenntnissen bewußt noch gar nicht aus sein sollte.

Zudem finden sich an verschiedenen Stellen aufschlußreiche, ja ermutigende Bemerkungen zu besonders krisenhaften Lebenssituationen eingestreut, die dem Lesenden wohl fast ins Auge springen, wenn er oder sie sich in einer so beschriebenen Situation befindet. Manch ein Gedanke hieraus kann einem beim Lesen wie aus dem Munde eines sehr wachen Gesprächspartners entgegentreten.

M. Leifels: Ich erlebe, daß viele Menschen nach Krisensituationen genau aus diesem Grund immer mal wieder zur Beratung kommen. Sie schauen in großen Abständen auf das, was ihr Leben ausmacht. Im Wissen darum, daß Krisen zum Leben dazugehören, geht es darum, sich die eigenen Lebensvollzüge immer wieder bewußtzumachen, um die eigenen Möglichkeiten, sich zu einem krisenhaften Geschehen zu stellen, zu erweitern.

U. Ronnefeldt: Es ist eine große Hilfe, um im Alltag freier leben zu können, wenn man es gelernt hat, seine Gefühle zu beobachten und als Wegweiser anzuerkennen, um gut für sich zu sorgen.

M. Leifels: Meist stellen wir erst in einer Krise fest, was unsere Bedürfnisse eigentlich sind. Im Alltag ist die Wahrnehmung nicht einfach, da zuviel Ablenkendes da ist. Solange alles glatt läuft – nach der Maxime „ich mache das alles schon" – hat man zunächst keinen Grund, nach sich selbst zu fragen, und oft keinen Blick für das Wesentliche.

Es gibt aber ein Grundbedürfnis im Menschen, sich mit dem eigenen Erleben in einem größeren Zusammenhang eingebettet zu wissen und sich selbst in diesem Zusammenhang auch zu verstehen. In der Krankheit kommt man dahin durch ein Grundverständnis der Krankheit; in der Biographiearbeit gibt es die Lebensrhythmen, die einen Deutungshorizont bieten können; und in der gewaltfreien Kommunikation gibt es den Umgang mit Bedürfnis und Gefühl.

All das sind verschiedene Zugänge, mit deren Hilfe der Mensch erleben kann, daß er mit dem, was ihm geschieht, nicht allein ist. Es geht seinen Mitmenschen ja ganz genauso! Das zu erfahren schafft Mut, dann vielleicht auch zu sagen: Jetzt möchte ich begleitet werden. Ich brauche jetzt eine „Hebamme" für eine bevorstehende seelische Geburt.

Die unheilbare Krankheit

P.K.: Es gibt für Menschen die Situation, daß sie von einer für ihr Leben schlimmen Diagnose erfahren. Sie bekommen gesagt, daß sie unheilbar erkrankt sind und daß die Krankheit über kurz oder lang auch zum Ende ihres diesmaligen Erdenlebens führen wird. Was könnt ihr dazu sagen?

U. Ronnefeldt: Der Mensch kann erfahren, daß er viel mehr als sein Leib ist, der nun so schlimm erkrankt ist. Er kann erfahren, daß er eigentlich in etwas ganz anderes eingebettet ist, und darauf kann er sein Vertrauen legen.

P.K.: Es ist für Menschen in einer solchen Situation oft sehr schwer, darauf zu sehen, daß sie irgendwann auf andere Menschen angewiesen sein werden, die sie pflegen. Die eigenen Kräfte werden versiegen, und andere müssen diese ersetzen. Das ist für viele mit einer großen Scham verbunden, das annehmen zu können; und doch stiften sie etwas, was Zuwendung und Sozialsein ins Leben bringt – denn letztlich sind sie ja der Grund dafür, daß Menschen anderen Menschen helfen. Diese Tatsache, die ein wichtiger Bestandteil unseres Lebens ist, kommt nur dadurch ins Leben, weil es hilfsbedürftige Menschen gibt.

U. Ronnefeldt: In meiner Arbeit auf der psychosomatischen bzw. psychotherapeutischen Station im Gemeinschaftskrankenhaus in Herdecke erfahre ich sehr oft, daß da Menschen sind, die unbeschreiblich großes Leid erfahren haben, und daß wir als Therapeuten an den Entwicklungen der Patienten mitwachsen können. Ich selbst habe dadurch immer wieder die Chance, an diesen Lebensnerv zu kommen und immer wieder zu sehen, was im Leben eigentlich wesentlich ist.

M. Leifels: Die Menschen, die ich begleite, unterstützen durch ihre Offenheit und ihr Vertrauen auch mich in der Suche nach der Beantwortung der Frage, wer ich eigentlich selbst bin.

Die wirkliche Wahrheit

Die wirkliche Wahrheit ist nicht die Wahrheit,
sondern der überwundene Irrtum.
Und die wahre Wirklichkeit ist nicht die Wirklichkeit,
sondern die überwundene Illusion.
Und die wirkliche Reinheit ist nicht die ursprüngliche Reinheit,
sondern die geläuterte Unreinheit.
Und das wahrhaft Gute ist nicht das ursprünglich Gute, sondern das überwundene Böse.

Das gilt für das ganze Weltall - auch für die Götter.
Denn auf dem Weg,
auf dem ein Böses umgewandelt wird,
kann sich etwas entwickeln,
was ursprünglich gar nicht in dem Guten enthalten war.
Dadurch, daß Gott sich die Widersacher geschaffen hat,
hat er sich gezwungen,
sein tiefstes Wesen noch anders zu offenbaren,
als er es ohne sie hätte tun können.

Friedrich Benesch

Nicht die sichtbare und vergängliche Materie ist das Reale, Wirkliche, Wahre, denn die Materie bestünde ohne den Geist überhaupt nicht, sondern der unsichtbare, unsterbliche Geist ist das Wahre.

Max Planck

Disconnected –

wie komme ich wieder in Kontakt mit meinem Lebensstrom?

von Jürgen Peters

Als Lehrer und Dozent hatte ich über Jahre viele Gespräche mit Menschen geführt und ihnen in Krisensituationen oft helfen können. Als mein eigenes Leben sich dann innerhalb weniger Wochen durch das Auseinandergehen meiner Ehe, das Auseinanderbrechen des Freundeskreises und das Ausscheiden aus meinem Beruf völlig auflöste, war ich zunächst hilflos.

Vorboten

Meine Lebenssituation war vor dem Ausbruch der Krise irgendwie ins Stocken geraten. Projekte gingen nicht voran, Unzufriedenheit breitete sich in mir aus, und verschiedene Menschen hatten mich angesprochen und mir gesagt, ich sähe traurig aus. Ich selbst hätte gar nicht beschreiben können, was mir fehlte; ich versuchte, mir einzureden, es sei eben ein Tief, das wieder vorüberginge. Ich lief gegen unsichtbare Wände. In diesen Monaten hatten mich immer wieder ähnliche Alpträume heimgesucht: Unser Haus war abgebrannt, ich stand allein in den Trümmern und klaubte meine letzten Habseligkeiten zusammen; Umweltkatastrophen oder Kriege drohten, und ich mußte diesen Ort verlassen...

Es nicht wahrhaben wollen

Als sich dann plötzlich alle nahen und bislang harmonischen Beziehungen auflösten, eine Berufstätigkeit zu Ende ging, in der ich lange Zeit glücklich gearbeitet hatte, die neue Berufstätigkeit sich nicht richtig anfühlte – da stellte sich zuerst massiver Widerstand ein. Ich konnte, wollte es nicht begreifen, daß alles wirklich passiert war. Ich wehrte mich gegen das, was schon längst geschehen war. Daß *mir* so etwas passiert! Warum gerade ich? Diese ganzen unsinnigen Fragen hörten nicht auf, in meinem Kopf zu kreisen. Jeden Morgen, wenn ich aufwachte und den ersten bewußten Atemzug tat, sprang mich das ganze Elend an wie ein Raubtier. Normalerweise hätte ich versucht, mich in die Arbeit zu flüchten; aber gerade das ging nicht mehr. Denn ich konnte mich mit keiner Aufgabe mehr richtig verbinden, und nichts schien mehr zu stimmen. Ich hatte das quälende Gefühl, auf einem falschen Schiff zu sein mit einem Kurs, der nicht meiner war – und weit und breit war kein Hafen in Sicht, um umzusteigen. Aus den nächtlichen Alpträumen war ein realer geworden.

Disconnected

Wir alle kennen Erlebnisse des tiefen Verbundenseins mit der Welt, Momente in der Kindheit, in denen wir uns eins fühlen mit der Natur, oder sogenannte Flow-Erfahrungen im späteren Leben, in denen wir so eins sind mit unserem tieferen Wesen, daß wir Schwierigkeiten und Probleme nicht mehr als belastend erleben, sondern als Herausforderungen, die uns beleben. Was ich mit „*disconnected*" meine, ist genau der Gegenpol dazu. Wenn man den tieferen Kontakt zu sich selbst verloren hat, dann geht gar nichts mehr. Es gibt nichts, wofür man sich wirklich begeistern könnte. Alle Übungen, mit denen man sich bisher immer wieder sammeln konnte, greifen plötzlich nicht. Ablenkungen funktionieren nicht mehr; Hobbys, die einen noch vor Monaten begeistert hatten, werden plötzlich öde. Man fühlt sich in der Gesellschaft von Menschen nicht mehr wohl – und auch nicht mehr in der Gesellschaft mit sich selbst.

Sich selbst genug sein

Ich hatte es nicht gelernt, ganz allein mit mir selbst zu sein. In den vorangegangenen zwanzig Jahren war ich immer von Menschen umgeben und in zahlreiche soziale Prozesse eingebunden gewesen – und jetzt diese Leere. Viele Menschen hatten mir auf die Schultern geklopft und meine Erfolge bewundert – jetzt war dies alles verschwunden – und mein Selbstbewußtsein dazu. Viele Stimmen gab es in meinem Kopf, die mir sagten: Tu dies, tu das! Doch welches war meine eigene Stimme? Und nicht die Stimme meiner Eltern, meiner Freunde, meiner Sozialisation? Einer meiner neuen Freunde, die mir in dieser Zeit begegneten, sagte mir einmal in einem Gespräch: „Vielleicht hast du deine eigene Stimme noch nie gehört, weil sie so zugedeckt ist von all den anderen Stimmen in dir." Ich war erstaunt – weil ich zum ersten Mal in Betracht zog, daß dies *wirklich* möglich war.

Schlafprobleme

Sich nicht mehr verbunden zu fühlen mit dem eigenen Lebenssinn, plötzlich kein Ziel mehr zu haben, kann ein sehr verstörendes Gefühl sein. Es bewirkt zudem einen einschneidenden Energieverlust. Und dieses Gefühl des Neben-sich-Stehens wurde bei mir massiv verstärkt durch die einsetzende Schlaflosigkeit. Über drei Monate konnte ich nur mit Schlaftabletten einschlafen – doch meist nur für zwei, drei Stunden. Dann erwachte ich mit dem Gefühl, ausgestoßen worden zu sein, so als ob mich da drüben niemand mehr haben wollte. Ich baute körperlich ab, mein Herz fing an zu rasen und kam aus dem Takt. Es hing an vielem, das in der Vergangenheit so selbstverständlich gewesen und jetzt für immer – wie mir schien – verschwunden war. Es hing auch an meinem alten Selbstbild, das ich nicht loslassen konnte. Wie konnte ich das auch tun? Was blieb denn dann noch von mir übrig? Alle Mittel – Medikamente und Meditationen –, die mich bisher immer zur Ruhe gebracht hatten, versagten. In der Nacht hatte ich einen Puls von 130, und ich war vollkommen meinen eigenen inneren Zuständen ausgeliefert, der Unruhe, der Verzweifelung. Wie lange macht ein Körper das mit? Trotz Schlafmangels schleppte ich mich durch meine beruflichen Verpflichtungen und verdankte es vor allem dem Entgegenkommen verständnisvoller Kollegen, die von mir nicht mehr als ein Minimalprogramm verlangten, daß ich diese Zeit überhaupt durchstehen konnte.

Ayurveda

Von einer anderen Seite kam eine erste Hilfe. Ich begann durch Empfehlung eine Ayurveda-Therapie, die mir half, wieder besser in meinen Körper hineinzukommen. Die Therapeutin machte mich darauf aufmerksam, daß einzelne Körperpartien ganz verspannt seien und doch bestimmt schmerzen müßten. Ich spürte es jedoch gar nicht. Ich brauchte mehrere Sitzungen, bis ich den Schmerz in meinem Körper überhaupt wahrnehmen konnte. Sie machte mir klar, daß der ganze seelische Schmerz, der sich bei mir angesammelt hatte, jetzt auch gefühlt und durchlebt werden mußte und daß es keinen Ausweg für mich gab, irgendwie darum herumzukommen. Als ich das zum ersten Mal hörte, war ich entsetzt: Wie? War eine Therapie nicht dazu da, mir den Schmerz zu nehmen?

Gefühle fühlen

In unserer Kultur scheint seelischer Schmerz geradezu etwas Böses, Krankes zu sein. Deswegen ist es nur verständlich, schmerzhafte Gefühle zu verdrängen. Ich machte die Entdeckung, daß ich mich heftig dagegen wehrte, meine eigenen Gefühle zu fühlen. Ich dachte statt dessen darüber nach – und mehr noch über die Menschen und Situationen, die diese Gefühle hervorgerufen hatten. Jetzt mußte ich regelrecht lernen, wie man es anstellte, sich nach innen zu wenden und den eigenen Gefühlen wie quengelnden Kindern Raum zu geben. Denn solange ich das nicht tat, gaben sie einfach keine Ruhe. Eine große Hilfe waren mir dabei die Schriften von Safi Nidiaye* . Durch die vielen Übungen in ihren Büchern ist es mir nach und nach gelungen, Körper und Gefühle wieder besser in Einklang zu bringen. Der erste Schritt war das Üben mit dem Atmen.

Atmen

Das Atmen ist eine wunderbare Funktion des Körpers. Denn im Atem sind wir mit der Welt verbunden, und wir teilen unsere Atemluft mit allen anderen Menschen. Deshalb ist es möglich, über den Atem eine stärkere Verankerung im eigenen Körper zu erzielen. Also entspannt und aufrecht hinsetzen und seine Aufmerksamkeit auf den Atem richten. Für mich ist es immer am besten gewesen, gar nicht in den Rhythmus oder die Tiefe des Atems bewußt einzugreifen. Die Aufmerksamkeit auf den Atemprozeß zu lenken führt schon von selbst dazu, daß der Atem ruhiger und tiefer wird. Aus dem Aikido und dem Zen waren mir einige Atemübungen vertraut; aber ich bemerkte, daß ich am besten damit zurechtkam, den Atem einfach zuzulassen und zu spüren, wie es sich anfühlte, wenn Brust und Bauch vom Atem massiert wurden. Ich lernte, in die schmerzenden Körperstellen hineinzuatmen und die Spannungen, die darin vorhanden waren, erst einmal wahrzunehmen. Aber ich denke, daß hier sicher jeder für sich selbst spüren muß, was am besten für ihn ist.

Ein weiterer positiver Aspekt des Atmens ist, daß man nicht gleichzeitig denken und atmen kann. Die Gedankenmühle im Kopf kommt zur Ruhe. Sobald man anfängt zu denken, wird man feststellen, daß nicht mehr die volle Aufmerksamkeit beim Atem ist. Wenn sich der Kopf beruhigt,

---

* Safi Nidiaye, „Herz öffnen statt Kopf zerbrechen." (Ullstein Taschenbuch Verlag, München 2002)

kommt auch der Körper zur Ruhe. Nach einigen Wochen freute ich mich richtig auf die Zeiten des einfachen Dasitzens, ohne etwas Sinnvolles zu tun – ein Zustand, der mir als effizienter Workaholic vorher nur als Zeitverschwendung vorgekommen wäre und den ich zunächst gar nicht ertragen konnte, ohne sofort nach einer Ablenkung zu suchen.

Körperbewußtsein

Durch die Atemübungen entstand mit der Zeit ein anderes Körperbewußtsein. Wenn ein Gespräch oder eine Situation mir nicht guttat, spürte ich es viel eher, weil mein Körper sofort darauf reagierte. Während ich früher diese Signale in Form von Verspannungen überhört hatte, konnte ich jetzt schneller bemerken, wann mir etwas nicht guttat, und die Situation rechtzeitig verlassen. War dies nicht möglich, so konnte ich mich zumindest in der für mich schwierigen Situation an meinem eigenen Atem festhalten. Unser Körper ist ein empfindliches Instrument, das jede Störung sofort anzeigt, wenn wir mit einem Teil unseres Bewußtseins bei uns selbst bleiben. Wir hören auch ganz anders zu, wenn wir in unserem eigenen Leib verankert sind.

Angst vor der Leere

Wenn eine Lebensphase zu Ende geht und liebgewonnene Dinge sich auflösen, entsteht der dringende Wunsch, daß anstelle des Alten sofort etwas Neues tritt. Die Zeit zwischen dem Schwinden des Alten und dem Aufglänzen des Neuen erscheint uns unbequem und schmerzhaft – und in jedem Fall viel zu lang. Doch in dieser Zeit finden ganz wesentliche Prozesse statt, die ganz durchlebt werden müssen, bevor es weitergehen kann. Ich habe lange gegen diesen Zustand der Leere angekämpft – ohne Erfolg. Man kann das Neue nicht herbeizwingen. Allerdings kann man die notwendige Phase der Leere – in meinem Fall fast zwei Jahre – ein wenig beschleunigen, indem man sich gegen die Auflösung des Gewesenen nicht wehrt und bewußt die Leere in Kauf nimmt. Das ist allerdings leichter gesagt als getan. Aber die Atemübungen, in denen man nichts tut und nichts denkt und einfach nur *da ist* und atmet, sind wie eine homöopathische Übung, um sich mit dem Zustand der Leere anzufreunden. Wie soll der Krug neu gefüllt werden, wenn er nicht zuvor ganz geleert wird?

Es fällt auch leichter, sich der Leere auszusetzen, wenn man einmal die Erfahrung gemacht hat, daß man immer etwas Neues dafür geschenkt bekommt. Diese Belohnung tritt wirklich immer ein, meist von irgendeiner unerwarteten Seite. Die Frage ist nur, ob wir es auch bemerken. Eine neue Empfindung, die man so noch nicht gehabt hat, ganz kurz vielleicht und zunächst nur vorübergehend – oder ein Gefühl des Vertrauens, das vorbeiweht und verschwindet, wenn man es festhalten will. Je eher man diese Momente immer wieder loslassen kann, um so mehr werden sie sich häufen und sich vielleicht eines Tages zu einem neuen Lebensgefühl verdichten.

Jetzt

Ein Meilenstein auf meinem Weg aus der Krise war die Arbeit mit Eckhart Tolles Buch „Jetzt!"* . Mir ist bei dieser Lektüre bewußtgeworden, wie sehr ich mich immer bemüht hatte, mein Leben in den Griff zu bekommen, und zwar mit meinem planenden Verstand. Ich hatte mich wie selbstverständlich darauf verlassen, daß ich alle meine Schwierigkeiten durch Analysieren der Vergangenheit und durch Nach-Denken lösen könnte. Diese Vorstellung ist ja in unserer Kultur auch sehr verankert. In der Tat war das der Kern meiner Krise: Ich hatte mein Leben nicht mehr im Griff, sondern es hatte *mich* im Griff! Und ich war zutiefst verstört, weil ich bemerkte, daß mir mein analytisches Denken nicht mehr half – jedenfalls nicht mehr allein. Denn was geschieht, wenn plötzlich eine völlig neue Erfahrung in unser Leben tritt, die ganz verschieden ist von allem, was wir kennen? Wie wollen wir diese denn aus unserer Erfahrung begreifen, die sich nur auf die Vergangenheit bezieht? Wir sind dann dazu aufgefordert, neue Begriffe zu erfassen, das noch nicht Gedachte zu denken. Das können wir aber nicht gestern, auch nicht morgen tun, sondern nur jetzt! Ich hatte mich niemals zuvor in meinem Leben vollkommen auf den gegenwärtigen Moment eingelassen. Mein Verstand war ständig im Hintergrund damit beschäftigt, darüber nachzudenken, was gestern oder vorher geschehen war und wie es morgen wohl weitergehen würde – und ich konnte diese Planungs- und Strategie-Mühle überhaupt nicht anhalten! Nach und nach wurde mir völlig klar, daß man sein Leben nur im gegenwärtigen Augenblick verändern kann. Aber wie soll man das nur tun, wenn man nicht anwesend ist, gar nicht da ist?

* Eckhart Tolle: „Jetzt! Die Kraft der Gegenwart." (J. Kamphausen Verlag, Bielefeld 2000)

Du hast jetzt lang genug gekämpft!

Nach Eckhart Tolle gibt es zwei Chancen, mit einem Verlust oder einer schwierigen Situation umzugehen: Entweder man schafft es, im Augenblick direkt anzunehmen, was geschieht, und wehrt sich nicht gegen das, was bereits ist – oder man nimmt seine eigene Reaktion auf das bereits Geschehene an, d.h. man akzeptiert die ausgelösten Gefühle. Annehmen heißt hier: nicht für gut befinden, sondern als gegeben betrachten. Und es bedeutet insbesondere: nicht dagegen ankämpfen und sich nicht mit Gedanken beschäftigen wie „Warum mußte das jetzt mir passieren?" Und ich kämpfte! Mir wurde so deutlich wie nie in meinem Leben zuvor, daß ich mich ständig gegen das wehrte, was geschah! Jetzt verstand ich erst die volle Bedeutung der Worte eines Freundes, dem ich bei Ausbruch meiner Krise mit sprudelnden Worten und voller Panik erzählt hatte, wie sich mein Leben vor meinen Augen auflöste, und der mich daraufhin ganz ruhig anschaute und sagte: „Willkommen in der Wirklichkeit, mein Freund; du hast jetzt lang genug gekämpft, hör jetzt auf damit!"

Tore zur Gegenwart

Tatsächlich war ich vollkommen mit meinen Gedanken und Gefühlen identifiziert. Sie waren meine Realität. Und ich sträubte mich immer noch heftig gegen „mein Unglück". Der Verstand beurteilt ständig, und zwar nach dem, was er bereits kennt – also nach den Erfahrungen der Vergangenheit. Zunächst erscheint es wie eine Plattheit zu sagen: Lebe in der Gegenwart, im Augenblick. Und man könnte Bücher mit Zitaten von Philosophen füllen, die genau dies empfehlen. Die Frage ist bloß: Wie macht man das?

Der erste Schritt bestand für mich darin anzuerkennen, daß ich mich überhaupt nicht in der Gegenwart aufhalten *konnte.* Der Versuch, sich auf seine Gedanken zu konzentrieren, um sie auf die Gegenwart zu richten, ist von vornherein zum Scheitern verurteilt. Wenn ich die ganze Zeit denke: „Bleib mit deinen Gedanken in der Gegenwart", dann bin ich eben gerade *nicht* in der Gegenwart. Der Zustand des No-mind, der Präsenz, kann nach Tolle neben anderen Zugängen über die Stille, den Atem oder den inneren Körper erreicht werden. Der innere Körper ist die Lebendigkeit des eigenen Körpers, die gespürt werden kann. Dabei geht es nicht um Suggestion, sondern um die Wahrnehmung; z.B. um die Wahrnehmung der Lebendigkeit der Hände. Nach und nach kann man sich auf jeden Körperteil konzentrieren. Am Anfang gelingt es vielleicht nur mit den Händen und den Füßen. Wichtig ist, daß man sich auf eine Wahrnehmung konzentriert, egal wie zart sie ist. Denn das Leben des Körpers findet wirklich in der Gegenwart statt; und deshalb wird man durch diese Übung in die Gegenwärtigkeit hineingezogen.

Die Qualität des Augenblick-Bewußtseins entscheidet über die Zukunft

Moment mal, sprechen wir hier nicht von Lebenskrisen, Verzweiflung, Selbstaufgabe: Soll denn da eine solche Übung hilfreich sein? Ja, sie ist es wirklich; denn Verzweiflung und Selbstaufgabe bestehen aus einem Geflecht von Gedanken und Gefühlen, die wir selbst hervorbringen. Genau das ist der springende Punkt, weil dies durch die oben beschriebene Übung unterbrochen wird und man sich tatsächlich – wenn auch noch indirekt – als Urheber seiner Stimmungen entdeckt. Allerdings ist diese kleine Übung natürlich nur ein Anfang. Sie überträgt sich jedoch auf den Alltag: Es stellen sich allmählich kleine Phasen des absichtslosen Daseins ein, in denen man Eindrücke ungefiltert von den eigenen Gedankenmodellen empfängt – und darauf kommt es an, denn sonst denkt und sieht man immer nur das Alte! Unterstützend kann man auch den folgenden Gedankeninhalt Tolles meditieren: „Die Qualität deines Bewußtseins in diesem Augenblick entscheidet über deine gesamte Zukunft."* Es hat eine Zeit gedauert, bis ich wirklich begriffen habe, daß meine Präsenz, meine Anwesenheit im Augenblick die einzige Kraft ist, aus der eine nachhaltige Veränderung kommen kann. Und genau dagegen habe ich mich gewehrt; denn ich habe viel lieber meinen Gedanken nachgehangen, mich mit meinen Sorgen und Schuldgefühlen beschäftigt, statt mich dem zuzuwenden, was gerade geschieht. Mir fiel plötzlich auf, daß viele Heilungen im Neuen Testament die gleiche Struktur aufweisen. Wenn der Christus fragt: „Willst du gesund werden?", sind wir aus unserem heutigen Bewußtsein heraus geneigt, dies als eine Frage an unser Denken zu betrachten statt als einen Hinweis, jetzt, in diesem Moment, ganz bewußt die eigene Sehnsucht nach Heilung in uns zu spüren.

Übergangszeiten

Ein gutes Jahr habe ich fast nur daran gearbeitet, mich mehr auf die kleinen Dinge des Alltags einzulassen, alle Gedanken über die Zukunft

* ebd.

fallenzulassen und zu üben. Das hieß: tägliche Atemübungen, Erspüren des inneren Körpers, meditatives Lesen in Tolles „Jetzt" – zwei bis drei Seiten täglich; und wenn ich hinten fertig war, fing ich vorn wieder an und fand zu meinem Erstaunen alles wieder wie neu vor. Es ist eben gar nicht der Inhalt des Buchs, worauf es ankommt. Zeit hatte ich in dieser Phase genug, denn ich war sehr viel allein. Zu meiner täglichen Hygiene gehörte es auch, abzuspüren, welche Gefühle in mir vorhanden waren, ihnen einen Raum zu geben und mich auch immer wieder dem Schmerz, den Verlustgefühlen auszusetzen. Das führte auch oft zu Rückfällen – in der Form, daß ich immer wieder von neuem von Leid und Tränen heimgesucht wurde und meine eigene Geschichte beklagte. Die ersten positiven Anzeichen, die sich nach einigen Monaten einstellten, bestanden jedoch darin, daß mein innerer Drang verschwand, anderen Menschen meine Geschichte zu erzählen, und daß sich die Momente häuften, in denen ich nach getaner innerer Arbeit einen zwar vorübergehenden, aber stillen Frieden zu spüren begann.

Lauschen

Es gibt unterschiedliche Ebenen des Wissens. Natürlich kannte ich das Märchen von Frau Holle und wußte um seine Bedeutung – oder glaubte, es zu wissen. Aber das ganze Ausmaß dieser Wahrheit, daß alles, was wir an Aufmerksamkeit und Energie der Welt selbstlos schenken, vielfach zu uns zurückfließt, war mir nicht im geringsten klar – ich hätte es auch für ein Märchen gehalten, weil es außerhalb meiner Erfahrung lag. Denn ich war darauf dressiert gewesen, effektiv, d.h. absichtsvoll zu handeln. Und ich stellte fest, daß ich gar nicht in der Lage war, mich absichtslos durch die Welt zu bewegen! Ich war daran gewöhnt, Dinge zu tun, um etwas damit zu erreichen! Und wenn ich die Brote aus dem Feuer hole mit der Absicht, später dafür belohnt zu werden, dann hat sich schon eine Verunreinigung in meine Handlung eingeschlichen. Wenn wir in einer Krise stecken und verzweifelt sind und aufgeben wollen, dann haben wir besonders gute Chancen, an diese Qualität der Absichtslosigkeit heranzukommen, weil wir dann für uns selbst gar nichts mehr erhoffen.

Selbstlosigkeit

Ich kann nur selbstlos sein, wenn ich ganz dem Augenblick hingegeben bin und lausche, was dieser eine Moment mir sagen will, welche Qualität er hat. Ich kann nur selbstlos sein, wenn ich den Augenblick einfach dasein lasse und nichts weiter mit ihm anfangen will. Denn in der Gegenwart bin ich mit meiner Geschichte gar nicht vorhanden. Die Qualität des Zuhörens und Lauschens läßt sich unermeßlich steigern, wenn es gelingt, Lücken in unserem unaufhörlichen Gedankenstrom zu schaffen. Und diese zarte Kraft ist wirklich geeignet, unser Leben zu verändern! Nur hatte mir dies nie jemand beigebracht. Ich hatte nur gelernt, das Morgen zu planen und meine Strategien zu verfolgen. Und ich hätte mich freiwillig auch gar nicht so vollständig darauf eingelassen, wenn nicht alles andere versagt hätte.

Eine neue Kultur des Handelns

Das innere Seelenleben, die Gefühle, die immer wiederkehrenden Gedanken und die damit verbundenen körperlichen Erscheinungen sind aber nur die eine Seite. Wenn dies nach einiger Zeit sich klärt und etwas zur Ruhe kommt, dann bleibt die andere Seite: Was will ich jetzt in der Welt tun? Wie kommt meine berufliche Tätigkeit wieder in Ordnung, daß ich auch hier wieder das Gefühl bekomme, mit mir selbst im reinen zu sein?

Genauso wie ich lernen mußte, mit meiner Innenwelt ganz neu umzugehen, war es auch nötig, eine andere Art des Handelns zu erüben. Und ich stellte bald fest, daß es sich dabei um die gleiche Grundgeste handelte. Ich hatte früher immer versucht, meine Gefühle zu manipulieren, in dem Sinne, daß ich positive festhalten und negative Gefühle verdrängen wollte, statt sie einfach das sein zu lassen, was sie sind: Boten des Augenblicks. Mein berufliches und privates Leben hatte ich nach den gleichen Gesichtspunkten geführt, nämlich Strategien entwickelt, um das herbeizuführen, was ich mir als gut und erstrebenswert vorstellte. Da ich viel zuviel Angst hatte, die Kontrolle über mein Leben aufzugeben, war ich immer bemüht gewesen, in meinen Planungen alle Eventualitäten mit einzubeziehen, so daß nichts Unvorhergesehenes geschehen konnte. Heute sehe ich, daß ich dadurch das Leben selbst nach und nach eingedämmt hatte. Schließlich war es die Krise selbst, die diese Haltung beendete. Die alte chinesische Kunst des Nicht-Handelns* legt eine völlig andere Verhaltensweise nahe als eine durch die planende Verstandestätigkeit gesteuerte. Eine Grundidee dabei ist, daß die menschliche Intelligenz sich nicht nur auf den Intellekt beschränkt; denn der allein würde es ja nicht einmal eine Minute

* Theo Fischer: „Das Tao der Selbstfindung." (Silberschnur Verlag, Güllesheim 2001)

lang schaffen, die biologischen Funktionen des Körpers so harmonisch zu steuern, wie sie in Wirklichkeit ablaufen. Gibt es eine Möglichkeit, sich diese Intelligenz zunutze zu machen?

Ohnmacht als energetisches Feld

Als Lehrer hatte ich eine bestimmte Erfahrung – wie auch die meisten anderen Pädagogen – zwar oft selbst gemacht, aber ich war nie auf die Idee gekommen, sie systematisch anzuwenden: Oft hatten wir in der Konferenz lange über einen Schüler gesprochen, der uns Sorgen machte. Als alle Kollegen ihre Beobachtungen geschildert hatten, stellten wir fest, daß zwar ein klares Bild entstanden war, daß wir aber auf der anderen Seite völlig ratlos dastanden. Mit dieser Hilflosigkeit und im Bewußtsein unserer Grenzen gingen wir durch die Nacht – und fanden am nächsten Morgen ein verändertes Kind vor!

Wie selten gelangen wir mit unseren persönlichen Problemen an den Punkt, an dem wir erkennen, daß wir mit unserem Verstand keine Lösung finden können! Meist sind wir fieberhaft damit beschäftigt, darüber nachzudenken, daß es doch eine Lösung geben *muß*. Aber könnte es nicht sein, daß gerade diese Haltung die Lösung verhindert? Als Lehrer war ich ja geradezu darauf trainiert, auf alles eine Antwort zu haben. Mir einzugestehen, daß ich *nicht* wußte, daß ich ratlos war und am Ende meiner Weisheit – das hat mir erst meine Krise beigebracht. Immer wenn ich nämlich diesen Punkt erreicht hatte, wurden neue Energien in Gang gesetzt, mit denen ich vorher noch keine Bekanntschaft gemacht hatte, weil ich es in meinem bisherigen Leben peinlichst vermieden hatte, den Komfortbereich zu verlassen.

Ein Experiment

Theo Fischer schlägt in dem oben genannten Buch ein Experiment vor, das ich – wie überhaupt alle Anregungen in seinen Büchern – nur sehr weiterempfehlen kann: Beschäftigen Sie sich in Gedanken mit einem Problem, das Sie gerade besonders quält. Benutzen Sie ihren Verstand aber nicht dazu, nach einer Lösung zu suchen, sondern stellen Sie sich nur das Problem in seiner ganzen Verflechtung vor, als würden Sie das Leben eines anderen betrachten. Nehmen Sie Ihre Gefühle wahr, ohne sie zu beurteilen. Spüren Sie ihre Wut, Ihre Ohnmacht oder was sonst noch alles hochkommt – aber bleiben Sie mit ihrem Blick nach innen gerichtet, lassen Sie Ihre Gedanken nicht nach außen schweifen, auf die scheinbaren Verursacher des Problems. Wenn das Bild ganz klar geworden ist – wie bei der obengenannten Schülerbesprechung –, gestehen Sie sich Ihre Ohnmacht ein, aus eigener Kraft eine Lösung zu finden (denn sonst gäbe es ja kein Problem!), und lassen Sie dann alles *los*. Denken Sie nicht mehr darüber nach und beobachten Sie, was in den nächsten drei Tagen geschieht!

Bevor Sie jetzt ein inneres „Ja, aber" darüber sprechen, probieren Sie es einfach einmal aus – *nach*denken können Sie ja *nachher* darüber!

Sehnsucht

Die oben beschriebene Übung läßt sich ebenfalls dazu benutzen, besser mit seinen eigenen Sehnsüchten umzugehen. Unsere Sehnsüchte sind ein starkes Bindeglied zwischen der inneren und der äußeren Welt. Oft vermeiden wir es allerdings, uns mit unseren Sehnsüchten in Verbindung zu setzen, weil dies schmerzhaft ist.* Eine Zeitlang war es für mich ganz unerträglich, mir das vorzustellen, was ich mir für mein Leben ersehnte, ohne im eigenen Schmerz zu versinken. Je mehr ich jedoch lernte, meine Sehnsüchte als zu mir und zu meinem Leben zugehörig zu betrachten und nicht als irreale Wünsche, um so mehr trat etwas in mein Leben, was C.G. Jung als Synchronizität** bezeichnete. C.G Jung hat gemeinsam mit dem Physiker Wolfgang Pauli neben den kausalen Zusammenhängen in der Welt die akausalen Synchronizitäten als gleichberechtigtes Prinzip beschrieben. Er erwähnt in dem

© gemeinfrei

C.G. Jung 1909

* Safi Nidiaye: „Befreie Deine Sehnsucht." (Integral München 2005)
** C.G. Jung: „Synchronizität, Akausalität und Okkultismus". (Deutscher Taschenbuch Verlag München 2001)

oben genannten Aufsatz ebenfalls, daß er Synchronizitäten dann verstärkt beobachtete, wenn in den beteiligten Menschen gefühlsmäßig etwas Tieferes angerührt wurde.

Menschen, die ich seit vielen Jahren nicht mehr gesehen hatte und von denen ich noch kurz vorher gesprochen hatte, riefen mich plötzlich an; andere, über die ich plötzlich nachdenken mußte, meldeten sich kurz darauf und erklärten, sie hätten von mir geträumt, und boten mir daraufhin einen Job an. Wenn ich einen bestimmten Menschen traf, war unverhältnismäßig oft ein ganz charakteristischer Vogelruf zu vernehmen. – Bisher war ich selbst solchen Schilderungen gegenüber immer sehr skeptisch gewesen. Doch diese „Zufälle“ traten jetzt wirklich in meinem Leben auf, nachdem ich mir selbst eingestanden hatte, wonach ich mich wirklich sehnte – auch wenn ich keinerlei Chancen sah, wie ich es bekommen konnte.

Synchronizität – gibt es „Zufälle“?

Joseph Jaworski hat anhand seiner Biographie ähnliche Erfahrungen beschrieben.* Er spricht sogar davon, daß man durch die Verbundenheit (commitment) mit einer Sache bei gleichzeitiger Aufgabe (surrender) seiner persönlichen Ziele zum Attraktor von Synchronizitäten wird. Es handelt sich hierbei weniger um eine Technik, mit deren Hilfe man Synchronizitäten herbeiführen kann – dann wären sie ja kausal verursacht und gerade keine Synchronizitäten mehr –, sondern es geht eher darum, die nötigen Bedingungen dafür bei sich herzustellen. Und diese liegen auch nach meiner eigenen Erfahrung in einer Kombination aus einer tiefen Verbundenheit mit einer Sache und dem gleichzeitigen Loslassen, einer Kombination von zwei Seelengesten, die mir zunächst unvereinbar erschienen. Denn wie soll ich etwas loslassen, das ich ja gerade mit ganzem Herzen anstrebe? Als ich meine Tätigkeit als freiberuflicher Berater begann, startete ich verschiedene Werbeaktionen, schaltete Anzeigen, verteilte Flyer, rief Bekannte und Institutionen an – und es geschah wochenlang nichts! Niemand meldete sich. Nach einiger Zeit ließ ich dann resigniert davon ab, meinen potentiellen Kunden hinterherzulaufen, und begann, mich zu besinnen und zu fragen: Was ist eigentlich mein Kernanliegen? Was liegt mir wirklich am Herzen? Ich setzte mich hin und schrieb meine Gedanken dazu auf, sprach mit anderen Menschen darüber,

* Joseph Jaworski: Synchronicity. San Francisco 1996

lauschte, nahm alle Hinweise dankbar entgegen, las Bücher und Artikel, forschte; und dann, wenn ich ganz in mein Thema eingetaucht war, mich *verbunden* fühlte und die Sorgen um neue Kunden *losgelassen* hatte, dann läutete plötzlich das Telefon, und die Aufträge kamen – und zwar über ganz andere Kanäle als die von mir anvisierten. Das ist ein ganz bekannter Effekt und nichts Neues. Viele Unternehmer haben mir bestätigt, daß sie ganz ähnliche Erfahrungen gemacht haben, und ich bin überzeugt davon, daß eine große Zahl von Menschen diese Kräfte bereits unbewußt richtig handhaben. Die Kernfrage für mich bleibt immer: Kann ich auch dann noch darauf vertrauen, wenn der Faden gerade gerissen ist? Wie bleibe ich dann in Kontakt mit meinen höchsten Zielen?

Handeln aus dem höchsten Ziel

Michael Ray* , der bekannte Kreativitätsforscher, gibt zu dieser Frage eine Reihe von Hinweisen. Die ersten drei Schritte, die er empfiehlt, lauten: Beweg dich jenseits von Erfolg und Leidenschaft, beschreite deinen eigenen Weg, und lebe mit deinem höchsten Ziel! Wie oft ist es mir doch während meiner Talfahrt passiert, daß ich immer wieder eingebrochen bin, weil sich der von mir erwartete Erfolg nicht einstellte. Wie schwer es sein kann, den eigenen Weg zu gehen, ist mir auch erst klargeworden, als sich viele Menschen von mir abwendeten und ich wirklich niemanden mehr fragen konnte, was ich tun sollte. Und können wir in den Momenten, in denen alles vollkommen aus dem Ruder läuft, immer noch innerlich aufrecht bleiben und an unser Ziel glauben? Letzten Endes wurde ich immer wieder auf die Frage des Vertrauens zurückgeführt, nämlich dahin, daß ich an einen tieferen Sinn in meinen Erfahrungen glaube, auch wenn ich ihn jetzt noch nicht sehen kann.

Ein neuer Umgang mit dem Leben

Schmerz läßt sich nicht vermeiden. Aber wenn man einmal begriffen hat, daß alle Versuche, dem Schmerz auszuweichen, kontraproduktiv sind und uns sogar in unbefriedigenden Lebenssituationen festhalten und daß gerade die Auseinandersetzung mit dem, was in der Seele rumort, die Dinge wieder in Fluß bringt, dann stellt sich ein Vertrauen ein, daß wir uns in einem Durchgangsstadium befinden und nicht verloren sind.

---

* Michael Ray: The Highest Goal. San Francisco 2004

Der Blickwinkel ändert sich. Während ich früher immer auf dasjenige geschaut hatte, was bei mir die unangenehmen Stimmungen auslöste, gelang es mir nach und nach immer öfter, mich umzuwenden und meinen Blick nach innen zu lenken, in die Richtung, in der meine eigenen Verletzungen lagen. Auch bei den Anforderungen von außen ergab sich ein Perspektivenwechsel: Früher hatte ich mir den Kopf darüber zerbrochen, was alles schiefgehen konnte. Jetzt spürte ich viel stärker, daß es gar nicht in meiner Macht lag, ob etwas gelang oder nicht, und daß ich nicht der einzige Akteur auf dem Feld war, sondern daß auch andere Kräfte hilfreich eingreifen können – vorausgesetzt, ich verkrampfte mich nicht zu sehr auf mein Ziel und nahm das Scheitern von vornherein in Kauf. Ich hatte die Welt als ein Spielfeld betrachtet, auf dem es bestimmte Dinge zu erlangen galt, und war ihnen nachgejagt – bis mir klar wurde, daß die Welt ein Feld ist, auf dem die Dinge sich nach und nach entwickeln und ihre wahre Bedeutung allmählich zeigen, die ich am Anfang noch gar nicht kenne – und daher auch gar nicht einschätzen kann, was sie für mich wirklich bedeuten! Wir kennen die wahre Bedeutung der Dinge eben nicht – warum beharren wir dann so hartnäckig darauf, sie nach unseren kurzsichtigen Interessen zu manipulieren?

Epilog

Ich möchte Sie, liebe Leserin, lieber Leser, mit diesem Artikel dazu ermuntern, Krisen als eine Chance zu tiefer Wandlung zu begreifen. Auch wenn Ihre Lebenssituation noch so vernagelt und aussichtslos erscheint – nach jedem Gewitter scheint wieder die Sonne, und manchmal erscheint sogar eine neue Welt. Auch wenn Sie sich in einem Zustand der Verzweiflung befinden: Es gibt einen Ausweg, der nur manchmal jenseits dessen liegt, was Sie jetzt denken können. Und wenn Sie keinen Sinn mehr in Ihrem Leben sehen, dann heißt das zunächst nicht mehr, als daß der alte Sinn verlorengegangen ist und ein neuer, noch unbekannter, noch ungefühlter auf Sie wartet. Warum glauben wir denn immer, bereits alles zu kennen, was es auf dieser Welt zu erfahren gibt? Woher wissen wir denn, daß es gut oder schlecht ist, was wir gerade erleben, solange wir noch keinen Überblick über den gesamten Sinnzusammenhang unseres Lebens haben? Wir kommen schließlich nicht umhin, uns mit der Offenheit unseres Lebens zu arrangieren und unsere Sicherheitsprogramme ein wenig zu lockern, wenn wir die volle Lebendigkeit unseres eigenen Lebens spüren wollen, das viel stärker mit der ganzen Welt verbunden ist, als wir ahnen.

Das menschliche Dasein ist ein Gasthaus.
Jeden Morgen ein neuer Gast.
Freude, Depression und Niedertracht –
auch ein kurzer Moment von Achtsamkeit
kommt als unverhoffter Besucher.
Begrüße und bewirte sie alle!
Selbst wenn es eine Schar von Sorgen ist,
die gewaltsam Dein Haus
seiner Möbel entledigt,
selbst dann behandle jeden Gast ehrenvoll.
Vielleicht bereitet er Dich vor
auf ganz neue Freuden.
Dem dunklen Gedanken, der Scham, der Bosheit –
begegne ihnen lachend an der Tür
und lade sie zu Dir ein.
Sei dankbar für jeden, der kommt,
denn alle sind zu Deiner Führung geschickt
aus einer anderen Welt.

RUMI

Kontakt zum Autor:
Jürgen Peters
Bergweg 50
58313 Herdecke
02330/606117
jotpet@yahoo.com
www.jp-coaching.de

Auf der Suche nach einem bißchen Wärme

Reittherapie in Lima

von Heidi Küblbeck

Heute ist mal wieder so ein kühler, grauer, feuchter und nebliger Tag – ein typischer Wintertag in Lima, an dem sich die Sonne über Wochen hinweg nicht durch die Wolkendecke kämpfen kann. Ich sitze gerade an meinem Schreibtisch, um ein Protokoll zu schreiben. Schreibtisch ist gut gesagt, denn es handelt sich um einen ganz gewöhnlichen Holztisch unter freiem Himmel, von dem aus ich einen wunderschönen Blick auf eine Hazienda mit peruanischen Pasopferden habe. Bevor ich mich richtig über diesen schönen Anblick freuen kann, klingelt mein Handy – Dr. Mendoza ist am Apparat, auf dem Weg zu mir mit einer neuen Patientin. Das ist immer spannend. Wen hat er wohl dieses Mal mitgebracht? Hoffentlich können wir helfen.

Fünf Minuten später fährt ein kleiner *Tico* vor. Das ist ein winzig kleines Auto, das hier in Lima oft als preiswertes Taxi angeboten wird. Zuerst steigt der Arzt aus, ihm folgt eine etwa 45jährige Frau. Mühsam schält sich dann noch ein etwa 16jähriges Mädchen aus dem kleinen Gefährt. Schon beim Aussteigen fällt auf, daß sie Gleichgewichtsprobleme hat; sie hält sich mühsam an der Mutter fest. Ich gehe auf die beiden zu, und das Mädchen blickt auf den Boden. Die Mutter sieht mich zurückhaltend, aber erwartungsvoll an. Das geht mir oft so, wenn meine Patienten mich als Reittherapeutin kennenlernen. Doch mit der Zeit kommt es dann meist zu einem grenzenlosen Vertrauen und einer großen und offenen Dankbarkeit bei einem ersten Treffen.

Als ich die beiden begrüße, was hier immer mit einem Kuß auf eine Wange erfolgt, spüre ich, daß hier etwas anders ist. Irgend etwas Schlimmes muß vorgefallen sein. Natürlich hat jeder Patient seine besondere, eigene Geschichte; doch diesmal habe ich das Gefühl, daß es nicht so ist wie sonst, wenn mir Kinder zur Reittherapie gebracht werden.

Da ich keine Zeit hatte, mit dem Arzt über die Patientin zu sprechen, tappe ich im dunkeln. Ein fragender Blick zum Arzt, und den kurz auftauchenden Wunsch, sofort Genaueres über die Situation zu erfahren, verwerfe ich schnell wieder. Ich beschließe erst einmal, direkt auf das Mädchen zuzugehen, um die ganze Anspannung zu lösen. Sie heißt Chaska – was für ein schöner Name! Es ist ein Name aus dem Quechua, einem Dialekt, der heute noch von den Bewohnern der Anden in Südamerika gesprochen wird, und er bedeutet soviel wie Licht. Chaska hat inzwischen die Pferde bemerkt und sieht langsam etwas interessierter um sich. Ich lade sie ein, ein Pony anzusehen, das wir Caramelo genannt haben. Dazu muß sie einige Schritte gehen, und ich sehe ihr die Mühe an, mit der sie einen Schritt vor den anderen setzt. Doch ihr Wunsch, Caramelo näherzukommen, ist größer als ihre Schmerzen.

Wir nähern uns vorsichtig von schräg vorne; ich ergreife Chaskas Hand, und sie berührt Caramelo. Zuerst zuckt ihre Hand nach der kurzen Berührung noch zurück, doch dann möchte sie ihn immer wieder anfassen und streicheln. Dabei werden ihre Bewegungen immer sicherer. Meine Kollegin Vanessa nimmt sich nun Chaskas an und führt die weitere Annäherung zwischen Caramelo und Chaska. Die Mutter steht immer als Unterstützung und zur Sicherheit in der Nähe. Das heißt für mich: Zeit, mit dem Arzt über die neue Patientin zu sprechen.

Chaskas Familie und die Armen Perus

Sie kommt aus Villa Salvador, einem Stadtteil aus dem Süden Limas, dessen Bevölkerung zum großen Teil aus Einwanderern aus dem Landesinneren besteht. Man muß dazu erklären, daß es in Peru eine große Landflucht gibt. Fast alle jungen Leute verlassen ihre Dörfer in den Anden, im Regenwald oder an der Küste, da es dort keine guten Schulen, keinen Strom und kein fließendes Wasser gibt. Über zwei Millionen Analphabeten zeugen von einer fehlgeschlagenen Erziehungspolitik.

Chaskas Vater lebte mehr schlecht als recht von der Landwirtschaft. In den Anden sind die Gefälle auch in den besser zugänglichen Tälern so stark, daß der Anbau von Getreide, Obst und Gemüse nur auf mühsam errichteten Terrassen möglich ist. Es gibt dort keine Straßen, lediglich schmale Pfade winden sich in oft schwindelnde Höhen und führen zu den Feldern, die mühsam per Handarbeit bestellt werden. Diese harte, kaum Ertrag bringende Arbeit schreckt viele Jugendliche und junge Familien ab. So auch im Fall von Chaskas Familie: Vor zwei Jahren beschloß die Familie, ihr Leben in der *Sierra* [(1)] aufzugeben und in die Stadt zu ziehen, um dort das große Glück zu finden. Unrealistische, vielversprechende

Erzählungen anderer und die unwirtlichen Zustände haben sie zum Umzug veranlaßt.

Mit seiner Frau, seinen beiden Söhnen und der Tochter Chaska sowie den wenigen Habseligkeiten kam der Vater in Lima an: allein, ohne ein Dach über dem Kopf, ohne Geld. Keiner wartete auf die Familie, nein, sie mußten zusehen, wie sie ein Dach über den Kopf bekommen konnten. Dank der guten Gesundheit und starken Arbeitskraft des Vaters fand dieser immer wieder Arbeit auf dem Bau. Auch die beiden Brüder konnten ihren Beitrag als Hilfsarbeiter leisten. Die Mutter blieb zu Hause und schmierte Brötchen, die sie dann zusammen mit ihrer Tochter an einer Straßenecke verkaufte. Alles in allem konnte die Familie auf diese Art und Weise die Miete für eine Wohnung in einem Haus bezahlen.

Das ist keineswegs üblich hier in Lima. Die meisten Häuser in den *Pueblos Jovenes* (2) verfügen weder über ein Dach noch über Fenster. Die Häuser sind weder verputzt noch gestrichen. Ziegelsteine und Türen aus Spanplatten oder einfachem Karton begrenzen das Zuhause.

Die Wohnung von Chaskas Familie verfügt über ein Schlafzimmer und eine kleine Küche. Um auf die Toilette zu gehen, muß Chaska die Wohnung verlassen. Vier verschiedene Familien teilen sich die Toilette auf dem Flur. Die Brüder und die Eltern schlafen im Schlafzimmer, während Chaskas dünne, verbeulte Matratze in der Küche liegt. Tagsüber wird diese im Schlafzimmer aufbewahrt.

Vergiftung in der Nacht

Wir schreiben den 12. Juni 2005, es handelt sich um eine typische Winternacht in Villa Salvador. Der Winter ist in Lima sehr feucht und kalt. Häuser mit Heizungen gibt es nicht, doch kennen sie die meisten Leute aus dem Fernsehen.

In dieser Nacht läßt die Kälte Chaska nicht einschlafen. Ihre dünne Decke schützt sie nicht vor der durchdringenden Feuchtigkeit, sie zittert am ganzen Leib. Sie hört das ruhige Atmen in dem Zimmer ihrer Eltern nebenan. Um diese nicht aufzuwecken, schleicht sie sich leise an den noch warmen Küchenofen, um ein noch warmes, glimmendes Brikett herauszuholen, das am Tag davor zum Kochen benutzt worden war. Um dessen Wärme besser zu spüren, schiebt sie das Brikett so nahe wie möglich an ihre Matratze heran, so, wie sie das in den amerikanischen Filmen im Fernsehen gesehen hat, wenn die Cowboys um das Feuer oder einen Kamin schlafen.

Chaska ist normalerweise die erste, die frühmorgens aufsteht, um das Frühstück vorzubereiten. Um so erstaunter stellt der Vater am nächsten Morgen beim Aufwachen fest, daß alles ruhig ist. Er steht auf und geht in die Küche.

Als er die Türe öffnet, quillt ihm nur schwarzer Rauch entgegen. Er läuft zu Chaskas Bett und schüttelt seine Tochter, doch nichts regt sich. Da bemerkt er einen kleinen schwarzen Stein vor dem Bett, die Matratze war angekohlt. Ihr entstieg dieser brennende, scharfe Geruch und der schwarze Qualm. Gott sei Dank reagiert der Vater trotz seiner Panik sofort und bringt das Mädchen so schnell wie möglich ins nächstgelegene Krankenhaus.

Dort will man sie aber nur behandeln, wenn vorher eine Anzahlung erfolgt. Die Mutter, die weinend und hilflos alles mitansieht, muß so schnell wie möglich nach Hause, um das wenige Ersparte zu holen. Chaska hat sich an dem Kohlenmonoxyd, das beim Verbrennen des Briketts entstand, vergiftet. Nachdem etwas Geld eingezahlt wurde und sich die Eltern schriftlich verpflichteten, für die Kosten aufzukommen, handeln die Ärzte schnell: Infusionen und darin aufgelöste Medikamente bewahren das Herz vor dem Stillstand, der Anschluß an ein Sauerstoffgerät versorgt die Lunge mit dem so lange entbehrten Gas. Innerhalb der folgenden sechs Stunden wird der Körper weitgehend entgiftet; doch das Mädchen bleibt noch 13 Tage im Koma.

Als sie aus dem Koma erwacht, beraten die Ärzte über die weitere Behandlung. Um die neurologischen Schäden so gering wie möglich zu halten, entschließt man sich zu einer Spezialbehandlung, der Sauerstoff-Überdruck-Therapie. Die erste führt Chaska zwar selbstatmend, aber in vegetativem Zustand, ohne Bewußtsein, durch. Ernährt wird sie über eine Sonde; auch der Urin wird über eine Sonde ausgeschieden.

Am fünften Tag der Behandlung in der Hochdruckkammer kommt sie zu Bewußtsein. Sie öffnet die Augen, und obwohl sie nicht sehen kann, versucht sie sich mit Zeichen zu verständigen. Einmaliges Schließen der Augen bedeutet Ja, zweimaliges Schließen bedeutet soviel wie Nein. Auch beginnt sie, den Kopf zu drehen und ihren Speichel selbst zu schlucken.

Die Familienangehörigen müssen hart arbeiten, um die Behandlung zu bezahlen. Doch auch der behandelnde Arzt erkennt die finanzielle Not und beschließt, dem Mädchen Therapien zu schenken. Dadurch kann sie diese intensivieren, und am siebten Tag beginnt Chaska zu sehen.

Langsam gewinnt sie ihren Gleichgewichtssinn wieder, und mit Hilfe beginnt sie, sich zuerst aufzusetzen und dann auch hinzustellen. Erst seit

Foto: Heidi Küblbeck

Kinder bei der Reittherapie

drei Tagen kann sie auch wieder ein paar Schritte an der Hand laufen, meint der Arzt.

Hilfe durch die Reittherapie

„Und jetzt bist du dran zu helfen". Ich verstehe: Also wieder einmal Sozialarbeit! Aber ich denke darüber nicht lange nach. Wenn es wirklich an mir liegen soll, ob aus Chaska wieder ein selbständiger Mensch gemacht werden kann, dann gibt es nur eine Antwort: Natürlich und sofort.

Das Pferd kann dabei eine ganz große Hilfe sein: Dieses schöne Tier hilft dabei, das Gleichgewichtssystem und auch noch viele andere Reaktionen und Abläufe zu normalisieren. Doch nicht nur das: Vor allem wird Chaska mit Freude und ihrer ganzer Lebenskraft an ihren Therapien teilnehmen. Was habe ich doch für eine schöne und auch verantwortungsvolle Aufgabe!

Ich sehe hinüber zu Chaska und Caramelo. Sie haben sich bereits angefreundet. Das geht nicht immer so schnell. Oft kommen Kinder, die erst einmal ziemliche Angst vor den Pferden haben. Chaska hat eine Möhre in der Hand, und Caramelo versucht, sie ihr vorsichtig aus der

Foto: Heidi Küblbeck

Caramelo bei der Arbeit

Foto: Heidi Küblbeck

Nochmals Caramelo

Hand zu ziehen. Das vorsichtige Stupsen lockt Chaska ein Lächeln aufs Gesicht. Als wir uns den beiden nähern, bemerke ich, daß Chaska schon Caramelos Vertrauen gewonnen hat. Manchmal kommen mir fast die Tränen vor Rührung und Dankbarkeit, wenn ich bedenke, wie feinfühlig und edelmütig diese Tiere sind. Nun ist es ein Leichtes, Chaska auf das Kleinpferd zu setzen. Sie genießt den Ausflug zu den anderen Pasopferden und zum Strand merklich. Nach etwa zehn Minuten merke ich, daß sie müde wird, und beschließe, für heute erst einmal Schluß zu machen.

Chaska kommt jeden zweiten Tag, und ihre Fortschritte sind nahezu unglaublich. Ihre Dankbarkeit ist grenzenlos. Inzwischen übt sie auch das Sprechen unermüdlich. Ihr ungebrochener Lebenswille verhilft ihr dazu, in recht kurzer Zeit wieder ganz gesund zu werden und wieder ein weitgehend normales Leben führen zu können. Das ganze Umfeld verwandelt sich in einen Ort der Begegnung und der Freude. Wir beschließen alle, ein großes Fest der Freude zu feiern. Chaska erhält die Erlaubnis, im Krankenhaus all ihre Freunde zu empfangen. Das Krankenhaus verwandelt sich zeitweise in einen Festplatz, wobei sich alle Betroffenen einen Moment ansehen: die Ärzte, die Familie und die Freunde.

Dieses Mal ist alles gut gegangen; doch wie viele Kinder suchen etwas Wärme in den kalten Nächten Limas?

Anhang:

(1) *Sierra*: In Peru übliche Bezeichnung für den Bereich der Anden

(2) *Pueblos Jovenes*: span. Mehrzahl für *junge Dörfer*, (Einzahl Pueblo Joven). In Peru verwendeter Begriff für Marginalsiedlungen, die aus einer Invasion bzw. illegaler Landsitznahme entstanden sind, die aber schon eine teilweise oder vollständige Infrastruktur aufweisen, so etwa fließend Wasser und Strom. Verschiedene Einwanderer. Sie kommen aus dem Landesinneren, ohne ein Dach über dem Kopf zu haben, schließen sich zusammen und besetzen staatliche Grundstücke. Darauf bauen sie dann nach und nach ihre Hütten – zuerst aus Spanholzplatten und Kartons. Nach und nach ersetzen sie diese dann mit Ziegelsteinen.

Asphalt und Reichtum

Interview mit Thomas Maurenbrecher

von Katharina von Bechtolsheim

Dr. Thomas Maurenbrecher, *geb. 1940 in Krefeld. Nach dem Abitur Studium der Volkswirtschaftslehre, danach mehrjährige kaufmännische und Lektoratstätigkeit. Umorientierung in ein Studium der Soziologie und Ethnologie (Deutschland/USA). Feldforschungen in Irland und der Türkei. 1984 Promotion in Soziologie über die Situation türkischer Arbeitsmigranten in Deutschland. Seit Anfang der 80er Jahre erste Publikationen (Prosa und Lyrik). Lehrauftrag an der Gesamthochschule Kassel für qualitative Soziologie; Sozialarbeit mit türkischen Gastarbeitern, jahrelange Mitarbeit in verschiedenen sozialen und kulturellen Initiativen. 1992-94 am Aufbau einer psychosozialen Organisation in Leipzig beteiligt, dort Arbeit mit psychisch Kranken (Gemeindepsychiatrie). Seit 1995 Arbeit als freier Schriftsteller in Bielefeld, später in Berlin. Verwitwet, zwei Söhne. Mitglied im VS (Verband deutscher Schriftsteller) und in der Europäischen Autorenvereinigung „Die Kogge", Sprecher von „BlAutor" (Arbeitskreis blinder und sehbehinderter Autoren), Mitarbeit beim „OMNIBUS für Direkte Demokratie".*

Veröffentlichungen:

– „Songül die letzte Rose" (Verlag Frieling, Berlin 1992),

– „Im Freundeskreis. Außer sich" (Verlag Ch. Möllmann, Schloß Hamborn 2001),

– „Zwei Nasen im Wind" (Verlag Buch&Media, München 2002),

–„Balussa" (Verlag Ch. Möllmann, Schloß Hamborn 2. Aufl 2006

– 2006: Produktion des Hörspiels „Große Gesten", (Endrunde des Hörspielpreises der Leipziger Buchmesse).

Schon der fast vollständige Verlust des Augenlichts, den Thomas Maurenbrecher durchlebt hat, wäre Anlaß genug, mit der Frage nach durchstandener Lebenskrise und deren möglichen Früchten an ihn heranzutreten. Auch der durchlittene Verlust der geliebten Ehefrau, die völlig unerwartet starb, brachte mich auf diesen Gedanken. Nach den Talsohlen des Lebens befragt, nennt er aber gerade *nicht* diese beiden prägenden Ereignisse. Vielmehr entwirft er das Bild einer Umwelt aus Kristall und Mauerwerk, die ihn als Jugendlichen zur Verzweiflung treibt, weil er sie scheinbar nicht durchbrechen, ihr nichts Neues, Eigenes hinzufügen kann. „Ein Lakai im Reich der Verfestigung" will er nicht werden, und so ereilt ihn über die Jahre bei seinen zahlreichen Neuanfängen immer wieder die Depression. Auf welchen selbstgezimmerten Planken er aus ihr herausfand und mit welchen Griffen er „sich beim Schopf gepackt und aus dem Sumpf" gezogen hat, lesen Sie in diesem Gespräch, das ihn als humorvollen, ernsthaften, vitalen und gefühlsstarken Menschen zeigt, der durch die Krise den Reichtum gefunden hat – in sich.

Katharina von Bechtolsheim: Welche Rolle spielen Krisen und deren Früchte in Deinem Leben?

Thomas Maurenbrecher: Eine absolut entscheidende. Ich habe viel und lange über das Krisenhafte in meinem Leben nachgedacht.

Ich bin als ziemlich lebendiges Kind am Niederrhein auf dem Land großgeworden – und als ich ins Gymnasium kam, wurde mir bitter klar, daß das freie Herumstromern in der Natur, das Fröschebeobachten und die Abenteuer jetzt zu Ende gehen. Ich kam in eine Welt der Männer mit Bärten, nämlich Aristoteles und Homer, deren Büsten auf dem Schulflur standen; eigentlich in eine Gruft. Ich dachte: Es ist alles schon da; und ich soll jetzt all das lernen, was von schlauen Leuten in die Welt gesetzt wurde. Die letzten drei Schuljahre hatte ich in einem katholischen Internat in Bayern zu verbringen; das empfand ich dann wirklich als Knast. Dort mußte ich alle Bücher, die ich lesen wollte, vom Benediktinerpater X abzeichnen lassen, und der einzige Lichtblick war, daß in meinem Abiturzeugnis der schöne Satz stand: „Es gelang ihm die Verkörperung schwieriger Charakterrollen" – was sich aufs Schauspiel bezog. (*lacht*)

Mein Umfeld paßte nicht zu mir

Während die anderen am Ende der Schulzeit alle ihre Berufswünsche aufs Papier kritzelten, wußte ich überhaupt nicht, was ich werden wollte. In dem konservativen Milieu, das mich gebildet hatte, wurde mir suggeriert, es gebe nur ein halbes Dutzend Berufe: Rechtsanwalt, Arzt, Unternehmer etc. Bei mir gab es aber diese große Liebe zur Literatur, wobei diese Liebe auch eine Flucht war: Ich saugte mich voll mit der Fülle, die beschrieb, wie Leben und Mensch sein können. Es stand ja wenigstens auf dem Papier, also wußte ich: Es gibt das alles! Denn was mein Umfeld hergab, paßte nicht für mich.

Nach dem Militärdienst studierte ich dann Volkswirtschaftslehre.

K.v.B: Warum gerade das?

T. Maurenbrecher: Ich kam eben aus einem Unternehmermilieu. Mit 22 Jahren bekam ich eine sehr einschneidende Augenkrankheit. Es trat eine erblich bedingte Entzündung des Sehnervs auf, und ich wußte nicht, ob ich erblinden würde. Man beurlaubte mich für ein und ein halbes Jahr. Nun konnte ich aber wegen meiner Augen nicht mehr lesen. In dieser Zeit begegnete mir der erste Mensch in meinem Leben, der sich selbst entworfen hatte: ein rumänischer Halbjude, der zehn Jahre lang in Sibirien gewesen war und durch die Verhandlungen Adenauers in Rußland zu denjenigen gehörte, die rausgekommen sind. Er war Bauernsohn und hatte sich aufgrund seiner Vitalität aufrechterhalten. Er schrieb! Und er war der erste Mensch, der mir vorlebte, daß es eine Möglichkeit gibt, das Leben selber in die Hand zu nehmen. Ich nahm das auf und bestaunte es, aber ich hatte nicht die Kraft, mutig mein Studium abzubrechen.

K.v.B.: Wie alt warst Du?

T. Maurenbrecher: 23 Jahre alt. Ich lernte Blindenschrift und beendete mein Studium. Jetzt begannen vier Jahre in der Industrie: Jedes Jahr nahm ich eine neue Stelle an, und ich war immer unglücklich. Es war ganz einfach das Falsche.

Es schien, als starrten alle in die Vergangenheit

Inzwischen hatte ich geheiratet, und jetzt trat die erste ernsthafte Depression auf. Meine Grundverzweiflung in der Jugend – nicht in der Kindheit! – war ja die, daß die Welt vorgegeben war, daß sie aus Stein oder Marmor oder Kristall war, unverrückbar; es war nichts zu tun außer zuzusehen, daß man eine Art Lakai in diesem Reich der Verfestigung wird. Du mußt bedenken, daß das die Zeit nach dem Zweiten Weltkrieg war, und mir schien es, als starrten alle nur in die Vergangenheit. Die 68er waren ja noch nicht da. Nachdem ich geheiratet hatte, brach das alles heraus.

Meine Frau und ich machten also wegen meiner Depression eine sehr gute, langdauernde Therapie, während der meine Gefühle sich allmählich besser und klarer mit meinen Gedanken verbanden. Nach und nach bemerkte ich, daß ich mein Leben in die Hand nehmen kann, daß ich tun kann, was wirklich in mir lebt – und nicht das machen muß, was schon da ist, was vorgegeben ist und was vorgelebt wurde.

Jetzt entschloß ich mich – das war auch ein Ergebnis der inneren Arbeit in der Therapie –, Soziologie und Ethnologie zu studieren.

In der Zwischenzeit war ein anderer Einschnitt geschehen, der uns aber nicht niedergeschlagen, sondern weitergebracht hat: Uns wurde 1972 ein mongoloider Sohn geboren. Wir waren durch diese scheinbare Krise gezwungen, Seiten zu entwickeln, die wir ohne dieses Wesen nie entwickelt hätten. Man könnte ja sagen, Florian war eine Art Montagsproduktion. (*lacht*) Es fehlte eine Klinke, ein Lautsprecher – und so gerieten wir an die anthroposophische Heilpädagogik. Mit einem Schlag wurde uns ein anderes Menschenbild deutlich. Ich sah außerdem diese Heilpädagogen, die überhaupt nicht nach ihrer Karriere schielten. Sie taten leidenschaftlich und geradezu besessen ihr ganzes Leben lang eine Arbeit, nach der kein Hahn krähte, für die es kein Bundesverdienstkreuz gab. Das war eine sehr wichtige Erfahrung.

Endlich kam mein Abenteuersinn zum Zuge

Wir zogen also nach Bielefeld um. Ich bekam ein Stipendium in Kalifornien an der Uni in San Diego, und das Interessante war, daß ich mich dort sofort zehn Jahre jünger fühlte.

K.v.B.: Bringst Du das damit in Zusammenhang, daß Du Deine gewohnte Umwelt hinter Dir lassen konntest, oder hing es mit etwas zusammen, das spezifisch ist für Nordamerika?

T. Maurenbrecher: Das bringe ich ganz konkret mit Amerika in Zusammenhang. In der Universität wurde erst einmal geschaut, was man wirklich kann – man wurde sofort in Projekte eingebunden, in die man sich einbringen konnte. Wenn man dort nichts leistete, hatte das natürlich Folgen, aber man wurde nicht gedeckelt, nicht kleingehalten – wie an unseren Universitäten.

Dort lasen meine Frau und ich unseren ersten anthroposophischen Text. Der hieß „Occult science" – also „Die Geheimwissenschaft im Umriß" – auf Englisch. Wir lasen ihn bei einer Jüdin, einer alten Dame,

Thomas Maurenbrecher

die in die Staaten geflohen war. Dort lernte ich die schöne Wahrheit kennen, daß die Fragen wichtiger sind als die Antworten; denn immer, wenn wir nichts verstanden – und das war oft so –, sagte sie: „That will open up later." (*lacht*) Das waren also wunderbare Lockerungsübungen. Wir begegneten dort sehr vielen unkonventionellen Menschen.

Zurück in Deutschland, konzentrierte ich mich auf die Situation türkischer Gastarbeiter und ihrer Familien in Deutschland, denn darüber wollte ich meine Doktorarbeit schreiben. Und hier kam mein Abenteuersinn endlich zum Zuge, weil ich mir mit Recht sagen durfte: Um etwas über Türken aussagen zu können, muß ich in die Ursprungskultur fahren – in die türkischen Dörfer. Ich fand in Köln bei Ford einen Türken, der am Fließband arbeitete, und brachte ihn dazu, mich in sein Dorf in Mittelanatolien einzuladen. Dort angekommen, fühlte ich mich wie neugeboren. Natürlich hat man mich überbewertet, wie dort alle Deutschen von den Einheimischen überbewertet werden. Aber ich traf dort auf etwas Wunderbares: Erzähltradition! Es gab wenig Bildung, wenig Schule, aber man erzählte! Durch die einfachen Erzählungen, die ich dort hörte, erwachte in mir das Schriftstellertum. Ich hatte die schöne Möglichkeit, in der damals neuen Soziologieform, der sogenannten „Qualitativen Soziologie", mit der Methode des narrativen Interviews zu arbeiten. Zuerst dachte ich ganz verkrampft, ich müsse

Türkisch lernen, um die Interviews zu führen; ich bemerkte aber, daß es bei Erzählungen gar nicht um Informationen geht, sondern um die Aussage, wie der Befragte die Welt erlebt, mit seinem eigenen Sinnaufbau. Das hat nichts mit perfekten Grammatikkenntnissen zu tun.

Ich schlug auf dem Asphalt auf

Ich schrieb also diese Arbeit und hatte auch eine Zeitlang einen Lehrauftrag an der Hochschule in Kassel. Das war es aber auch nicht. Es klingt vielleicht ein bißchen hart – aber ich hatte den Eindruck, die Studenten hätten gar keine Fragen. Die einzige Frage war: Unter welchen Bedingungen kann ich den Schein haben? Darauf hatte ich keine Lust. Also ließ ich es sein. Ich hörte auf, und jetzt hatte ich das Erlebnis, wirklich auf dem Asphalt aufzuschlagen. Ich warf alle Selbstverständlichkeiten über Bord. In all dieser Zeit lebte ich auch in dem Hickhack der Bemühungen um einen inneren Weg und im Gezerre des akademischen Anspruchs; denn ich arbeitete ja in der Avantgarde der Sozialwissenschaften mit. Das war sehr anstrengend; aber ich habe darin gewissermaßen die Lichtung gefunden.

K.v.B.: Du mußt noch ein bißchen nachhelfen: Worin genau bestand das Aufschlagen auf dem Asphalt? Und was war demgegenüber die Lichtung?

T. Maurenbrecher: Der Asphalt war gewissermaßen das Nichts. Ich hörte auf zu denken: „Nehme ich diese Schiene, oder nehme ich jene Schiene?“ Oder: „Weil ich Abschluß X habe, folgt daraus Y.“ Ich schaute nach innen, ohne zu wissen, was da ist; aber ich wagte, auf eine Stimme zu achten, die zunächst noch keinen Halt gab, die aber ganz anders klang – und die ich als Lichtung bezeichnen würde. Der Asphalt dagegen bestand darin, daß alle um mich herum – außer ganz wenigen – dachten: Der ist verrückt. Was macht der eigentlich? Wo ist denn da die Verantwortung? Schließlich hat er zwei Kinder! Jetzt hat er sein Lieblingsstudium, bekommt einen Lehrauftrag und schmeißt ihn.

Der Ort war die Kunst!

Einige Jahre lang, Anfang der 80er, arbeitete ich als Sozialarbeiter und begann, eigene Texte zu schreiben. Die Sozialwissenschaft war ja eine sehr junge Wissenschaft, die sich zunächst von der Psychologie absetzen mußte; und ich verdankte ihr die Sichtweise, daß das Leben durch Strukturen, Verhaltensweisen und soziale Kontrolle geprägt ist. Das brachte zwar eine gewisse Klarheit, weil es mir ermöglichte, durch eine andere Brille als durch die schlappe, moralinsaure Sichtweise eines veralteten und zu Ende gekommenen Christentums zu schauen. Aber durch meine inneren Anstrengungen hatte ich gelernt, daß es auch einen individuellen Weg gibt, der in den Sozialwissenschaften eben nicht auftaucht. Dort gibt es kein Individuum. Man kann die Frage so zuspitzen, wie es Wolfgang Abendroth einmal in einem Seminar gesagt hat: „Wenn Napoleon nicht gekommen wäre, dann wäre ein anderer wie Napoleon gekommen, weil die Struktur der Geschichte darauf hindeutet." Diese Frage, die natürlich lächerlich ist, beschreibt – zugespitzt – das Problem der Sozialwissenschaft. Diese Art des Denkens war mir zu kalt, zu abstrakt, zu rationalistisch eingeengt.

Ich mußte also die Brücke selber schlagen; und schließlich kam es zu einer Art Gegenerlebnis. Zu Beginn habe ich ja gesagt: Die Welt bestand aus Kristallen und Mauerwerk. Und auf einmal, nachdem ich überall aneckte, in Depressionen verfallen war, weil es nicht weiterging, kam das wunderbare Erlebnis: Alles, woran sich die Umwelt so stört, ist mein innerer Reichtum. Ich muß nur den Ort entdecken, an dem dieser Reichtum seinen Platz hat. Und das war die Kunst! Dort war alles, was man mir ankreidete, ein Potential! Natürlich ging es dort auch um Handwerk, denn ein weißes Blatt Papier kann auch schlecht beschrieben werden. Die Dinge wollen ja auf den Boden gebracht sein. Jetzt mußte ich anfangen, dasjenige gründlich zu lernen, an dem ich immer noch arbeite: Schreiben. Das war außerordentlich befreiend.

Ich begann also zu schreiben, arbeitete aber auch für das Jugendamt und als Sozialarbeiter.

Das ist es nicht, und das ist es auch nicht!

Die Szenerien und Teile des Riesenimpulses, den Rudolf Steiner in die Welt gesetzt hatte, hatten mir einen großen Schatz gebracht: nämlich den, daß ich es wagte, nach innen zu schauen. Ich wagte das Austarieren zwischen Innen und Außen, was nach meiner Kenntnis heute ziemlich verlorengegangen ist. Als ich aber daranging, eine eigene Poetologie als Schriftsteller zu entwickeln und nicht mehr vom „Geistselbst" zu schreiben oder in diesen Kategorien zu denken, da wurde es schwierig. Rudolf Steiner hat eben keinen Roman geschrieben. (*lacht*) Das ist das Problem. Wer Sutcliff heißt, kann Kinderromane schreiben, die eigentlich Entwicklungsromane sind; aber das war nicht mein Ding. Ich geriet also auch in der Anthroposophie gewissermaßen an den Rand.

Über die Jahre hatte ich ja nun verschiedentlich therapeutische und ärztliche Hilfe gezielt gesucht und in Anspruch genommen; aber ich kann sagen: Die eigentliche Heilung besteht darin, sich am Schopf aus dem Sumpf zu ziehen und sein Leben in die Hand zu nehmen.

K.v.B.: Das ist ein wunderbares Fazit. Aber wenn man im Sumpf steckt, tritt ja meist der Augenblick oder die Phase ein, in der man weder den eigenen Zopf findet noch Kenntnis davon hat, daß man über eine Hand verfügt, die einen herausziehen könnte. Es gibt ja, wie Du vorhin angedeutet hast, den Augenblick, in dem man wirklich vor dem Nichts steht.

T. Maurenbrecher: Richtig. Das tut weh.

K.v.B.: Insofern würde ich gern nochmal den Fokus auf die Talsohle legen. Nicht, um mich daran zu weiden oder sie sensationsgierig auszuschlachten, sondern weil sie der entscheidende Augenblick ist; in meinen Augen zumindest. Kannst Du noch näher auf diesen Tiefstpunkt eingehen?

T. Maurenbrecher: Die Talsohle bestand darin, daß ich in meinem Leben viele Anstrengungen unternommen habe, einen neuen Weg zu gehen. Immer wieder mußte ich erleben: Das ist es nicht, das ist es nicht, und das ist es auch nicht!

K.v.B.: Diesen Punkt immer wieder zu erleben, brachte Dich zur Verzweiflung?

T. Maurenbrecher: Ja, es führte zu heftigen Depressionen, langen Phasen der Schlafstörungen, intensiven Behandlungen – ich begegnete hingebungsvollen Therapeuten –; aber den entscheidenden Schritt mußte ich selber tun. Die Talsohle bestand eben in einer völligen seelisch-geistigen Erschöpfung.

K.v.B.: Rührte das aus dem immer wiederkehrenden Erleben, nutzlos zu sein und keine Heimat zu finden?

T. Maurenbrecher: Absolut.

Ich mußte das Wirkliche selber herstellen

Ich konnte ja, als ich z.B. Volkswirtschaftslehre studierte, nichts von dem, was ich da erfuhr, in meine Gegenwart übertragen. Dort lernte ich ganz zu

Beginn: „Am Anfang ist der Markt.“ Dort waren Angebot und Nachfrage in mathematischen Formeln, in Koordinaten von englischen Theoretikern ausgerechnet: eine einzige Konstruktion! Darauf beruht die Preistheorie und all das, was auch von jetzigen Politikern immer wieder angeführt wird. Bei den Ethnologen gab es aber Forschungsergebnisse, die aufzeigten, daß in gewissen Ethnien alles völlig anders ging – nämlich mit Schenken! Es gab dort einen Essay über die Gabe, der zeigte, daß in bestimmten Gebieten bestimmte Gegenstände wie Äxte sowohl einen praktischen als auch einen kultischen Wert hatten. Sie wurden irgendwo in den Wald gelegt, wurden dort von jemand anders genommen – und kehrten zurück. Ich merkte also, daß diese Konstruktionen, die an der Basis der heutigen Marktwirtschaft immer noch erzählt werden, sehr späte Konstruktionen sind. Adam Smith hat ja die „Invisible hand“ ins Spiel gebracht, die alles in Ordnung bringen soll – was aber nicht der Fall ist, wie wir wissen. Ich hatte also spannende Forschungsergebnisse gefunden, die das widerlegten; aber was konnte ich davon ins Leben tragen? Nichts.

© gemeinfrei
Adam Smith 1723–1790

Also mußte ich mir eingestehen, daß auch die Ethnologie, mit der ich eine gewisse Sentimentalität verbunden hatte, nichts Wirkliches hergab. Ich mußte das Wirkliche selber herstellen; und das war das Schreiben. Andere haben ein anderes Medium, und auch das meine ist bis heute nicht besonders erfolgreich, denn ich habe keine großen Auflagen; aber ich habe trotzdem das Gefühl, aus dem ganzen Schrotthaufen meines Lebens ist etwas geworden. (*lacht*). Der Schrott hat sich verwandelt, es ist Wasser draufgekommen, Feuerprozesse sind geschehen, irgend etwas ist passiert.

Ich hatte es wenigstens versucht!

Durch den bürgerlichen Wahnsinn war mir Feigheit eingeblasen worden, die mit bewirkte, daß alles so lang dauerte. Ich war aber 31 Jahre lang mit einer Frau verheiratet, die sicherlich besser und zentraler in die anthroposophische Szene paßte als ich. Unsere gemeinsame Zeit war eine wunderbare Sache, denn wir haben uns immer mehr Freiheit gelassen und brauchten uns nicht gegenseitig zu bekriegen, weil jeder seine dunkle Seite – sprich:

den Hüter der Schwelle – doch ein Stückweit erlebt hatte und sich nicht überschätzte. Das war gut; aber ich mußte das Entscheidende selber tun. Das mache ich bis heute.

Ich kann aber keinem empfehlen, es so zu machen wie ich. Natürlich habe ich den Vorteil, daß ich keine finanziellen Probleme habe. Aber das Gefühl des jahrelangen Spießrutenlaufens wünsche ich keinem. Auch bei den Grünen, bei denen ich auf der kommunalpolitischen Ebene ganz zu Beginn der Partei arbeitete, hatte ich keine Lust, ewig in Gremien herumzusitzen und Papiere des Bundesamts durchzuarbeiten, die so geschrieben waren, daß man Schwierigkeiten hatte, das Wesentliche herauszufischen. Hinzu kam natürlich meine Augengeschichte. Ich hatte es aber wenigstens versucht!

Daß unsere Partnerschaft nicht an all diesen Phasen zerbrochen ist, hängt vermutlich mit der Herausforderung zusammen, die wir in unserem mongoloiden Sohn hatten. Er hat uns Kraft gegeben!

Daß dann vor fünf Jahren meine Frau starb, war zwar schwer, aber es war nicht meine große Krise. Ein Hauptthema der Anthroposophie ist ja unsere Verbundenheit mit den Toten, insofern war ich darauf gewissermaßen vorbereitet. Das war gut! Natürlich war es hart, weil meine Frau völlig unerwartet im Garten umfiel; sie hatte einen Gehirnschlag und lag zweieinhalb Tage auf der Intensivstation, wobei klar war, daß das Atemzentrum zerstört war. Ich konnte mich nicht von ihr verabschieden, konnte aber das Gefühl entwickeln, daß sie mit 64 Jahren ihr Leben vollendet hatte. Ich konnte sie also gehen lassen, was ich vorher nicht gewußt hätte. Natürlich war ich traurig; aber es bedeutete nicht das Ende für mich – vielleicht auch, weil mir durch meine anderen Talsohlen Kräfte zugewachsen waren und weil mir andere Menschen geholfen haben.

„Warum das mir?" – trägt nicht!

Es gab also eine ganze Reihe von Talsohlen, die alle sehr erschöpfend waren und mich runterbrachten. Ich habe aber nie aufgegeben! (*lacht*) Das klingt jetzt wie eine Wildwest-Story: Der wilde Joe auf dem Pferd! Aber innerlich war es wirklich eine Wildwest-Story.

K.v.B.: Gab es denn Augenblicke, in denen Du gern die Flinte ins Korn geworfen hättest, in denen Du also sterben wolltest?

T. Maurenbrecher: Die gab es durchaus, ja. Kurz vor meiner Augenkrankheit, als ich in die Bürowelt einer sehr berühmten Firma eingeführt wurde, war ich wirklich am Ende. Als ich merkte, worum es da ging, war ich fertig. Deswegen werde ich wahrscheinlich auch nie einen Büroroman schreiben. (*beide lachen*)

K.v.B.: Oder grade deswegen! – Bei alldem, was Du gerade entwikkelt hast, könnte man auf den Gedanken kommen, daß die Krisen, die Du durchlebt hast, alle von außen verursacht waren – gesellschaftlicher Druck, familiärer Druck, Erziehung. War das so?

T. Maurenbrecher: Ja, absolut. Aber hier hat mir die Anthroposophie sehr geholfen. Den Gedanken, mir vorzustellen, daß ich es selber bin, der das gewollt hat, bete ich natürlich nicht fundamentalistisch nach; aber er hilft mir. Ich bekam ihn mit 30 Jahren zu fassen, und er veränderte nach und nach etwas.

K.v.B.: Was veränderte sich dadurch?

T. Maurenbrecher: Sentimentalität und Selbstmitleid gingen zurück. „Warum gerade mir das alles?" trägt eben nicht. Vielleicht habe ich ja selbst einmal ziemlich harte Dinge in die Welt gesetzt und mußte jetzt einiges lernen. Ich halte das nicht für eine Erklärung, aber ich betrachte den Gedanken als gesundend, daß ich mein Schicksal so wollte.

Ich wurde zum Kulturensammler

K.v.B.: Bei Dir waren es ja verschiedene Phasen, die sich qualitativ alle ähnelten, wenn ich das richtig verstanden habe. Einesteils wies Dich der Umkreis immer wieder zurück, andererseits konntest Du den Ort nicht finden, an dem Du wirklich anpacken kannst. Gibt es eine Fähigkeit – abgesehen vom karmischen Gedanken –, die Du ganz konkret im Hier und Jetzt beschreiben kannst als: „Das habe ich aus all den Krisen gewonnen"?

T. Maurenbrecher: Ja, unbedingt. Ich bin nicht „Weltensammler" geworden, wie ein neuer Roman heißt, sondern ich wurde zum Kulturensammler. Sowohl theoretisch als auch praktisch habe ich mich in verschiedene Kulturen eingelebt, um mich anders erleben zu können. Das war vor allen Dingen in der Türkei so, aber auch in Südafrika und in Frankreich. Ich konnte schon sehr früh in der Begegnung mit anderen Kulturen erleben: Ich bin ja noch ein ganz anderer! – und ich habe das systematisiert. Natürlich bin ich nicht zu einem intellektuellen Pilger geworden, der im feinen Anzug herumsegelt. Aber ich zog daraus den Schluß, daß die Kinder dieser Erde begabte oder weniger begabte Kinder sind, daß aber jede Kultur bestimmte Fähigkeiten und Verhaltensweisen trainiert und andere unterdrückt. Indem man woanders hinblickt, kann man das ein bißchen konterkarieren. Im Reisegepäck hatte ich immer etwas Neues, wenn ich zurückkam.

Was ich eigentlich immer gewollt hatte, nämlich auszuwandern, dazu kam es nicht. Trotzdem führten diese Reisen zu neuen Erkenntnissen. Was Rußland betrifft, so gelten die Russen ja als die Unholde schlechthin. Ich bin aber dort vielen mit starken Seelen behafteten Menschen begegnet. Einen Teil der Geschichte und Kultur Rußlands durfte ich dort aus erster Hand erleben. Das Vorurteil, daß alle Russen eine Art Bären sind, unberechenbar und grausam, das war damit ganz verschwunden. Ich liebe es also, in verschiedene kulturelle Zusammenhänge hineinzukriechen. Das macht mir sehr viel Spaß.

K.v.B.: Hast Du Dir – unabhängig von den fremden Kulturen, die Du Dir vertraut gemacht hast – auch eine Unvoreingenommenheit errungen? Läßt Du Dich insgesamt weniger von den Bildern beeindrucken, die in der Welt schon da sind?

T. Maurenbrecher: Ja, ganz sicher. Dabei haben mir übrigens auch die Nebenübungen von Rudolf Steiner geholfen. „Der Kirchturm des Nachbardorfs steht schief!" sagt der eine, und da sage ich nicht gleich: „Nee, kann nicht sein." Erstmal gucken gehen! (*lacht*)

Den eigenen Schatten deutlicher erleben

Den Sado-Maso-Trip, den wir alle in uns tragen, und der sich auch in den Vorurteilen ausdrückt, die wir pflegen, kann man damit ein Stückweit überwinden. Es gibt ja Sandschmeißer in allen Formen. Du entdeckst mit Unvoreingenommenheit den Reichtum dieser Welt, den ein Sandschmeißer gar nicht kennenlernen will, weil er lieber ein Machterlebnis hat und daraus Befriedigung zieht. Man bekommt außerdem dadurch die Dunkelheiten und Schattenseiten des eigenen Wesens besser in den Blick.

K.v.B.: Welche Rolle spielt es beim Durchkommen durch die Krise, daß man sich dieser eigenen Schattenseiten bewußt wird?

T. Maurenbrecher: Die Selbstschüsse, die man immer wieder macht, werden einem klarer. In einem Ratgeber zur Biographiearbeit las ich eine Passage, in der ein anthroposophischer Vortragsredner beschrieben ist, der unglaublich gute Vorträge hält – nur geht keiner hin. Und jetzt muß man sich die Frage stellen: Sind die anderen alle blöd, oder gibt es etwas in diesem Menschen und seiner Art, das unangenehm ist – oder vielleicht gar überflüssig?

Solche Dinge tragen wir doch alle irgendwo drin. In der Tiefe der Depression habe ich mich als nackt erlebt, als gläsern. Ich dachte, jeder durchschaut, wie popelig ich bin – also bleibe ich am besten unter der Bettdecke. Das einmal erlebt zu haben bedeutet, Durchbrüche des Schattens erlebt zu haben.

Man mauert doch unwahrscheinlich, um die dunkle Seite auf die anderen zu projizieren und sie nur nicht in sich selbst zu erkennen.

K.v.B.: Das ist sicher richtig. Aber würdest Du die völlig entblößte Seite als Schatten beschreiben?

T. Maurenbrecher: Das wäre wahrscheinlich zu kurz gefaßt. Wenn Du so nackt bist, siehst Du viel klarer, was Du den andern antust. Das ist wie eine Art Vorgriff aufs Nachtodliche.

K.v.B.: Ja, jetzt habe ich es begriffen.

T. Maurenbrecher: Und Du schämst Dich! Und bleibst unter der Bettdecke! Das war sehr, sehr unangenehm.

Eine höhere Natur greift in die niedere ein

K.v.B.: Hat die Frage nach Christus – oder wie man es nennen soll – in den Krisen irgendeine Rolle gespielt?

T. Maurenbrecher: Ich habe große Schwierigkeiten, dazu eine Beziehung zu bekommen, die auf eigenem Erleben beruht. Da tue ich mich sehr schwer.

K.v.B.: Ich meinte auch eher, ob die Frage danach auftauchte – nicht so sehr, ob Du ein gewaltiges Christuserlebnis hattest.

T. Maurenbrecher: Daß das Mysterium von Golgatha die zentrale Rolle spielt, die ihm zugeschrieben wird, will ich gar nicht bestreiten; aber für mich ist es nicht so zu erleben.

K.v.B.: Vielleicht habe ich es zu mysterienlastig ausgedrückt. Meine Frage geht in die Richtung von Tod und Auferstehung; im Sinn von: der Tod als Chance.

T. Maurenbrecher: Das ist eigentlich das Bild des Menschen, der sich selbst entwirft; der zerstückelt wird, zugrunde geht und neu ersteht. Das Faszinierendste sind hier für mich die Schilderungen von Solowjow in den „Vorlesungen über das Gottmenschentum“. Er beschreibt, daß in der Jordantaufe die kosmische Persönlichkeit in den Jesus von Nazareth kam; aber er schildert es so, daß das, was mit der Geburt des Christus passierte – also: Eine höhere Natur greift in die niedere ein –, mit jedem Menschen geschehen

© gemeinfrei Ilja Efimowitsch Repin
Wladimir Solowjow beim Vorlesen im Salon der Baronesse Barbara Uexkull von Hildenbandt (1890)

kann. Seine Christologie, die ich mir nur anfänglich erarbeitet habe, ist eine ständig offene. Es kann immer weitergehen. Das finde ich bewundernswert, weil die dumme Frage, was nun mit dem Herrn Jesus ist, dem man auf die Schultern klopfen kann, der einen Fisselbart hat und dem die Lämmer über der Schulter hängen…

K.v.B.: (*lacht anhaltend*)

T. Maurenbrecher: (*lacht*) …ja, so wie auf der Kirmes! Also, diese Frage stellt sich nicht mehr. Aber ich finde die Frage trotzdem nicht leicht zu beantworten.

Im Neuen Testament werden ja oft die Mitleidskräfte geschildert. Als ich Sozialarbeit machte, trat oft auf, daß ich vor Mitleid zerfloß. Totalschlappe! Solowjow sagt aber: „Mitleidskräfte“ bedeutet, den anderen so bestehen zu lassen, wie er ist. Das hat mir etwas bedeutet.

Für mich ist jetzt auch interessant und unerwartet, daß nach dieser starken Bindung, diesen 31 Jahren Ehe, die schmerzhaft weggefallen sind, etwas ganz Neues begonnen hat. Wir sind nach Berlin gezogen, und mein Leben hat eine ganz neue Wendung.

Nachdem meine Frau gestorben war, kam der Leiter eines anthroposophischen Altenheims in Bielefeld auf mich zu und sagte, er wolle mich besuchen. „Mach mal ruhig!“ – antwortete ich. Er kam also und sagte: „Wir haben im Altersheim ein großes Appartement, und wir dachten an Dich!“ Ich bekam also die Witwerrolle. (*lacht*)

K.v.B.: Du warst also schon ausgemustert!

T. Maurenbrecher: Ja, genau! Den Stallgeruch hatte ich ja schon. Es war aber ganz lieb gemeint. Na ja, ich werde bald 67, was mich bisweilen etwas verwirrt, weil ich mich nicht ganz so alt fühle. Ich bin Berufsjugendlicher. (*lacht*)

Mach was!

K.v.B.: Darf ich nochmals auf Münchhausen zurückkommen? Kannst Du an einer der Talsohlenphasen noch einmal beschreiben, wo das Herausziehen aus dem Sumpf begonnen hat, wie es eingesetzt hat?

T. Maurenbrecher: Einmal war ich in der biologisch-dynamischen Gärtnerei, was mir ziemlich geholfen hat. In einer anderen Phase machte ich eine Therapie, bei der man mir zuhörte, sonst nichts; und in einer dritten Phase war ich in der Psychiatrie.

K.v.B.: Ich bin jetzt mal beharrlich. Das sind ja schon alles Folgen des Sich-Herausziehens. Mich interessiert der Augenblick, in dem Du gemerkt hast: Jetzt muß ich ran; jetzt muß ich mitten in der Schwärze versuchen, mich am Schopf zu kriegen, wo auch immer er ist.

T. Maurenbrecher: Das ist für mich im nachhinein kaum auszumachen. Ich hing durch, schlief nicht, kam morgens nicht aus dem Bett, ging meiner Frau auf die Nerven. Ich weiß nicht: Das, was die Psychologen den „gesunden Rest“ nennen, das sagte wohl einfach: Mach was! Wie ein Ertrinkender greift man nach irgend etwas, das dahergeschwommen kommt. Das ist unplanbar, da kann ich auch keine Suchstrategie ausmachen.

K.v.B.: Das Zipfelchen des authentisch weißen Taschentuchs im Meer von Dunkelheit, das noch zu fassen ist? Das kann ich gut nachvollziehen.

T. Maurenbrecher: Es gibt ein Bild von einem Maler der Phantastik, ich komme gerade nicht auf seinen Namen: ein Steingrab mit einem verrutschten Deckel – aber eine Hand greift noch raus. (*lacht*) Da mußt Du aber erstmal den Deckel hochkriegen.

Mit anderen Menschen hatte ich oft das Erlebnis von Hase und Igel: „Ik bin all dor!“ Du rennst und rennst und hörst immer nur „ik bin all dor.“ Sie stehen da und strahlen, und sie sagen: Der Blödmann, was ist er lächerlich. Diese Lächerlichkeit ist aber eine Chance. Ich liebe die Geschichte von Max Ernsts zweiter oder dritter Frau, Leonora Carrington, die aus der Hocharistokratie kam. Sie trug aber eine Künstlerin in sich. Als es einen großen Empfang gab, hatte sie sich Senf mitgebracht, zog Schuhe und Socken aus und schmierte sich den Senf auf die Füße. Das war der Durchbruch: Sich lächerlich machen! In eine Situation kommen, die unumkehrbar ist! Das wird nicht mehr vergessen.

© gemeinfrei
Gustave Flaubert

K.v.B.: Worin besteht Deine Senf-Aktion?

T. Maurenbrecher: Ich habe mich so etwas nie getraut, deswegen bewundere ich diese Frau ja auch so, aber im Kleinen mache ich so etwas durchaus. In dem großen, vierbändigen Werk von Sartre über Gustave Flaubert, dem „Idiot de la famille", ist beschrieben, wie Flaubert auf dem Land sitzt und jede Woche eine Zeile schreibt. Alle denken: Der ist verrückt, der hat sich zum Idioten gemacht. Irgendwann geht der „Verrückte" aber trotz solcher Anfeindungen durch etwas durch; und die anderen, die an ihm zerren, die eigentlich neidisch sind, hören auf, ihn niederzumachen, wenn ein gewisser Punkt erreicht ist. Man sagt: Den lassen wir in Ruhe. Wenn man sich eine gewisse Narrenfreiheit erkämpft hat, ist man, glaube ich, ein bißchen weiter.

Helfen, um nicht abzuheben

K.v.B.: Bist Du also mit dem Schreiben in Dir angekommen?

T. Maurenbrecher: Ja. Ich sehe nur eine Gefahr dabei, die mit dem Urproblem des Künstlers zusammenhängt: Er dünkt sich etwas Besseres und vergißt die anderen, die in seinen Augen immer noch dabei sind, die Grasbüschel im grauen Vorgarten auszureißen. Er erhebt sich und wird narzißtisch. Diese Gefahr besteht.

Die Freiräume, die ich habe, versuche ich also sinnvoll zu nutzen – auch dafür, daß ich nicht abhebe. Aus meiner Zeit in der gemeindepsychiatrischen Arbeit, die ich in Leipzig zwei Jahre lang gemacht habe, habe ich bis heute Verbindung zu einer Frau, die Mitte 30 oder bald 40 Jahre alt ist. Sie hatte Enzephalitis und wurde dadurch geistig behindert; und sie hängt an mir. Ich habe die Verbindung auch nicht abreißen lassen. In Bielefeld betreue ich einen Menschen hin und wieder, der ohne Augäpfel geboren und inzwischen fast taub geworden ist. In so etwas muß man sich ab und zu hineinbegeben. Dann relativieren sich die eigenen Probleme recht schnell.

Was mir außerdem hilft, ist, daß ich einer Gruppe blinder und sehbehinderter Schriftsteller angehöre, die mich irgendwann zum Sprecher gewählt haben. Das macht nur begrenzt Spaß, weil viele durch das starke Schicksal ein wenig flügellahm geworden sind. Aber ich versuche, meine Arbeit dort gut zu machen. In gewisser Weise muß man einfach dienend arbeiten – auch wenn „dienend" ein starkes Wort ist. Wenn man „hauptamtlich" künstlerisch tätig ist, braucht man das, um Bodenhaftung zu behalten.

Aber irgendwie weiß ich, daß man nur dann, wenn es dunkel genug ist, die Sterne sehen kann.

Martin Luther King

Interviewer und Autoren

Katharina von Bechtolsheim, geb. 1967 in Würzburg, Studium der Slawistik in Berlin und Petersburg, Ausbildung zur Klassenlehrerin am Waldorflehrerseminar Kiel, Ausbildung zur heilpädagogischen Lehrerin in Hamburg, Russisch- und Klassenlehrerin an der Freien Schule Hitzacker, seit August 2004 Klassenlehrerin an der FWS Berlin Kreuzberg.

Peter Krause, geb. 1957 in Schleswig, arbeitet hauptberuflich für ein Institut für Sozial- und Kommunikationsforschung. Er ist seit vielen Jahren Autor im Flensburger Hefte Verlag. Einen Interessenschwerpunkt bilden die Anthroposophie, spirituelle Lehren und Lehrende, besonders im Zusammenhang mit Naturgeistern und Elementarwesen.

Heidi Küblbeck, geb. 1966 in Wertingen, geschieden, drei Kinder, Reitterapeutin in Lima, Peru, u.a an der anthroposophischen Behinderteneinrichtung San Christoferus. Mitbegründerin des Vereins für Therapeutisches Reiten und integraler Gesundheit in Lima, Peru. Tätigkeit in der Erwachsenenbildung als Spanisch- und Englischlehrerin, derzeit Fernstudium Waldorfpädagogik & Coaching e.V..

Jürgen Peters, geb. 1955 in Herne in Westfalen, war als Dozent für Waldorfpädagogik in Witten-Annen und in der Waldorflehrerausbildung in den USA, Wilton, N.H, tätig. Er hat zuvor 15 Jahre in einer Waldorfschule unterrichtet, auch in den USA und Namibia. – Seit 2007 ist er freiberuflicher Entwicklungsberater in Herdecke: persönliches Coaching, Beratungen für Institutionen.

Anna Prouse, geb. 1970 in Mailand. Ausbildung zur Krankenschwester. Ab 1996 Botschafterin des Intern. Roten Kreuzes in Genf. Studium der Politologie. 2000-2002 Tätigkeit bei der italienischen Zeitungsgruppe Espresso/La Republica. Sie schrieb Bücher über den Iran, Marokko und die DDR. Seit Sommer 2003 im Irak –. Seit November 2006 Leiterin eines Wiederaufbauteams in der Provinz Dhi Qar

Wolfgang Weirauch, geb. 1953 in Flensburg, Studium der Politik und Germanistik. Studium der Theologie an der Freien Hochschule der Christengemeinschaft. Herausgeber der Flensburger Hefte, Politiklehrer an der FWS Flensburg, Vortragsredner, Mitarbeiter beim Fernstudium Waldorfpädagogik & Coaching e.V.

Die Titelbildgestalterin

Veronika Emendörfer, geb. 1957 in Stuttgart, Studium der Aquarellmalerei in Regensburg. Seit 2000 freischaffende Künstlerin in Darmstadt mit eigenem Atelier. Mitglied im Bundesverband Bildender Künstler (BBK, Frankfurt/Main). Seit 1982 regelmäßige Ausstellungen. Gestaltung von Buchtiteln, Kunstkarten und Kalendern. Aquarellkurse: www.atelier-holzhofallee.de

Jesaiah Ben-Aharon
Die globale Verantwortung der USA
Individuation, Initiation und Dreigliederung
148 S., kt., € 15,– ISBN 978-3-935679-19-0

Johannes Rogalla von Bieberstein
Die These von der Verschwörung 1776–1945
Philosophen, Freimaurer, Juden, Liberale und Sozialisten als Verschwörer gegen die Sozialordnung
216 S., kt., € 17,– ISBN 978-3-926841-36-0

Jimmy Carter
Frieden schaffen im Gespräch
Ein Impuls für die nächste Generation
206 S., kt., € 17,– ISBN 978-3-926841-71-1

Carola Cutomo
Medialität, Besessenheit, Wahnsinn
188 S., kt., € 11,– ISBN 978-3-926841-19-3

Hans-Diedrich Fuhlendorf
Rückkehr zum Paradies oder Erbauen des Neuen Jerusalem?
Geschichtsbetrachtungen in apokalyptischer Zeit
352 S., kt., € 20,– ISBN 978-3-926841-37-7

Wolfgang Gädeke
Anthroposophie und die Fortbildung der Religion
448 S., Leinen, € 25,– ISBN 978-3-926841-23-0

Ludger Helming-Jacoby
Zeugnissprüche
und Sprüche aus dem Hauptunterricht einer Waldorfschule
2. Aufl., 188 S., kt., € 15,– ISBN 978-3-926841-95-7

Dieter Hornemann
Geheimnisvolles Afrika
Anthroposophische Arbeit im Urwald
102 S., 32 farb. Abb., kt., € 14,– ISBN 978-3-926841-60-5

Johannes Kiersch
Argumente für die Waldorfschule
Die Antwort auf PISA
2. veränd. Auflage, 160 S., kt., € 15,– ISBN 978-3-926841-33-9

Peter Krause
Das Judasproblem
Von den spirituellen Hintergründen der Gewalt
128 S., kt., € 11,– ISBN 978-3-926841-38-4

Peter Krause
Feuer in Tschernobyl
Die Ukraine nach dem SuperGAU
168 S., 37 farb. Abb., kt., € 15,– ISBN 978-3-926841-58-2

Peter Krause, Faustus Falkenhahn (Hg.)
Einsam – gemeinsam
Jugend im Gespräch
192 S., kt., € 12,– ISBN 978-3-926841-43-8

Georg Kretzschmar
Das Brot
Mythologie, Kulturgeschichte, Praxis
Betrachtungen eines Bäckermeisters
140 S., 39 sw. Abb., kt., € 16,– ISBN 978-3-935679-28-2

Henning Kullak-Ublick (Hg.)
Erziehung zur Freiheit – in Freiheit
AKTION MÜNDIGE SCHULE
160 S., 15 farb. Abb., kt., € 10,– ISBN 978-3-926841-94-0

Andreas Meyer (Hg.)
Seele und Geist
Ansätze zu einer spirituellen Seelentherapie
160 S., kt., € 14,– ISBN 978-3-926841-47-6

Hans Philippsen
Götter, Hexen und Naturgeister
Sagen und Sagenhaftes der Insel Föhr
144 S., 16 farb. Abb., kt., € 13,– ISBN 978-3-926841-84-1

Sidney Saylor Farr
Tom Sawyers Nah-Todeserfahrung und die Wandlung seines Lebens
2. Aufl., 204 S., kt., € 17,– ISBN 978-3-926841-82-7

Verena Staël von Holstein, Friedrich Pfannenschmidt (Hg.)
Gespräche mit Müller
Feinstofflicher Austausch mit Geistwesenheiten. Band 1 und 2
Band 1: 324 S., geb. € 22,– ISBN 978-3-935679-11-4
Band 2: 344 S., geb. € 22,– ISBN 978-3-935679-12-1

Verena Staël von Holstein, Friedrich Pfannenschmidt (Hg.)
Mühlengespräche 1 **Naturgeister 6**
Metall-, Boden- und Zeitwesen
144 S., kt. € 15,– ISBN 978-3-935679-30-5

Wolfgang Weirauch
Im Spiegel der Finsternis
Roman für Jugendliche und Erwachsene. Ab 13 Jahren.
252 S., geb. € 17,– ISBN 978-3-926841-86-5

FH 11
Über Tod und Sterben
4. Aufl., 232 S., kt., € 15,– ISBN 978-3-926841-11-7

FH 13
Hexen, New Age, Okkultismus
3. Aufl., 196 S., kt., € 13,– ISBN 978-3-926841-08-7

FH 14
Erneuerung der Religion
Die Christengemeinschaft, Sakramente, Kirche und Kultus
4. Aufl., 184 S., kt., € 12,– ISBN 978-3-926841-07-0

FH 15
Waldorfschule und Anthroposophie
3. Aufl., 132 S., kt., € 8,– ISBN 978-3-926841-00-1

FH 16
Kulturvergiftung: Rauschgift, Sucht und Therapie
2. Aufl., 228 S., kt., € 12,– ISBN 978-3-926841-21-6

FH 17
Kulturvergiftung: Alkohol
2. Aufl. 160 S., kt., € 12,– ISBN 978-3-926841-34-6

FH 18
Biologisch-dynamische Landwirtschaft, Ökologie, Ernährung
2. Aufl., 184 S., kt., € 13,– ISBN 978-3-926841-03-2

FH 19
Musik
2. Aufl., 184 S., kt., € 12,– ISBN 978-3-926841-06-3

FH 20
Sexualität, Aids, Prostitution
z.Zt. vergriffen, 3. Aufl. in Vorb. ISBN 978-3-926841-09-4

FH 22
Erkenntnis und Religion
Zum Verhältnis von Anthroposophischer Gesellschaft und Christengemeinschaft
132 S., kt., € 12,– ISBN 978-3-926841-13-1

FH 23
Engel
3. Aufl., 196 S., 9 farb. Abb., kt., € 15,– ISBN 978-3-926841-15-5

FH 24
Direkte Demokratie / 1789–1989
240 S., kt., € 12,– ISBN 978-3-926841-16-2

FH 25
Rechtsleben und soziale Zukunftsimpulse
Von der Dreigliederungsidee Rudolf Steiners zur Volksgesetzgebung
244 S., kt., € 12,– ISBN 978-3-926841-17-9

FH 26
Michael
Januskopf Bundesrepublik
184 S., 8 farb. Abb., kt., € 12,– ISBN 978-3-926841-22-3

FH 27
Strafprozeß, Strafvollzug, Resozialisierung
224 S., kt., € 12,– ISBN 978-3-926841-20-9

FH 28
Naturwissenschaft und Ethik
204 S., kt., € 12,– ISBN 978-3-926841-25-4

FH 29
Freie Schule
248 S., kt., € 13,– ISBN 978-3-926841-28-5

FH 30
Märchen
2. Aufl., 212 S., kt., € 15,– ISBN 978-3-926841-29-2

FH 31
Biographiearbeit
5. Aufl., 232 S., kt., € 15,– ISBN 978-3-926841-31-5

FH 32
Anthroposophen und Nationalsozialismus
168 S., kt., € 12,– ISBN 978-3-926841-32-2

FH 33
Destruktive Kulte, schwarze Magie, Sexualmagie
232 S., kt., € 14,– ISBN 978-3-926841-40-7

FH 34
Alte und neue Seelenfähigkeiten
192 S., kt., € 13,– ISBN 978-3-926841-41-4

FH 35
Die Christengemeinschaft heute
Anspruch und Wirklichkeit
212 S., kt., € 13,– ISBN 978-3-926841-42-1

FH 36
Schwangerschaftsabbruch
212 S., kt., € 14,– ISBN 978-3-926841-44-5

FH 37
Indianer
212 S., 6 farb. Abb., kt., € 14,– ISBN 978-3-926841-45-2

FH 38
Konfliktbewältigung
2. Aufl., 220 S., 10 farb. Abb., kt., € 14,– ISBN 978-3-926841-50-6

FH 39
Christus
184 S., 16 farb. Abb., kt., € 14,– ISBN 978-3-926841-51-3

FH 40
Ausländerhaß, Nationalismus, Rassismus
188 S., 13 farb. Abb., kt., € 14,– ISBN 978-3-926841-52-0

FH 41
Anthroposophie und Rassismus
212 S., kt., € 14,– ISBN 978-3-926841-54-4

FH 42
Sind wir noch zu retten?
Zerstörung oder Verwandlung der Erde?
224 S., 26 farb. Abb., kt., € 14,– ISBN 978-3-926841-56-8

FH 43
Gebet heute
168 S., kt., € 14,– ISBN 978-3-926841-57-5

FH 44
Scheidung – warum?
Partnerschaftsprobleme und ihre Bewältigung
2. Aufl., 228 S., 11 farb. Abb., kt., € 15,– ISBN 978-3-926841-59-9

FH 45
Hüter der Schwelle
Der Mensch am Abgrund
172 S., kt., € 14,– ISBN 978-3-926841-61-2

FH 46
Jugendideale
208 S., kt., € 14,– ISBN 978-3-926841-62-9

FH 47
Übungen zur Selbsterziehung
2. Aufl., 216 S., 16 farb. Abb., kt., € 15,– ISBN 978-3-926841-65-0

FH 48
Angst
188 S., 16 farb. Abb., kt., € 14,– ISBN 978-3-926841-66-7

FH 49
Depression
200 S., 8 farb. Abb., kt., € 14,– ISBN 978-3-926841-67-4

FH 50
Erziehung
188 S., 8 farb. Abb., kt., € 14,– ISBN 978-3-926841-68-1

FH 51
Nah-Todeserfahrungen
Rückkehr zum Leben
2. Aufl., 180 S., kt., € 15,– ISBN 978-3-926841-72-8

FH 52
Auferstehung
Von der Gegenwart Christi
168 S., 8 farb. Abb., kt., € 15,– ISBN 978-3-926841-73-5

FH 53
Gedächtnis und Erinnerung
184 S., kt., € 15,– ISBN 978-3-926841-74-2

FH 54
Ernährungsfragen
176 S., kt., € 15,– ISBN 978-3-926841-75-9

FH 55
Naturgeister
Vom Wirken der Elementarwesen
2. Aufl., 192 S., 16 farb. Abb., kt., € 15,– ISBN 978-3-926841-76-6

FH 56
Über Reinkarnation und Karma
Erfahrungen früherer Erdenleben
188 S., kt., € 15,– ISBN 978-3-926841-78-0

FH 57
Die Welt im Umbruch
Globalisierung und Kampf aller gegen alle
196 S., 29 farb. Abb., kt., € 15,– ISBN 978-3-926841-79-7

FH 58
Wirkungen der Musik
204 S., kt., € 15,– ISBN 978-3-926841-80-3

FH 59
Umgang mit dem Sterben
204 S., 8 farb. Abb., kt., € 15,– ISBN 978-3-926841-81-0

FH 60
Die Impulse des Bösen am Jahrtausendende
196 S., kt., € 15,– ISBN 978-3-926841-83-4

FH 61
Die Hintergründe von 666
196 S., 8 farb. Abb., kt., € 15,– ISBN 978-3-926841-85-8

FH 62
Arbeitslosigkeit
Weg ins Ungewisse
184 S., kt., € 15,– ISBN 978-3-926841-87-2

FH 63
Feldzug gegen Rudolf Steiner
Über O.T.O.-, Rassismusvorwürfe und Angriffe auf die Waldorfschulen
240 S., kt., € 15,– ISBN 978-3-926841-88-9

FH 64
Liebe – Die Sonne der Welt
200 S., 8 farb. Abb., kt., € 15,– ISBN 978-3-926841-90-2

FH 65
Doppelgänger
Der Mensch und sein Schatten
228 S., 8 farb. Abb., kt., € 15,– ISBN 978-3-926841-91-9

FH 66
Hellsehen
Der Blick über die Schwelle
192 S., kt., € 15,– ISBN 978-3-926841-92-6

FH 67
Esko Jalkanen – der Heiler aus dem Norden
Vom Zauber finnischer und baltischer Kultur
184 S., 19 farb. Abb., kt., € 15,– ISBN 978-3-926841-89-6

FH 68
Liebe Leben
Homosexualität und die Vielfalt der Lebensformen in Zeiten der Individualisierung
192 S., kt., € 15,– ISBN 978-3-926841-93-3

FH 69
Islamische Impressionen
Brücken zwischen Orient und Okzident
228 S., 12 farb. Abb., kt., € 15,– ISBN 978-3-926841-96-4

FH 70
Träume
Was wollen sie uns sagen?
192 S., kt., € 15,– ISBN 978-3-926841-97-1

FH 71
Einblicke in die Anthroposophie
200 S., kt., € 15,– ISBN 978-3-926841-99-5

FH 72
Es ist an der Zeit
Aspekte der Anthroposophie
216 S., kt., € 15,– ISBN 978-3-935679-00-8

FH 73
Eurythmie
Aufbruch oder Ende einer jungen Kunst?
204 S., 12 farb. Abb., kt., € 15,– ISBN 978-3-935679-01-5

FH 74
Abgründe und Chancen in Zeiten des Egoismus
192 S., kt., € 15,– ISBN 978-3-935679-02-2

FH 75
Einsamkeit
Wege des Ich
216 S., 20 farb. Abb., kt., € 15,– ISBN 978-3-935679-04-6

FH 76
Kampf der Kulturen?
Eine andere Welt ist möglich
204 S., kt., € 15,– ISBN 978-3-935679-06-0

FH 77
Gegen das Elend der Welt
Eine Reise nach Afghanistan
200 S., 16 farb. Abb., kt., € 15,– ISBN 978-3-935679-07-7

FH 78
Familie im Wandel
192 S., kt., € 15,– ISBN 978-3-935679-08-4

FH 79
Was die Naturgeister uns sagen **Naturgeister 1**
Im Interview direkt befragt
4. Aufl., 208 S., kt., € 15,– ISBN 978-3-935679-09-1

FH 80
Neue Gespräche mit den Naturgeistern
Naturgeister 2
3. Aufl. in Vorb., 196 S., kt., € 15,– ISBN 978-3-935679-10-7

FH 81
Die neue Weltordnung
Der Irak-Krieg und seine Folgen
200 S., kt., € 15,– ISBN 978-3-935679-13-8

FH 82
Aspekte anthroposophischer Psychotherapie
208 S., kt., € 15,– ISBN 978-3-935679-14-5

FH 83
Werte
Was bestimmt unser Tun und Lassen?
228 S., kt., € 15,– ISBN 978-3-935679-15-2

FH 84
Eine andere Welt erbauen
Das WeltSozialForum in Mumbai
244 S., kt., € 15,– ISBN 978-3-935679-16-9

FH 85
Sucht
Neue Drogenwirkungen, Onlinesucht, Beziehungssucht
240 S., kt., € 15,– ISBN 978-3-935679-20-6

FH 86
Schuld...
...immer nur die anderen?
240 S., kt., € 15,– ISBN 978-3-935679-21-3

FH 87
Individualität
Ich sein oder Ich haben?
228 S., kt., € 15,– ISBN 978-3-935679-22-0

FH 88
Lügen
196 S., kt., € 15,– ISBN 978-3-935679-23-7

FH 89
Lex Bos – ein Lebensbild
Form kann Freiheit schaffen
192 S., 73 sw. Abb., kt., € 15,– ISBN 978-3-935679-24-4

FH 90
Die Zukunft der Freiheit
192 S., 37 sw. Abb., kt., € 15,– ISBN 978-3-935679-27-5

FH 91
Heilen
Bekannte und unbekannte Wege
204 S., 47 sw. Abb., kt., € 16,– ISBN 978-3-935679-29-9

FH 92
Kulturdialog oder Kulturkampf?
Islamische und westliche Werte im Gespräch
220 S., 73 sw. Abb., kt., € 15,– ISBN 978-3-935679-33-6

FH 93
Von Ewigkeit und Lebensdunkel
Naturgeister 7
216 S., 37 sw. Abb., kt., € 15,– ISBN 978-3-935679-34-3

Abo- und Bezugsbedingungen s. Impressum, 2. Umschlagseite. Alle Titel auch im Buchhandel erhältlich. Preisänderungen vorbehalten.

FH 94
Zeitgeist
Das doppelte Antlitz
200 S., 57 sw. Abb., kt., € 15,– ISBN 978-3-935679-35-0

FH 95
Die Freiheitsstatue und die „Soziale Plastik"
Drei Gespräche mit Johannes Stüttgen
184 S., 96 sw. Abb., kt., € 15,– ISBN 978-3-935679-31-2

FH 96
Lebenskrisen
224 S., 37 sw. Abb., kt., € 15,– ISBN 978-3-935679-36-7

So 1
Partnerschaft und Ehe
5. Aufl., 212 S., kt., € 15,– ISBN 978-3-926841-04-9

So 2
Das Geheimnis der EAP
212 S., kt., € 9,– ISBN 978-3-926841-05-6

So 5
Volkssouveränität und Volksgesetzgebung
Die Kernpunkte der Demokratiefrage
338 S., kt., € 14,– ISBN 978-3-926841-18-6

So 6
Deutsch-Deutscher Dialog
144 S., kt., € 12,– ISBN 978-3-926841-30-8

So 7
Kunst
368 S., 25 farb. Abb., kt., € 16,– ISBN 978-3-926841-26-1

So 8
Anthroposophen in der Zeit des deutschen Faschismus
164 S., kt., € 12,– ISBN 978-3-926841-27-8

So 9
Zehn Jahre real-existierendes freies Geistesleben
Zur Geschichte der Gädeke-Studie
92 S., kt., € 12,– ISBN 978-3-926841-39-1

So 10
Biographiearbeit II
Grundlagen, Praxis, Ausbildungen
2. Aufl., 184 S., 8 farb. Abb., kt., € 15,– ISBN 978-3-926841-48-3

So 12
Schwarze und weiße Magie
Von Satan zu Christus
2. Aufl., 184 S., kt., € 14,– ISBN 978-3-926841-55-1

So 13
Waldorfschulen in Not
244 S., kt., € 14,– ISBN 978-3-926841-63-6

So 14
Mensch und Computer
156 S., kt., € 14,– ISBN 978-3-926841-64-3

So 16
Die Schande Europas
Der Krieg auf dem Balkan
200 S., kt., € 15,– ISBN 978-3-926841-70-4

So 17
Ita Wegman und die Anthroposophie
Ein Gespräch mit Emanuel Zeylmans
216 S., kt., € 16,– ISBN 978-3-926841-77-3

So 18
Erfahrungen im Umgang mit Tod und Sterben
Beiträge von Leserinnen und Lesern
180 S., kt., € 15,– ISBN 978-3-926841-98-8

So 19
Die Welt am Abgrund
Jeder Mensch eine Bombe?
200 S., kt., € 15,– ISBN 978-3-935679-03-9

So 20
Wortgetreu und unverfälscht?
Haben wir in der Gesamtausgabe Texte Rudolf Steiners?
76 S., kt., € 8,– ISBN 978-3-935679-05-3

So 21
Naturgeister 3
Von Rauchwesen, Wiesenwesen, Torfwesen und Maschinenwesen
196 S., kt., € 15,– ISBN 978-3-935679-17-6

So 22
Naturgeister 4
Fragenkompendium
236 S., kt., € 15,– ISBN 978-3-935679-18-3

So 24
Liebe – Freiheit – Christuswesen **Naturgeister 5**
Leserinnen und Leser antworten auf die Fragen der Geistwesen
108 S., kt., € 14,– ISBN 978-3-935679-32-9

HB 01
Zwei Interviews mit Dr. Volker Fintelmann
Flensburger Hörbücher 01
3 CDs,[191'15], € 19,– ISBN 978-3-935679-25-1